Düsseldorfer Rechtswissenschaftliche Schriften

Herausgegeben von der

Juristischen Fakultät der
Heinrich-Heine-Universität Düsseldorf

Band 175

Catharina von Hertzberg-Bölch

Das englische Grundbuch

Wirkung und Publizität

Nomos

Erstgutachter: Prof. Dr. Dirk Looschelders
Zweitgutachter: Prof. Dr. Andreas Feuerborn
Tag der mündlichen Prüfung: 8. März 2022

Die Deutsche Nationalbibliothek verzeichnet diese Publikation in der Deutschen Nationalbibliografie; detaillierte bibliografische Daten sind im Internet über http://dnb.d-nb.de abrufbar.

Zugl.: Düsseldorf, Univ., Diss., 2022

ISBN 978-3-8487-8830-9 (Print)
ISBN 978-3-7489-3358-8 (ePDF)

Onlineversion
Nomos eLibrary

D 61

1. Auflage 2022

Meinen Eltern

Vorwort

Diese Arbeit lag im Wintersemester 2020/2021 der Juristischen Fakultät der Heinrich-Heine-Universität Düsseldorf als Dissertation vor.

Für die Betreuung der Arbeit und die Erstellung des Erstgutachtens danke ich sehr herzlich meinem Doktorvater, Herrn Professor Dr. Dirk Looschelders. Herrn Professor Dr. Andreas Feuerborn möchte ich für die gewissenhafte Erstellung des Zweitgutachtens danken. Frau Professorin Dr. Katharina Lugani danke ich sehr für die Möglichkeit, kurzfristig im März 2020 an ihrem Doktorandenseminar teilnehmen zu können.

Mein besonderer Dank gilt Herrn Professor Dr. Stefan Enchelmaier, Lincoln College, University of Oxford, für seine freundschaftliche Unterstützung, stete Ermutigung und den anregenden fachlichen Austausch.

Außerdem möchte ich mich bei den Menschen außerhalb der Universitäten bedanken, die mir beim Schreiben meiner Dissertation immer zur Seite gestanden haben. Allen voran meinem Mann, Dr. Sebastian von Hertzberg-Bölch, und meinen Eltern, Dr. Christine und Hagen Ulrich von Hertzberg, denen ich diese Arbeit widme.

Die aktualisierte Druckfassung berücksichtigt im Wesentlichen Rechtsprechung und Literatur bis April 2022.

Würzburg, im Juli 2022 *Catharina von Hertzberg-Bölch*

Inhaltsverzeichnis

A) Einleitung

„*A well-designed land administration system, by providing reliable information on the ownership of property, makes it possible for the property market to exist and to operate.*“[1], so fasste die Weltbank 2015 den Wert von Liegenschaftsregistern zusammen. Das Schlüsselwort hier ist *reliable*. Nur ein Grundstücksregister, auf das sich die Marktteilnehmer verlassen können, stellt eine Vereinfachung von Grundstücksgeschäften dar. Diese *reliability* wird dadurch geschaffen, dass den Eintragungen im Grundstücksregister eine besondere Rechtswirkung zukommt. Ein Grundstücksregister, dessen Inhalt sich nicht auf die materielle Rechtslage auswirkt, vereinfacht den Rechtsverkehr nicht, da sich die Marktteilnehmer nicht auf seinen Inhalt verlassen können. Der praktische Nutzen eines Liegenschaftsregisters steht und fällt daher mit seiner Publizitätswirkung.

Bei der konkreten Ausgestaltung des Registers und seiner Wirkung bestehen zwischen den verschiedenen Rechtssystemen erhebliche Unterschiede. Während in Deutschland und in den sogenannten *Torrens*-Systemen von Australien und Kanada die Eigentumsrechte selbst registriert werden, arbeitet die französische Rechtsordnung mit einem Urkundsregister.[2] Auch das englische[3] *Land Register* unterscheidet sich in vielen Punkten vom deutschen Grundbuch. Dies beruht zum Teil auf historischen Entwicklungen, ist aber auch den speziellen Anforderungen der jeweiligen Immobiliarsachenrechtsordnung geschuldet. Beispielsweise muss das Registerrecht eines *Common Law*-Systems immer auch mit den vielen, oft formlos entstehenden *Equity*-Rechten zurechtkommen.

Diese *Equity*-Rechte und die Herausforderung, die sie für den Verkehrsschutz im Rechtsverkehr bedeuten, sind einer der Hauptgründe, warum

---

1 *Word Bank Group*, Doing Business 2016: Measuring Regulatory Quality and Efficiency, 2015.

2 *Cooke*, The New Law of Land Registration, 2003, S. 2ff.; *van Erp/Akkermans*, Property Law, 2012, S. 907; *Wagemann*, Funktion und Bedeutung von Grundstücksregistern, 2002, S. 19ff.

3 Das Vereinigte Königreich ist ähnlich wie die Vereinigten Staaten ein Mehrrechtsstaat. Er untergliedert sich in drei Rechtsordnungen: die von England und Wales, die von Schottland und die von Nordirland. Wie in der rechtsvergleichenden Literatur üblich wird in dieser Arbeit verkürzt vom englischen Recht gesprochen, wenn das Recht von England und Wales gemeint ist.

das englische Immobiliarsachenrecht im letzten Jahrhundert tiefgreifende dogmatische Reformen durchlaufen hat. Während das Grundbuch und auch das materielle Immobilienrecht in Deutschland in ihrer heutigen Form abgesehen von kleinen, das Kernsystem nicht betreffenden Anpassungen seit 1900 existieren und dementsprechend gut eingespielt und aufeinander abgestimmt sind, befindet sich das Immobiliarsachenrecht in England und Wales in einer Zeit des Wandels. So wurde das traditionelle englische *land law*, das primär auf die Bedürfnisse der großgrundbesitzenden Aristokratie ausgerichtet war, im Jahre 1925 mit der Verabschiedung von sechs großen Reformgesetzen umfassend reformiert.[4] Das heute in England geltende Grundstücksrecht unterscheidet sich daher erheblich von dem *land law* des 19. Jahrhunderts.

Auch das Registerrecht hat sich in den letzten hundert Jahren stark gewandelt. Zwar gab es auch in England seit dem 19. Jahrhundert mehrere Versuche, ein umfassendes Liegenschaftsregister einzuführen,[5] aber dieses Unterfangen war nur bedingt erfolgreich. Auch im späten 20. Jahrhundert war noch ein bedeutender Teil der Grundstücke in England und Wales nicht im *Land Register* verzeichnet worden. Aus diesem Grund herrschte im englischen Liegenschaftsrecht eine duale Ordnung mit den Normen des *Land Registration Act 1925*[6] für *registered land* und einem Parallelsystem für *unregistered land*. Erst durch die Einführung weitreichender Registrierungspflichten durch den *Land Registration Act 1997* konnte die vollständige Erfassung aller Grundstücke im Landregister in England und Wales vorangetrieben werden. Mittlerweile sind ca. 87 % des Bodens von England und Wales registriert[7] und in den nächsten Jahren sollen alle Grundstücke in England und Wales im Register erfasst werden.[8] Die letzte große Reform des Liegenschaftsrechts brachte der *Land Registration Act 2002*, der am 1. Januar 2003 in Kraft getreten ist. Ziel der Reform war es

---

4 *Land Registration Act 1925*, *Land Charges Act 1925*, *Settled Land Act 1925*, *Trustee Act 1925*, *Law of Property Act 1925* und *Administration of Estates Act 1925*.

5 Insbesondere durch den *Land Registration Act 1925*.

6 Parlamentsgesetze erhalten in Großbritannien einen Namen, der auch das Jahr ihrer Beschließung durch das Parlament enthält. Bei kleineren Gesetzesänderungen wird nur der bestehende *Act* geändert und der Name beibehalten. Größere Reformen werden im Rahmen eines neuen Gesetzes vorgenommen, das den alten *Act* ersetzt. So wurde der *Land Registration Act 1925* durch den *Land Registration Act 2002* ersetzt.

7 *Land Registry*, Annual Report and Accounts 2020/21, S. 5.

8 *Law Commission*, No. 271, Land Registration for the Twenty-First Century: A Conveyancing Revolution, 2001, Rn 2.9.

u.a. die Garantiewirkung des Registers zu stärken und die Bedeutung von außerhalb des Registers bestehenden Belastungen zu verringern. Zurzeit läuft ein weiteres Reformverfahren, innerhalb dessen die *Law Commission* im Jahre 2016 ein sogenanntes *Consultation Paper*[9] und darauffolgend im Jahre 2018 einen *Report*[10] mit konkreten Gesetzgebungsvorschlägen veröffentlicht hat.

Das englische Registerrecht orientiert sich traditionell an drei Prinzipien: dem *mirror principle*, dem *curtain principle* und dem *insurance principle*.[11] Diese drei Prinzipien verkörpern das Ideal eines Liegenschaftsregisters und sind der oft zitierte Maßstab, an dem existierende Register gemessen werden. Das *mirror principle* bedeutet, dass das Register die materielle Rechtslage hinsichtlich eines eingetragenen Rechts möglichst vollständig und richtig wiedergeben sollte. Gleichzeitig sollen nach dem *curtain principle* alle nicht aus dem Register ersichtlichen Belastungen nicht gegenüber dem Erwerber wirksam sein, also hinter dem „Vorhang" des Registers verschwinden. Schließlich sollen diejenigen, die aufgrund eines Fehlers im Register einen Schaden erleiden, nach dem *insurance principle* eine Entschädigung erhalten. *Cooke* beschreibt das diesen Prinzipien entsprechende Idealregister: „*It is a complete mirror of title: every interest in the land in question is encapsulated in the one record. The record has taken complete control of title: it is impossible to create or deal with any interest in land without proper use of the register, but once registered an interest is valid and enforceable against the world, and cannot be compromised by any event outside the register. The register is therefore infallible; it does not merely record the title, it generates and defines the title.*"[12] Ähnlich formulierte es die *Law Commission* in den Gesetzgebungsmaterialien zum derzeit geltenden *Land Registration Act 2002*: „*[T]he register should be a complete and accurate reflection of the state of title of the land at any given time, so that it is possible to investigate title to land on line, with the absolute minimum of additional enquiries and inspections.*"[13] Dies ist das Ideal, an der das derzeit geltende Registerrecht und auch die aktuellen Reformvorschläge der *Law Commission* sich messen lassen müssen.

---

9 *Law Commission*, No. 227: Updating the Land Registration Act 2002: A Consultation Paper, 2016.

10 *Law Commission*, No. 380, Updating the Land Registration Act 2002, 2018.

11 Diese gehen zurück auf *Ruoff*, An Englishman Looks at the Torrens System, 1957, S. 8 ff.

12 *Cooke*, The New Law of Land Registration, 2003, S. 10.

13 *Law Commission*, No. 271, Land Registration for the Twenty-First Century: A Conveyancing Revolution, 2001, Rn 1.5.

Im Rahmen dieser Arbeit soll dargestellt werden, wie das englische Grundstücksregister als ein Instrument des Gesetzgebers innerhalb des englischen *land law* wirkt und welche Publizitätswirkung es im Rechtsverkehr hat. Anders ausgedrückt: inwiefern bietet das englische Liegenschaftsregister tatsächlich eine *complete and accurate reflection of the state of title*? Im Mittelpunkt der Betrachtung stehen die Publizitätswirkungen des Registers hinsichtlich bereits im Register erfasster Grundstücke und nicht die besonderen Regelungen der Erstregistrierung, da erstere den auf Dauer angelegten Kern des englischen Registerrechts bilden.

B) Deutsche Rechtslage

Bevor das englische *Land Register* in den Kapiteln C bis H behandelt wird, sollen in diesem Kapitel kurz die Grundzüge des deutschen (Immobiliar-)Sachenrechts sowie die Funktion und Wirkung des deutschen Grundbuchs beschrieben werden. Dabei wird kein Anspruch auf Vollständigkeit erhoben, vielmehr werden noch einmal einige – dem Leser vermutlich selbstverständlich erscheinende – Aspekte des deutschen Rechts unterstrichen und damit der gedankliche Ausgangspunkt für die Betrachtung des englischen *Land Register* umrissen.

Für den Vergleich mit dem englischen Sachenrecht sind folgende Eigenschaften des deutschen Rechts am bedeutsamsten: der absolute Eigentumsbegriff, die Publizitätswirkung des Grundbuchs, die die Möglichkeit des gutgläubigen Erwerbs eröffnet, aber für sich gesehen noch keine Rechtsänderung bewirkt, sowie die geringe Bedeutung des Besitzes im deutschen Immobilienrecht. Des Weiteren ist auch die Detailliertheit der Regelungen des deutschen Grundbuch- und Immobiliarsachenrechts von Interesse, welche mitunter einen bemerkenswerten Kontrast zu den entsprechenden Gesetzen in England darstellt.

I) Eigentumsbegriff und beschränkte dingliche Rechte

Im deutschen Zivilrecht herrscht das römisch-rechtliche, monistische Verständnis von Eigentum. Eigentum ist das Vollrecht an einer Sache.[14] Dies bedeutet, dass das Eigentum an sich nicht teilbar ist, also beispielsweise nicht in Ober- und Untereigentum gespalten werden kann.[15] Die Befugnisse des Eigentümers können auf sachenrechtlicher Ebene lediglich durch beschränkte dingliche Rechte beschnitten werden. Wie im Folgenden noch ausführlich dargestellt wird, teilt das englische Recht diesen Eigentumsbegriff nicht. Historisch gesehen wurde auch in Deutschland nicht immer mit dem römisch-rechtlichen Verständnis von Eigentum gearbeitet. Das Allgemeine Preußische Landrecht von 1794 kannte beispielsweise noch eine Aufspaltung des Eigentums in ein Verfügungs- und ein

---

14 Staudinger/*Althammer*, BGB, 2016, Einl. Zu §§ 903 ff. Rn 2.
15 BeckOGK-BGB/*Lakkis*, Std. 1.3.2022, § 903 Rn 49.

Nutzungsrecht.[16] Der Siegeszug des römisch-rechtlichen Eigentumsbegriffs begann mit dem Vordringen des römischen Rechts im 19. Jahrhundert. Dieser mündete 1900 im Inkrafttreten des Bürgerlichen Gesetzbuchs, dessen Sachenrecht das monistische Eigentumsverständnis zugrunde liegt. Ähnlich war die Rechtsentwicklung in Österreich, wo § 357 des österreichischen ABGB von 1811, der noch von einer Teilung in Ober- und Untereigentum sprach, formell erst 2006 aufgehoben, aber schon lange vorher als obsolet betrachtet wurde.[17]

Neben dem Eigentum als Vollrecht kennt das deutsche Recht noch beschränkte dingliche Rechte. Diese sind „Teilinhalte aus dem Eigentum, die der Eigentümer abspaltet, wenn er an seiner Sache ein beschränktes dingliches Recht bestellt."[18] Das Volleigentum als unteilbares Recht wird also durch andere dingliche Rechte beschränkt.[19] Auch das englische Recht kennt Dienstbarkeiten, Pfandrechte und ähnliches. Anders als im deutschen Recht werden diese jedoch dogmatisch nicht als Einschränkungen des Hauptrechts, sondern als danebenstehende weitere dingliche Rechte betrachtet.

II) Typenzwang

Die Zahl der beschränkten dinglichen Rechte ist im deutschen Recht einem strengen Typenzwang unterworfen, welcher in der deutschen wie der englischen Literatur auch *numerus clausus*-Prinzip genannt wird. Neben dem Eigentum erkennt das deutsche Recht eine begrenzte Zahl von beschränkten dinglichen Rechten an. Diese können in die drei Kategorien dingliche Nutzungsrechte, dingliche Verwertungsrechte und dingliche Erwerbsrechte aufgeteilt werden.[20] Dingliche Nutzungsrechte sind die Grunddienstbarkeit, der Nießbrauch, die beschränkte persönliche Dienstbarkeit und das Erbbaurecht. Anders als das Erbbaurecht ist das Woh-

16 Teil I, Titel 8 ALR.

17 Rummel/Lukas/*Winner*, ABGB, 4. Aufl. 2016, § 358 Rn 1; Schwimann/*Klicka*, ABGB, 3. Aufl. 2005, § 357 Rn 1; s. auch MüKoBGB/*Brückner*, 8. Aufl. 2020, § 903 Rn 8.

18 *Wellenhofer*, Sachenrecht, 36. Auflage 2021, S. 4.

19 MüKoBGB/*Brückner*, 8. Aufl. 2020, § 903 Rn 8; Staudinger/*Althammer*, BGB, 2016, Einl. 1 zu § 903ff Rn 2; *Lüke*, Sachenrecht, 4. Auflage 2018. S. 4; *Vieweg/Lorz*, Sachenrecht, 8. Auflage 2022, S. 573.

20 *Wellenhofer*, Sachenrecht, 36. Auflage 2021, S. 3; *Baur/Stürner*, Sachenrecht, 18. Aufl. 2009, § 3 Rn 35.

nungseigentum keine Belastung des Eigentums am Grundstück, sondern stellt selbst Volleigentum dar. Dingliche Verwertungsrechte sind die Reallast, die Hypothek, die Grundschuld, die Rentenschuld und (für das Immobiliarsachenrecht ohne Bedeutung) das Faustpfandrecht. Dingliche Erwerbsrechte sind das dingliche Vorkaufsrecht und das dingliche Anwartschaftsrecht. Auch im englischen Recht wird mittlerweile die Existenz eines sachenrechtlichen Typenzwangs prinzipiell anerkannt. Die Ausgestaltung und die Reichweite des englischen Typenzwangs sowie die Anerkennung bestimmter Rechtsinstitute als dingliches Recht sind in der dortigen Literatur jedoch umstritten.[21]

III) Materielles Immobilienrecht und Grundbuchverfahrensrecht

In Deutschland wird streng zwischen dem materiellen Recht im BGB und dem Grundbuchverfahrensrecht der GBO sowie der GBV getrennt. Der Schwerpunkt dieser Arbeit liegt auf den materiell-rechtlichen Wirkungen des Grundbuchs und nicht auf dem Grundbuchverfahrensrecht. Dennoch soll das deutsche Grundbuchverfahrensrecht hier kurz umrissen werden. Die bedeutendsten Prinzipien der GBO sind der Antragsgrundsatz, der Bewilligungsgrundsatz und der Voreintragungsgrundsatz.

Der in § 13 Abs. 1 S. 1 GBO geregelte Antragsgrundsatz bedeutet, dass Veränderungen im Grundbuch durch das Grundbuchamt grundsätzlich nur auf Antrag eines Antragsberechtigten vorgenommen werden. Das Grundbuchamt darf selbst bei positiver Kenntnis der Unrichtigkeit des Grundbuchs dieses grundsätzlich nicht einfach selbstständig korrigieren, sondern lediglich darauf hinwirken, dass die Antragsberechtigten einen entsprechenden Antrag stellen. Aufgrund des Legalitätsprinzips ist der Rechtspfleger allerdings hierzu auch verpflichtet. Die Anträge sind nach § 17 GBO in der Reihenfolge ihres Eingangs zu bearbeiten. Wird also ein Eigentumswechsel beantragt und danach ein Widerspruch gegen die Eigentümerstellung des Bucheigentümers, so muss zuerst der Eigentumswechsel eingetragen werden, der möglicherweise einen gutgläubigen Erwerb mit sich bringt, und dann der Widerspruch, der dann jedoch möglicherweise zu spät kommt. § 17 GBO ist allerdings eine reine Ordnungs-

---

21 *Swadling* in Burrows: English Private Law, 3. Auflage 2013, Rn 4.06 – 4.12; *van Erp/Akkermans*, Property Law, 2012, S. 65 ff..

vorschrift, deren Nichtbeachtung keine materiell-rechtlichen Folgen hat.[22] Würde also der Rechtspfleger unter Verstoß gegen § 17 GBO zuerst den Widerspruch eintragen, wäre ein gutgläubiger Erwerb danach ausgeschlossen.[23]

Des Weiteren können Veränderungen im Grundbuch grundsätzlich nur mit der formellen Bewilligung desjenigen vorgenommen werden, dessen Recht von der Rechtsänderung betroffen ist, § 19 GBO. Eine Ausnahme hiervon bildet § 22 GBO, wonach eine Bewilligung des Buchberechtigten nicht erforderlich ist, wenn die Unrichtigkeit des Grundbuchs nachgewiesen ist.

Darüber hinaus darf eine Verfügung grundsätzlich nur dann eingetragen werden, wenn die Person, deren Recht von der Verfügung betroffen ist, als Berechtigter eingetragen ist, § 29 GBO. Hiervon macht § 40 GBO Ausnahmen für Verfügungen von Erben und Testamentsvollstreckern. Zudem kann nach § 39 Abs. 2 GBO die Voreintragung eines Grundpfandrechtszedenten entbehrlich sein, wenn er sich im Besitz des Briefes befindet und seine Berechtigung nach § 1155 BGB nachweisen kann.

Nach § 29 Abs. 1 S. 1 GBO müssen alle für eine Eintragung erforderlichen Erklärungen in öffentlichen oder öffentlich beglaubigten Urkunden nachgewiesen werden. Andere Voraussetzungen einer Eintragung, wie beispielsweise die Bewilligungsberechtigung des Bewilligenden, müssen nach § 29 Abs. 1 S. 2 GBO ebenfalls durch öffentliche Urkunden nachgewiesen werden, sofern sie nicht offenkundig, das heißt allgemeinkundig oder zumindest aktenkundig, sind. Diese Vorschrift bewirkt ein hohes Maß an Formalität im Grundbuchverkehr, da für jede Eintragung im Grundbuch im Regelfall zumindest öffentliche Beglaubigungen erforderlich sind, gleichzeitig aber auch eine hohe Rechtssicherheit. Diese rechtfertigt die erhöhten formellen Anforderungen, da es sich bei Grundstücken und grundstücksgleichen Rechten meistens um hohe Vermögenswerte handelt.

---

22 BeckOK-GBO/*Zeiser*, 45. Ed. 1.3.2022, § 17 Rn. 36; Bauer/Schaub/*Schaub*, GBO, 4. Aufl. 2018, § 17 Rn 27; *Demharter*, Grundbuchordnung, 32. Aufl. 2021, § 17 Rn 17; Hügel/*Zeiser*, GBO, 4. Aufl. 2020, § 17 Rn 36; KEHE/*Volmer*, Grundbuchrecht, 8. Aufl. 2019, § 17 Rn 39; Meikel/*Böttcher*, GBO, 12. Aufl. 2021, § 17 Rn 24..

23 Baur/*Stürner*, Sachenrecht, 18. Aufl. 2009, § 23 Rn 38.

IV) Grundbucheintragung als Voraussetzung von Verfügungen über Grundstücksrechte

Das Grundbuch ist in Deutschland im Rechtsverkehr mit Immobilien unumgänglich, da nach §§ 873 Abs. 1, 875 BGB sowohl die Entstehung als auch die Aufhebung eines dinglichen Rechts an einem Grundstück eine Eintragung oder Löschung dieses Rechts im Grundbuch erfordern. Die Grundbucheintragungen sind hierbei konstitutiv. Ohne Eintragung oder Löschung im Grundbuch kommt es nicht zu der gewünschten Rechtsänderung. Eine Ausnahme bildet nur die Übertragung von Briefgrundpfandrechten, die durch bloße Übergabe des Briefes, ohne Eintragung im Grundbuch wirksam übertragen wird, § 1155 BGB. Eine Eintragung im Grundbuch hat somit Gestaltungswirkung. Sie alleine reicht jedoch für eine Rechtsveränderung nicht aus und heilt das Fehlen anderer Voraussetzungen nicht. Zusätzlich sind für eine wirksame Verfügung nach deutschem Recht noch die dingliche Einigung, das Einigsein zum Eintragungszeitpunkt sowie die Berechtigung und Verfügungsbefugnis des Verfügenden erforderlich. Liegt eines dieser Tatbestandsmerkmale nicht vor und kommt es dennoch zu einer Eintragung im Grundbuch, verändert die Grundbucheintragung nicht die materielle Rechtslage.[24] Vielmehr wird das Grundbuch unrichtig und es entsteht ein Anspruch auf Grundbuchberichtigung nach § 894 BGB. Eine spätere, der Eintragung im Grundbuch zeitlich nachfolgende Einigung ist jedoch möglich, sofern der Verfügende nicht in seiner Verfügungsmacht beschränkt ist.[25]

V) Publizitätswirkung des Grundbuchs

Obwohl die Buchlage alleine nicht die materielle Rechtslage bestimmt, hat sie dennoch eine starke Publizitätswirkung, die die Grundlage eines gutgläubigen Erwerbs von einem Nichtberechtigten sein kann. Die Publizitätswirkung des Grundbuchs ist in den §§ 891 bis 893 BGB geregelt. § 891 BGB enthält die widerlegbare, beweisrechtliche Vermutung, dass der Grundbuchstand der materiellen Rechtslage entspricht. Dies gilt sowohl für die positive, als auch die negative Publizität des Grundbuchs. Ist für jemanden ein Recht eingetragen, so wird vermutet, dass ihm dieses

24 Vgl. BeckOGK-BGB/*Enders*, 1.1.2022, § 873 Rn. 190 ff.; MüKoBGB/*Kohler*, 8. Aufl. 2020, § 873 Rn. 93.

25 MüKoBGB/*Kohler*, 8. Aufl. 2020, § 873 Rn. 108.

Recht auch tatsächlich zusteht, § 891 Abs. 1 BGB. Ist ein Recht gelöscht, so wird vermutet, dass es nicht besteht, § 891 Abs. 2 BGB. § 891 BGB normiert somit eine Beweislastumkehr. Kann die tatsächliche, materielle Rechtslage nicht mit ausreichender Sicherheit ermittelt werden, so wird angenommen, dass die Grundbuchlage mit der tatsächlichen Rechtslage übereinstimmt. Wer sich auf eine dem materiellen Grundbuchstand widersprechende Rechtslage beruft, trägt hierfür die Darlegungs- und Beweislast.[26]

§§ 892, 893 BGB regeln den auf dieser Vermutung aufbauenden öffentlichen Glauben des Grundbuchs. Daher sind diese Normen, anders als § 891 BGB, nicht bloß prozessualer Natur, sondern ermöglichen eine Veränderung der materiellen Rechtslage auf Grundlage des durch das Grundbuch bewirkten Rechtsscheins.[27] Zugunsten desjenigen, der ein Recht an einem Grundstück oder ein Recht an einem solchen Recht durch Rechtsgeschäft erwirbt, gilt der Inhalt des Grundbuchs als richtig, es sei denn, dass ein Widerspruch gegen die Richtigkeit eingetragen oder die Unrichtigkeit dem Erwerber bekannt ist, § 892 Abs. 1 Satz 2 BGB. § 892 Abs. 1 Satz 1 BGB i.V.m. § 891 Abs. 1 oder Abs. 2 BGB schafft damit eine umfassende positive und negative Publizität des Grundbuchs hinsichtlich des Bestehens und Nichtbestehens von eingetragenen bzw. nichteingetragenen Rechten gegenüber dem Erwerber eines Grundstücks, eines Rechts an einem Grundstück sowie auch dem Recht an einem Recht.

In das deutsche Grundbuch werden jedoch nicht nur Eigentümer und dingliche Rechte eingetragen, sondern auch Vermerke über Verfügungsbeschränkungen wie Insolvenz- und Testamentsvollstreckervermerke. § 892 Abs. 1 Satz 2 BGB erweitert daher den öffentlichen Glauben auf das Nichtbestehen von nicht im Grundbuch eingetragenen Verfügungsbeschränkungen. Hier ist die Publizitätswirkung des Grundbuchs allerdings auf ihre negative Seite beschränkt.[28] Die Eintragung einer Verfügungsbeschränkung schafft keinen öffentlichen Glauben an ihr Bestehen. So schafft die Eintragung eines Testamentsvollstreckungsvermerks keinen öffentlichen Glauben, dass die Testamentsvollstreckung noch nicht beendet ist, weshalb auch nicht aufgrund der Grundbucheintragung im guten Glauben an die Verfügungsbefugnis des Testamentsvollstreckers ein

---

26 MüKoBGB/*Kohler*, 8. Aufl. 2020, § 891 Rn. 17–18; Palandt/*Herrler*, BGB, 79. Aufl. 2020, § 891 Rn. 1.

27 MüKoBGB/*Kohler*, 8. Aufl. 2020, § 892 Rn. 1.

28 MüKoBGB/*Kohler*, 8. Aufl. 2020, § 892 Rn. 64; Staudinger/*Gursky*, BGB, 2019, § 892 Rn 238.

Grundstück von ihm erworben werden kann. Dieser öffentliche Glaube wird allein durch das Testamentsvollstreckerzeugnis nach § 2368 BGB geschaffen.

Der Grund für die lediglich negative Publizität des Grundbuchs im Hinblick auf Verfügungsbeschränkungen ist, dass die §§ 892, 893 BGB nur den redlichen Erwerb eines Grundstücks bzw. Grundstücksrechts ermöglichen wollen. Dafür genügt es, die einen solchen Erwerb hindernde Wirkung einer nichteingetragenen Verfügungsbeschränkung auszuschließen.[29] Dagegen entspricht es nicht dem Zweck des Grundbuchs, über das Bestehen und Nichtbestehen allgemeiner Verfügungsbeschränkungen hinsichtlich des Vermögens einer Person Auskunft zu geben, weswegen eine positive Publizität von Verfügungsbeschränkungen nicht nur überflüssig, sondern sogar systemwidrig wäre.

Es soll jedoch nicht nur der Erwerber von Grundstücken oder Grundstücksrechten geschützt werden, sondern nach § 893 BGB auch derjenige, der an einen im Grundbuch Eingetragenen aufgrund dessen eingetragenen Rechts eine Leistung bewirkt (§ 893 Var. 1 BGB), und derjenige, der mit dem Eingetragenen in Ansehung dessen eingetragenen Rechts ein nicht unter § 892 BGB fallendes Rechtsgeschäft vornimmt, das eine Verfügung über das Recht enthält (§ 893 Var. 2 BGB). Unter die erste Variante von § 893 BGB fällt zum Beispiel eine Leistung auf eine Reallast oder auf eine Grundschuld (im eher seltenen Fall, dass auf die Grundschuld selbst und nicht auf das zugrundeliegende Darlehen geleistet wird). § 893 Var. 2 BGB ist die etwas versteckte Generalnorm der Tatbestände des gutgläubigen Erwerbs im BGB. Sie erweitert den Schutz des Grundbuchs auf alle sonstigen Verfügungen, die nicht den Erwerb eines Grundstücksrechts beinhalten. Hierunter fallen beispielsweise Rangänderungen, die Kündigung eines Grundpfandrechts sowie die Aufhebung eines Rechts.[30]

Demnach sieht das deutsche Immobiliarsachenrecht die Möglichkeit vor, von einem im Grundbuch als Berechtigten eingetragenen Nichtberechtigten wirksam zu erwerben. Hauptvoraussetzungen neben dem falschen Grundbuchstand sind der gute Glaube des Erwerbers sowie die Tatsache, dass kein Widerspruch im Grundbuch eingetragen ist. Der gute Glaube des Erwerbers wird in § 892 Abs. 1 Satz 1 BGB vermutet und zu seiner Widerlegung ist der Nachweis positiver Kenntnis von der Unrichtigkeit des Grundbuchs erforderlich. Die Anforderungen für die Widerlegung der Gutgläubigkeit des Erwerbers sind hoch. Er muss positive Kennt-

29 *Baur/Stürner*, Sachenrecht, 18. Aufl. 2009, § 23 Rn 41.

30 s. für weitere Bespiele: MüKoBGB/*Kohler*, 8. Aufl. 2020, § 893 Rn. 9.

nis sowohl der Tatsachen haben, aus denen sich die Unrichtigkeit des Grundbuchs ergibt, und zudem auch die sich daraus ergebende Unrichtigkeit kennen. Anders als bei der korrespondierenden Vorschrift des § 932 BGB zum gutgläubigen Erwerb beweglicher Gegenstände reicht fahrlässige oder grob fahrlässige Unkenntnis der Unrichtigkeit des Grundbuchs nicht aus. Selbst erhebliche Zweifel[31] oder ein dem bedingten Vorsatz nahekommendes Rechnen mit der Unrichtigkeit[32] bedeuten nicht, dass der Erwerber als bösgläubig gilt. Darüber hinaus muss der Erwerber nicht nur die Tatsachen kennen, die zur Unrichtigkeit des Grundbuchs führen, sondern auch die Schlussfolgerung ziehen, dass das Grundbuch aufgrund dieser Tatsachen unrichtig ist. Die Tatsache, dass der potentiell bösgläubige Erwerber aus der Kenntnis der zur Unrichtigkeit führenden Tatsachen dann auch tatsächlich den Schluss der Unrichtigkeit gezogen hat, ist als innere Tatsache kaum nachzuweisen. In der Praxis wird der Richter in den meisten Fällen von der positiven Tatsachenkenntnis auf die positive Kenntnis der Unrichtigkeit schließen.[33]

Die sachenrechtlichen Vorschriften differenzieren nicht danach, warum das Grundbuch unrichtig ist oder ob es sich um einen entgeltlichen oder einen unentgeltlichen Erwerb handelt. Die Entgeltlichkeit des Erwerbs wirkt sich jedoch bei der Frage nach der Möglichkeit der bereicherungsrechtlichen Rückabwicklung des gutgläubigen Erwerbs aus. Ein Rückübertragungsanspruch besteht gemäß § 816 Abs. 1 Satz 2 BGB nur gegenüber dem unentgeltlichen Erwerber, während ein entgeltlicher Erwerber vor Ansprüchen des wahren Berechtigten geschützt ist.

Der gute Glaube muss nach § 892 Abs. 2 BGB zum Zeitpunkt der Antragstellung vorliegen (§ 892 Abs. 2 1. Alt. BGB) oder für den Fall, dass die Einigung erst nach der Eintragung zustande kommt, zum Zeitpunkt der Einigung (§ 892 Abs. 2 2. Alt. BGB).

Der gute Glaube des Grundbuchs bezieht sich aber nicht auf alle im Grundbuch eingetragenen Tatsachen. Auch wenn § 892 BGB pauschal vom „Inhalt“ des Grundbuchs spricht, werden von seiner Publizitätswirkung nur diejenigen Tatbestände erfasst, die zu einer Unrichtigkeit des Grundbuchs i. S. v. § 894 BGB führen können. Hierzu zählen das Bestehen

---

31 RG RGZ 156, 122, 128; BeckOGK-BGB/*Hertel*, Std. 15.4.2021, § 892 Rn 75; MüKoBGB/*Kohler*, 8. Aufl. 2020, § 892 Rn 47 m. w. N.

32 RG JW 1929, 581; OLG Schleswig FGPrax 2004, 264, 266; BeckOGK-BGB/*Hertel*, Std. 15.4.2021, § 892 Rn 75; MüKoBGB/*Kohler*, 8. Aufl. 2020, § 892 Rn 47; Staudinger/*Picker*, BGB, 2019, § 892 Rn. 161.

33 *Baur/Stürner*, Sachenrecht, 18. Aufl. 2009, § 23 Rn 30.

der im Grundbuch eingetragenen dinglichen Rechte, das Nichtbestehen nicht eingetragener, eintragungsfähiger dinglicher Rechte und das Nichtbestehen nicht eingetragener, eintragungsfähiger Verfügungsbeschränkungen.

In der Literatur heißt es häufig, dass nur das Nichtbestehen relativer Verfügungsbeschränkungen von der Publizitätswirkung des Grundbuchs erfasst sei.[34] Diese Aussage ist in ihrer Allgemeinheit nicht richtig. So werden z.B. auch die Eröffnung des Insolvenzverfahrens (§§ 81 Abs. 1 S. 2, 91 Abs. 2 InsO) oder die Anordnung der Nachlassverwaltung (§§ 1984 Abs. 1 S. 1, 1985 Abs. 1 BGB) als absolute Verfügungsbeschränkungen von § 892 BGB erfasst.[35] Tatsächlich stellen Verfügungsbeschränkungen i. S. v. § 892 Abs. 1 S. 2 BGB eine „sehr heterogene Gruppe" dar, deren „einziges gemeinsames Merkmal die positivrechtliche Anordnung ihrer Gutglaubensanfälligkeit ist"[36].

Nicht von der Gutglaubenswirkung des Grundbuchs erfasst werden dagegen tatsächliche Angaben hinsichtlich der Wirtschaftsart, Lage und Größe des Grundstücks aus dem Bestandsverzeichnis, wohl aber Angaben, die den rechtlichen Bestand des Grundstücks betreffen.[37] Ebenfalls nicht erfasst sind Angaben hinsichtlich der persönlichen Verhältnisse der Beteiligten[38] und inhaltlich unzulässige Eintragungen i. S. v. § 53 Abs. 1 S. 2 GBO. Inhaltlich unzulässig sind Eintragungen, die in dieser Form überhaupt nicht hätten eingetragen werden dürfen, und nicht bloß Eintragungen, die unrichtig sind.

Kein gutgläubiger Erwerb ist möglich, wenn im Grundbuch ein Widerspruch eingetragen ist. § 892 Abs. 2 BGB und § 878 BGB erfassen nicht das Nichteingetragensein eines Widerspruchs. So kann ein Erwerber trotz seiner Gutgläubigkeit nicht erwerben, wenn im Zeitraum zwischen der Stellung seines Eintragungsantrags und seiner Eintragung ein Widerspruch in das Grundbuch eingetragen wird. In dem Fall, dass das Grundbuchamt unter Verstoß von § 17 GBO seinen Antrag vorzieht und ihn vor der Eintragung des Widerspruchs einträgt, erwirbt er dagegen gutgläubig.

34 Bspw. *Baur/Stürner*, Sachenrecht, 18. Aufl. 2009, § 23 Rn 6.
35 BeckOGK-BGB/*Hertel*, Std. 15.4.2021, § 892 Rn. 133; Staudinger/*Picker*, BGB, 2019, § 892 Rn 240 ff.
36 Staudinger/*Picker*, BGB, 2019, § 892 Rn 240.
37 MüKoBGB/*Kohler*, 8. Aufl. 2020, BGB § 892 Rn. 17.
38 *Baur/Stürner*, Sachenrecht, 18. Aufl. 2009, § 23 Rn 11.

VI) Ersitzung

Das BGB sieht im Hinblick auf Grundstücke zwei Ersitzungsmöglichkeiten vor. Zum einen die Buchersitzung aus § 900 BGB und zum anderen das Aufgebotsverfahren aus § 927 BGB, welches demjenigen zugutekommt, der ein Grundstück 30 Jahre lang im Eigenbesitz hatte. Das Aufgebotsverfahren ist bei einem im Grundbuch eingetragenen Eigentümer gemäß § 927 Abs. 1 Satz 3 BGB nur dann zulässig, wenn dieser gestorben oder verschollen ist und eine seiner Zustimmung bedürftige Eintragung im Grundbuch seit 30 Jahren nicht erfolgt ist. § 927 BGB ist eine der ganz wenigen Vorschriften des BGB, in der der tatsächliche Besitz an dem Grundstück eine Rolle für die dingliche Berechtigung spielt.

VII) Grundstück im Rechtssinne

Weder das BGB noch die GBO definieren den Begriff „Grundstück“, sondern setzen ihn voraus. Aus diesen Vorschriften ergibt sich, dass ein Grundstück im Rechtssinne ein räumlich abgegrenzter und im Grundbuch unter einer besonderen Nummer gebuchter Teil der Erdoberfläche ist. *Kohler* definiert es so: „Grundstück im Rechtssinne ist danach ein durch amtliche Vermessung bestimmter und durch die Art seiner Buchung individualisierter, räumlich abgegrenzter Teil der Erdoberfläche.“[39]

Mehrere Grundstücke können nach § 890 BGB zu einem Grundstück verbunden werden, wobei hier zwei Methoden, die Vereinigung nach § 890 Abs. 1 BGB, § 5 GBO und die Bestandszuschreibung nach § 890 Abs. 2 BGB, § 6 GBO in Frage kommen.[40] Neben der materiell-rechtlichen Verbindung nach § 890 BGB können mehrere Grundstücke auch auf demselben Grundbuchblatt nach § 4 Abs. 1 GBO eingetragen werden. Hierbei handelt es sich jedoch um einen rein buchungstechnischen Vorgang, der keine materiell-rechtlichen Rechtsfolgen hat. Die Teilung eines Grundstücks in zwei Grundstücke ist nicht im BGB geregelt, aber als

---

39 MüKoBGB/*Kohler*, 8. Aufl. 2020, Vor § 873 Rn 1.

40 Der wesentliche Unterschied zwischen den beiden Verbindungsarten besteht in der Auswirkung auf Grundpfandrechte zu Lasten des Hauptgrundstücks. Diese erstrecken sich bei der Zuschreibung auf das Hauptgrundstück (§ 1113 BGB), bei der Vereinigung dagegen nicht.

Konsequenz der umfassenden Verfügungsbefugnis des Grundstückseigentümers aus § 903 BGB anerkannt.[41]

VIII) Aufbau des Grundbuchs

Das Grundbuch besteht aus mehreren Grundbuchblättern. Grundregel ist, dass jedes Grundstück ein eigenes Grundbuchblatt nach § 3 Abs. 1 GBO erhält (Realfolium). Mehrere Grundstücke im Rechtsinne können aber auch auf einem Grundbuchblatt gebucht werden, solange diese den- oder dieselben Eigentümer haben, § 4 Abs. 1 GBO (Personalfolium). Die Buchungsvariante des Personalfoliums wird zum Beispiel bei Gemeinden und anderen öffentlichen Körperschaften verwendet, denen sehr viele Grundstücke innerhalb eines Grundbuchbezirks gehören. Wird eines der auf einem Grundstück gebuchten Grundstücke veräußert, muss ein neues Grundbuchblatt gebildet werden. Jedes Grundbuchblatt besteht nach § 4 GBV aus der Aufschrift, dem Bestandsverzeichnis und drei Abteilungen. In Abteilung I steht der Eigentümer des Grundstücks, in Abteilung II sind Belastungen, Verfügungsbeschränkungen, Widersprüche und Vermerke aufgeführt und in Abteilung III die Grundpfandrechte. Vormerkungen können, je nachdem auf welche Art von Anspruch sie sich beziehen, in Abteilung II und in Abteilung III eingetragen werden, § 12 GBV. Das Grundbuch wird chronologisch geführt. Wenn eine Eintragung gelöscht oder geändert, wird sie unterstrichen (§§ 14, 16 und 17 GBV). Demnach sind aus dem Grundbuch auch immer vorherige Eintragungen ersichtlich.

In der Aufschrift sind nach § 5 S. 1 GBV das Amtsgericht, der Grundbuchbezirk und die Nummer des Bandes und des Blatts anzugeben. Die Angabe eines Bandes entfällt, wenn das Loseblatt-Grundbuch in Einzelheften (§ 2 S. 3 GBV) oder maschinell geführt wird (§ 63 GBV). Daher werden heute in den meisten Grundbuchaufschriften nur Amtsgericht, Grundbuchbezirk und Grundbuchblattnummer angegeben. Zudem enthalten spezielle Grundbücher Vermerke, die auf die besondere Art des Grundbuchs beispielsweise als „Wohnungsgrundbuch“ oder „Erbbaugrundbuch“ hinweisen. Die Angaben der Aufschrift des Grundbuchblatts – Amtsgericht, Grundbuchbezirk und Blatt – werden im Rechtsverkehr häufig ggf. zusammen mit der Angabe der laufenden Nummer dazu verwendet, ein Grundstück zu identifizieren.

---

41 BeckOGK-BGB/*Hertel*, Std. 15.4.2021, § 890 Rn 82; MüKoBGB/*Kohler*, 8. Aufl. 2020, BGB § 890 Rn. 14.

Im Bestandsverzeichnis jedes Grundbuchblatts werden die dort gebuchten Grundstücke anhand eines amtlichen Verzeichnisses bezeichnet, § 2 Abs. 2 GBO. Das amtliche Verzeichnis i. S. v. § 2 Abs. 2 GBO ist das Liegenschaftskataster. Dieses besteht aus dem Katasterkartenwerk und den Katasterbüchern. Die Ausgestaltung und rechtliche Regelung des Katasterwesens ist Ländersache. Die §§ 6–8 GBV regeln, wie die Grundstücke im Bestandsverzeichnis zu buchen sind und welche Angaben dort zusätzlich Aufnahme finden können. Nach § 6 Abs. 3a GBV sind die Grundstücke anhand des Liegenschaftskatasters zu bezeichnen. Hierbei sind die Gemarkung (oder der sonstige vermessungstechnische Bezirk), die vermessungstechnische Bezeichnung des Grundstücks innerhalb der Gemarkung nach Buchstabe oder Nummer, ggf. die Bezeichnung nach den Steuerbüchern, sowie die Wirtschaftsart des Grundstücks und die Lage anzugeben. Darüber hinaus wird nach § 6 Abs. 5 GBV die im Liegenschaftskataster eingetragene rechnerische Größe des Grundstücks vermerkt. Diese Angaben dienen zum einen dazu, die Grundstücke möglichst genau zu bezeichnen (Identifikationsfunktion) und zum anderen dazu, sie möglichst genau zu beschreiben (Schlüsselfunktion).[42] Da das Liegenschaftskataster die Grundlage für die Bezeichnung der Grundstücke im Grundbuch bildet, dürfen grundsätzlich Flächen nur dann im Grundbuch gebucht werden, wenn sie auch im Kataster als Flurstück erfasst sind.[43]

§ 7 GBV i. V. m. § 9 GBO regelt die Eintragung sogenannter Herrschvermerke. Das sind Vermerke über subjektiv-dingliche Rechte, also Rechte, die dem jeweiligen Eigentümer eines auf dem Grundbuchblatt verzeichneten Grundstücks zustehen. Die Eintragung eines Herrschvermerks ist für die Entstehung des subjektiv-dinglichen Rechts nicht erforderlich, es genügt die Eintragung im Grundbuch des dienenden Grundstücks. Allerdings führt das Fehlen eines Herrschvermerks dazu, dass nach § 21 GBO subjektiv-dingliche Rechte auch ohne die materiell-rechtlich gemäß § 876 S. 2 BGB eigentlich erforderliche Zustimmung eines Belastungsberechtigten gelöscht werden können. Somit besteht bei Nichteintragung eines Vermerks nach § 7 Abs. 1 GBV für den Belastungsberechtigten das Risiko, dass die zu seinen Gunsten bestehende Belastung gelöscht und dadurch der Wert des Grundstücks verringert wird. Aus diesem Grunde kann auch der Berechtigte einer Belastung des dienenden Grundstücks die Eintragung eines Herrschvermerks gemäß § 9 Abs. 1 S. 2 GBO im Grundbuch des herrschenden Grundstücks beantragen. Des Weiteren können nach § 8 GBV

---

42 Meikel/*Schneider*, GBV, 11. Aufl. 2019, § 6 Rn 12.
43 Meikel/*Schneider*, GBV, 11. Aufl. 2019, § 6 Rn 13.

i. V. m. § 3 Abs. 4, 5 GBO auch sogenannte dienende Miteigentumsanteile an einem anderen Grundstück in das Bestandsverzeichnis eingetragen werden. In einem solchen Fall wird für das dienende Grundstück kein eigenes Grundbuchblatt gebildet. In der Praxis wird diese Möglichkeit vor allem bei Zufahrten, Privatwegen und Mülltonnenstellflächen genutzt. Die Buchung beim wirtschaftlichen Hauptgrundstück anstatt der Bildung eines eigenen Grundbuchblatts hat den Vorteil, dass die Mitübertragung des dienenden Miteigentumsanteils bei der Übertragung des Hauptgrundstücks nicht vergessen werden kann.

Die Eintragungen in der ersten Abteilung sind in § 9 GBV geregelt. In ihr werden die Eigentümer des Grundstücks sowie die Eigentümerwechsel in chronologischer Reihenfolge eingetragen. Anders als in Abteilung II und III werden in dieser Abteilung nach § 9 Abs. 1 lit. d GBV auch die Grundlage der Eintragung (Auflassung, Erbfolge o.ä.) angegeben; diese Angabe ist jedoch nicht von dem guten Glauben des Grundbuchs umfasst.[44] Bisher nicht abschließend geklärt ist, welcher Eintragungsgrund bei einer Kettenauflassung anzugeben ist.[45] Jeder neu einzutragende Eigentümer erhält eine neue laufende Nummer, wobei Eigentümergemeinschaften nach § 47 GBO (Bruchteils- und Gesamthandsgemeinschaften) unter einer laufenden Nummer gebucht werden. Sofern die Eigentümergemeinschaft wiederum in Untergemeinschaften aufgespalten ist (z.B. bei mehreren nicht auseinandergesetzten Erbengemeinschaften), kann auch dies in der ersten Abteilung dargestellt werden.

§ 10 GBV regelt die Eintragungen in der zweiten Abteilung des Grundbuchs. Dort einzutragen sind sämtliche Belastungen mit Ausnahme der Grundpfandrechte (§ 10 Abs. 1 lit. a GBV), Verfügungsbeschränkungen, Vormerkungen und Widersprüche (§ 10 Abs. 1 lit. b GBV) sowie Grundbuchvermerke (§ 10 Abs. 1 lit. c GBV). Die zweite Abteilung des Grundbuchs ist für Belastungen die Auffangabteilung. Alle Eintragungen, die nicht in die dritte Abteilung gehören, werden in der zweiten eingetragen. Daher ist der Eintragungsinhalt dieser Abteilung auch nicht abschließend festgelegt.[46] Abteilung II ist in drei Bereiche gegliedert: den für Haupteintragungen, den für Veränderungseintragungen und den für Löschungseintragungen. Bei einer Eintragung in der zweiten Abteilung kann nach § 874 BGB auf die Eintragungsbewilligung Bezug genommen werden. Die Zuordnungskriterien, also „wem welches Recht mit welchem Rang an wel-

44 Meikel/*Schneider*, GBV, 11. Aufl. 2019, § 9 Rn 2, 28ff.
45 Meikel/*Schneider*, GBV, 11. Aufl. 2019, § 9 Rn 32.
46 Meikel/*Schneider*, GBV, 11. Aufl. 2019, § 10 Rn 1.

chem Grundstück oder Teil eines solchen oder an welchem Grundstücksrecht wie lange zusteht“[47], muss sich aber aus der Grundbucheintragung selbst ergeben. Gesetzliche Typenbezeichnungen sind ausreichend, wenn sie einen weitgehend ausgeprägten Inhalt haben und damit der Umfang der Belastung durch die bloße Typenbezeichnung ausreichend klar wird wie z.B. beim Nießbrauch.[48] Wenn dagegen das Gesetz einen weiten Gestaltungsspielraum bietet wie z.B. bei den Grunddienstbarkeiten, muss der Inhalt des eingetragenen Rechts im Grundbuch durch weitere Angaben deutlich gemacht werden. Die Eintragung „Grunddienstbarkeit“ ohne zumindest schlagwortartige Konkretisierung des Rechts wäre unzureichend aussagekräftig und damit unwirksam.[49] Die Details, wie beispielsweise der genaue Ausübungsbereich eines Wegerechts, dürfen dann wieder in der Bewilligungsurkunde festgehalten werden.[50]

Die dritte Abteilung des Grundbuchs ist in § 11 GBV geregelt. In ihr werden nur Hypotheken, Grundschulden und Rentenschulden einschließlich der sich auf diese Rechte beziehenden Vormerkungen und Widersprüche eingetragen, § 11 Abs. 1 GBV. Es wäre rechtstechnisch auch möglich gewesen, die Buchung von Grundpfandrechten wie andere Belastungen in Abteilung II vorzusehen. Da sie aber eine besondere Bedeutung in der Praxis haben, hat der Gesetzgeber für sie eine eigene Abteilung geschaffen.[51] Genau wie in der zweiten Abteilung setzt sich die dritte Abteilung zusammen aus Haupteintragungen, Veränderungseintragungen und Löschungseintragungen.

---

47 Meikel/*Schneider*, GBV, 11. Aufl. 2019, Vor GBV Rn 130.

48 Meikel/*Schneider*, GBV, 11. Aufl. 2019, Vor GBV Rn 132; Palandt/*Herrler*, BGB, 79. Aufl. 2020, § 874 Rn. 6; MüKoBGB/*Kohler*, 8. Aufl. 2020, § 874 Rn. 4; Soergel/*Stürner*, BGB, 13. Aufl. 2002, § 874 Rn. 5.

49 BGH NJW 1983, 115, 116; BayObLG DNotZ 1989, 572; BayObLG NJW-RR 1998, 879; OLG Nürnberg Rpfleger 2000, 325; OLG Düsseldorf MittRhNotK 1995, 319; OLG Nürnberg OLGZ 1997, 79; Schöner/Stöber, Grundbuchrecht, 16. Aufl. 2020, Rn. 1145 ff.; Palandt/*Herrler*, 79. Aufl. 2020, § 874 Rn. 6; MüKoBGB/*Kohler*, 8. Aufl. 2020, § 874 Rn. 4.

50 OLG Nürnberg Rpfleger 2000, 325; OLG Düsseldorf MittRhNotK 1995, 319; BayObLG NJW-RR 1998, 897; BayObLG DNotZ 1989, 572; Schöner/Stöber, Grundbuchrecht, 16.Aufl. 2020, Rn. 1145 ff.; MüKoBGB/*Kohler*, 8. Aufl. 2020, § 874 Rn. 4.

51 *Baur/Stürner*, Sachenrecht, 18. Aufl. 2009, § 15 Rn 51.

C) Grundprinzipien und -begriffe des englischen Grundstücksrechts

Die Analyse der Publizität des englischen Grundstücksregisters und der Herausforderungen, vor denen das englische Registerrecht steht, erfordert es, zunächst das Immobiliarrechtssystem und seinen historischen Kontext festzustellen. Noch stärker als das englische Schuldrecht[52] unterscheidet sich das englische Sachenrecht in vielen grundlegenden Fragen stark von seinem Gegenstück in Deutschland, sodass ohne Kenntnis dieser Unterschiede und eines Bewusstseins davon die dogmatischen und praktischen Schwierigkeiten des englischen Registerrechts kaum nachvollziehbar sind.

Darüber hinaus ist auch eine Auseinandersetzung mit den historischen Wurzeln vieler Institute des englischen Immobiliarsachenrechts unerlässlich. Während das dritte Buch des BGB seit dem 1. Januar 1900 im Großen und Ganzen unverändert geblieben ist und höchstens in – wenn auch in der Praxis bedeutenden – Details wie der Sicherungsgrundschuld oder der Publizität des Grundbuchs hinsichtlich des Gesellschafterkreises der Gesellschaft bürgerlichen Rechts modifiziert wurde, ist das *land law* von heute mit dem *land law* vom Anfang des 20. Jahrhunderts kaum zu vergleichen. Das englische Grundstücksrecht des 19. Jahrhunderts diente den Bedürfnissen einer Gesellschaft, in der der Großteil des Grund und Bodens einer kleinen Gruppe von adeligen Familien gehörte, innerhalb welcher das Land grundsätzlich vererbt wurde und die ein besonderes Interesse daran hatten sicherzustellen, dass es in der Familie blieb. Aus diesem Grunde bot das Immobiliarsachenrecht zahlreiche Möglichkeiten, das Eigentum am Grundvermögen so aufzuspalten, dass es nur schwer lastenfrei an Dritte veräußert werden konnte.[53] Die Schwierigkeiten des lastenfreien Erwerbs und die zunehmende Notwendigkeit einer besseren

---

52 Die englische Literatur kennt traditionell kein Schuldrecht im römischrechtlichen Sinne, sondern betrachtet die Rechtsgebiete *Contract*, *Tort* und *Restitution* meist unabhängig voneinander. Sofern in der englischen Literatur von einem *Law of Obligations* gesprochen wird, geschieht dies oft in einem rechtsvergleichenden Zusammenhang oder bei Autoren, die im Bereich der Rechtsvergleichung mit *Civil* Law-Systemen publizieren wie in dem von *Peter Birks* begründeten Übersichtswerk *Burrows*, English Private Law, 3. Aufl. 2013, Teil 4: Law of Obligations.

53 *Murphy/Roberts/Felssas*, Understanding Property Law, 2003, S. 83 ff..

Verkehrsfähigkeit von Grundstücksrechten waren zwei der Gründe für die Sachenrechtsreform von 1925 und die Einführung eines Grundstücksregisters.[54] Sechs Gesetze verwirklichten diese Reform. Der *Settled Land Act 1925*, der *Trustee Act 1925*, der *Law of Property Act 1925* und der *Administration of Estates Act 1925* sind heute noch in Kraft. Der *Land Registration Act 1925* wurde 2002 durch den *Land Registration Act 2002* ersetzt, wobei jedoch die Rechtsprechung zum *Land Registration Act 1925* in vielen Fällen auch auf gleich- oder ähnlichlautende Normen des *Land Registration Act 2002* anwendbar ist.[55] Außerdem wurde der *Land Charges Act 1925* durch den *Land Charges Act 1972* ersetzt. Da die Ziele der Reformgesetze von 1925 – Erleichterung lastenfreien Erwerbs und bessere Fungibilität – unter anderem durch die Vereinfachung der bis dahin bestehenden Rechtslage erreicht werden sollten, wurden mit ihnen zahlreiche Rechtsinstitute und Formerfordernisse reduziert und abgeschafft.[56] Aus diesem Grunde nehmen viele Regelungen in dem bis heute und auch für diese Arbeit bedeutenden *Law of Property Act 1925* auf die alten Prinzipien und Rechtsinstitute Bezug. Die Gesetzestexte sind deshalb ohne Kenntnisse der historischen Hintergründe aus sich heraus kaum verständlich. Darüber hinaus schimmert die über Jahrhunderte gewachsene Tradition des lange von feudalen Strukturen geprägten englischen Grundstücksrechts noch an vielen Stellen in Literatur und Rechtsprechung durch. Aus diesem Grunde wird in dieser Arbeit und insbesondere in diesem Kapitel den historischen Entwicklungen mehr Raum gegeben, als ansonsten in der deutschen Rechtswissenschaft üblich ist.

Des Weiteren sollte sich der deutsche Rechtswissenschaftler, der eine saubere, von allgemein anerkannten Definitionen geprägte Begrifflichkeit gewohnt ist, bei der Beschäftigung mit dem englischen Recht von der Erwartung ähnlich rigider Terminologie im *Common Law* lösen.[57] Oft

54 *Cooke*, The New Law of Land Registration, 2003, S. 20 ff; *Bridge/Cooke/Dixon*, Megarry&Wade: The Law of Real Property, 9. Aufl. 2019, Rn 4–030; *Smith*, Property Law, 10. Auflage, 2020, S. 54 f.; *Nossek*, Das Konzept „Grundbuch“, 2019, S. 126 ff..

55 Beispielsweise sah das Gericht in *Fitzwilliam v Richall Holdings* ([2013] EWHC 86 (Ch)) die Rechtsprechung des *Court of Appeal* zur Auslegung des *Land Registration Act 1925* in *Malory v Cheshire Homes* ([2002] EWCA Civ 151) als bindend an.

56 *Bridge/Cooke/Dixon*, Megarry&Wade: The Law of Real Property, 9. Aufl. 2019, Rn 2–020; 4–030 ff.; *Smith*, Property Law, 10. Auflage, 2020, S. 54 ff; *Sparkes*, A New Land Law, 2003, S. 8–9, der das englische Immobilienrecht vor den 1925er Reformen treffend als *„Jackson Pollock like mess“* bezeichnet.

57 So beobachtet auch *Rademacher* in einer rechtsvergleichenden Arbeit zum Verkehrsschutz im englischen Privatrecht: „Überhaupt setzt jede Beschäftigung

kann ein Rechtsbegriff mehrere Bedeutungen haben und je nach Kontext enger oder weiter zu verstehen sein. Auch eine Legaldefinition im Gesetz bedeutet nicht, dass dieser *terminus* nur im Einklang mit der gesetzlichen Definition verwendet wird. Ein mathematisches „Rechnen mit Begriffen“[58], dem das deutsche Sachenrecht gelegentlich nahekommt, ist im englischen Recht kaum möglich. Auch die englischen Gerichte lassen sich nur sehr selten zu einer eindeutigen Definition herab. Meist ziehen sie es vor – vermutlich auch um eine später nur schwer zu korrigierende und die unteren Instanzen, anders als in Deutschland, rechtlich bindende falsche Präzedenzentscheidung zu vermeiden – lediglich Gesichtspunkte aufzulisten, anhand derer entschieden werden kann, ob ein bestimmtes Tatbestandsmerkmal in einem konkreten Fall gegeben ist.

Im Folgenden sollen die wichtigsten Begriffe im Immobiliarsachenrechts des *Common Law* behandelt werden. Die typische Doppeldeutigkeit der *termini* beginnt im *Common Law* schon mit dem Begriff *Common Law* selber. Dieser meint zum einen die englische Rechtsordnung und die auf dem englischen Recht basierenden Rechtssysteme. Gerade in der englischen rechtsvergleichenden Literatur wird das *Common Law* oft dem sogenannten *Civil Law* gegenübergestellt, womit die stärker an das römische Recht anknüpfenden kontinentaleuropäischen Rechtsordnungen gemeint sind.[59] Zum anderen wird mit *Common Law* aber auch das Gegenstück zu der sogenannten *Equity* bezeichnet. Wie unten noch näher erläutert wird, gab es in England ursprünglich zwei unabhängige, aber aufeinander bezogene Rechtssysteme mit eigenen Gerichten, von denen das ältere – das *Common Law* – ursprünglich auf einem rigiden Aktionensystem[60] beruhte, während das andere – die *Equity* – aus dem Erfordernis entstand, eben dieses Aktionensystem beweglicher zu machen und damit besser auf die Interessen der Rechtssuchenden abzustimmen. Mittlerweile wurden die

---

mit dem englischen Recht – entgegen dem selbst zugeschriebenen Prinzip der Rechtssicherheit und Vorhersehbarkeit von Entscheidungen – in einem gewissen Maß den Umgang mit Ambivalenzen und Reglungslücken voraus. Nicht für jede aus der deutschen Diskussion geradezu selbstverständlich erscheinende Konstellation bieten englischen Judikatur und Literatur bislang (eindeutige) Antworten.“, *Rademacher*, Verkehrsschutz im englischen Privatrecht, 2016, S. 13.

58 *Windscheid*, Lehrbuch der Pandekten, 1862, § 24.

59 s. beispielsweise *Cooke*, The New Law of Land Registration, 2003, S. 3; *van Erp* in Reimann/Zimmermann, The Oxford Handbook of Comparative Law, 2006, Chapter 32: Comparative Property Law, S. 1051 ff.

60 die sogenannten *writs*, *Bridge/Cooke/Dixon*, Megarry&Wade: The Law of Real Property, 9. Aufl. 2019, Rn 4–003.

Gerichtssysteme durch die *Judicature Acts 1873* und *1875* zu einem Gesamtsystem vereinigt. Dennoch wird von der Sache her weiterhin zwischen *Common Law* und *Equity* unterschieden, wobei sich das Erstere – grob formuliert – durch klare, aber starre Regeln und das Letztere durch eine starke Betonung des Billigkeitsgedankens auszeichnet.

I) Kein striktes Trennungs- und Abstraktionsprinzip

Wie das deutsche Recht kennt auch das englische Recht eine schuldrechtliche und eine dingliche Ebene. Diese beiden Ebenen werden jedoch weniger streng getrennt, als die deutschen Trennungs- und Abstraktionsprinzipien es vorsehen.[61] So geht beim Warenkauf das Eigentum an der Kaufsache gemäß sec. 17 und 18 des *Sale of Goods Act 1979* vorbehaltlich einer anderweitigen Parteivereinbarung bereits durch den Abschluss des Kaufvertrages auf den Erwerber über. Hier wird also nicht zwischen dem kaufrechtlichen Verpflichtungsgeschäft und der dinglichen Eigentumsübertragung unterschieden. Gleichzeitig kennt das englische Mobiliarsachenrecht jedoch auch die Eigentumsübertragung durch *delivery*, welche anders als beim Warenkauf einen vom schuldrechtlichen Verpflichtungsgeschäft getrennten Erwerbsvorgang vorsieht.[62] Das englische Immobiliarsachenrecht unterteilt die Grundstücksveräußerung ebenfalls in das schuldrechtliche Verfügungsgeschäft, den *contract of sale*, und die dingliche Übertragung, die *disposition* oder *completion*. Das dingliche Verfügungsgeschäft wird zudem vielfach nach sec. 27(1) *Land Registration Act 2002* erst mit der Eintragung in das Liegenschaftsregister wirksam, sodass hier wiederum eine Trennung der zwei Ebenen zu sehen ist. Dennoch wirkt sich der *contract of sale* bereits auf die dingliche Rechtslage aus,[63] indem er zugunsten des Erwerbers einen Drittwirkung entfaltenden *estate contract* entstehen lässt.[64] Anders als im deutschen Recht kann das schuldrechtliche Verpflichtungsgeschäft darum nicht vollkommen unabhängig von der dinglichen Rechtslage betrachtet werden.

---

61 vgl. *Häcker*, ZEuP 2011, 335.

62 *McFarlane*, Structure of Property Law, 2008, S. 170 ff; *Smith*, Property Law, 10. Auflage, 2020, S. 118 ff; *Häcker*, ZEuP 2011, 335.

63 Die Grundprinzipien der englischen Grundstücksübertragung werden in Kapitel D beschrieben.

64 s. auch Kapitel E.

II) Relativity of title *und das Fehlen der* rei vindicatio

Ein weiterer wichtiger Unterscheid zum deutschen Recht ist, dass im *Common Law* ein anderes Eigentumsverständnis herrscht als in den auf dem römischen Recht[65] aufbauenden kontinentaleuropäischen Rechtstraditionen.

Das Eigentum des BGB ist ein unteilbares Recht.[66] Dieses unteilbare Recht kann bis zu einem gewissen Punkt durch die Gewährung beschränkter dinglicher Rechte modifiziert werden.[67] Hierbei werden die Rechte des Eigentümers entweder beschränkt, beispielsweise durch eine Grunddienstbarkeit zulasten des dienenden Grundstücks, oder auch erweitert, beispielsweise durch die eben diese Grunddienstbarkeit aus Sicht des herrschenden Grundstücks. Bildlich könnte man den römisch-rechtlichen Eigentumsbegriff mit einer Kiste vergleichen, aus der man Dinge herausnehmen, aber auch Dinge hineinlegen kann. Wenn man das Eigentum überträgt, übergibt man immer die Kiste an sich.[68]

Das englische Sachenrecht kennt, um bei diesem Bild zu bleiben, keine solche Kiste. Englische dingliche Rechte ähneln eher einem Blumenstrauß, also einer Ansammlung verschiedener dinglicher Rechtspositionen.[69] Diese Rechte werden nicht absolut, wie das römisch-rechtliche Eigentum, sondern immer im Verhältnis zueinander gesehen. Kernfrage des englischen *property law* ist nicht, ob jemand Eigentümer ist, sondern, ob jemand ein besseres Recht, *a better title*, als eine andere Person hat. Dies ist das Prinzip der *relativity of title*.[70] Auch Gerichtsverfahren hinsichtlich der Herausgabe von Sachen behandeln lediglich die Frage, wer von den Parteien den vorrangigen Anspruch hat, aber nicht, wer der Eigentümer der Sache ist.

Aufgrund dieser auf die jeweilige Zweierbeziehung fokussierten Herangehensweise kennt das englische Sachenrecht auch keinen Vindikationsan-

---

65 zum Eigentumsbegriff als Erfindung römischer Juristen: Wesel, Geschichte des Rechts, 1997, Rn 137.

66 MüKoBGB/*Brückner*, 8. Auflage 2020, § 903 Rn 2, 7–9; Staudinger/*Althammer*, BGB, 2016, Einl. Zu §§ 903 ff. Rn 2.

67 MüKoBGB/*Brückner*, 8. Auflage 2020, 903 Rn 2, 8.

68 Dieses sehr treffende Bild stammt von: *Merryman*, [1974] 48 Tulane Law Review 916, 927.

69 *Cooke*, The New Law of Land Registration, 2003, S. 36 beschreibt *property rights* als *„bundles of rights"*.

70 siehe beispielsweise die Ausführungen von *Lord Diplock* in *Ocean Estate Ltd v Pinder* [1969] 2 AC 19, Abschnitt 24–25 der Entscheidungsgründe: *„At common law...there is no such concept as an ‚absolute' title. Where questions of title to land arise in litigation the court is concerned only with the relative strengths of the titles proved by the rival claimants."*

spruch entsprechend § 985 BGB.[71] Die Verteidigungsmöglichkeiten eines Rechtsinhabers gegen die ungerechtfertigte Inbesitznahme durch einen anderen finden sich fast ausschließlich im Deliktsrecht, innerhalb derer der Inhaber eines besseren *title* Schadensersatzansprüche im Rahmen des *tort of trespass to land*, des *tort of negligence* und des *tort of nuisance*[72] gegen den Inhaber eines schlechteren *title* geltend machen kann.[73] Interessanterweise spielen diese Ansprüche in den Denkmustern eines klassischen *property lawyers* eine so untergeordnete Rolle, dass in den traditionellen Sachenrechtslehrbüchern keine oder nur sehr kurz gehaltene Ausführungen zu den Rechten eines Eigentümers (im untechnischen Sinne) gegenüber einem unrechtmäßigen Besitzer zu finden sind.[74]

III) Doctrine of estates *und* doctrine of tenure

Während das englische Mobiliarsachenrecht zwar das Eigentum an Sachen, aber keine *rei vindicatio* kennt und deswegen immer nur das im Verhältnis bessere Recht entscheidend ist, geht das englische Grundstücksrecht noch einen Schritt weiter. Seit der Begründung des Lehnssystems durch *William the Conqueror* im Jahre 1066 gilt in England und Wales bis heute formal ein feudales Liegenschaftsrecht, nach dem alles Land der Krone gehört und alle anderen Rechtssubjekte lediglich Besitz- und Nutzungs-

---

71 *Murphy/Roberts/Flessas*, Understanding Property Law, 4. Auflage 2004, S. 60 ff.; *Nolan/Davies* in *Burrows*: English Private Law, 3. Auflage 2013, Rn 17.304; *Fox*, (2006) CLJ 71; *van Erp/Akkermans*, Property Law, 2012, S. 161 ff., 208–209. Interessanterweise kannte auch das mittelalterliche deutsche Recht keine direkte Klage aus dem Eigentum und auch die strenge Unterscheidung zwischen Eigentum und Besitz geriet in Deutschland für einige Jahrhunderte in Vergessenheit bis mit der Renaissance des römischen Rechts auch dessen strenge Begrifflichkeit wieder Einzug in der deutschen Jurisprudenz hielt, s. *Wesel*, Geschichte des Rechts, 1997, Rn 225.

72 Neben den deliktischen Ansprüchen finden sich im modernen englischen Zivilprozessrecht auch zwei Möglichkeiten im Rahmen eines Eilverfahren gegen unrechtmäßige Besitzer vorzugehen. Beide finden sich in Teil 55 der *Civil Procedure Rules*.

73 *Swadling* in Burrows: English Private Law, 3. Auflage 2013, Rn 4.01.

74 wie auch schon *Harris*, Property and Justice, 1996, S. 69, festgestellt; tatsächlich enthält die 9. Auflage des unter Studenten sehr beliebten Lehrbuchs *Property Law* von *Roger Smith* keine Ausführungen zu Ansprüchen des Eigentümers gegen den unrechtmäßigen Besitzer und in dem mehrere tausend Seiten umfassenden Standardwerk *Bridge/Cooke/Dixon*, Megarry&Wade: The Law of Real Property, 9. Aufl. 2019, werden diese in wenigen kurzen Seiten abgehandelt.

rechte an einem Grundstück haben können,[75] sodass kein dem deutschen Recht entsprechendes Privateigentum an Grundstücken existiert.

Diese Besitzrechte werden *estates* genannt und seit der großen Liegenschaftsrechtsreform von 1925 erkennt das englische Recht nur noch zwei Formen von *estates* an: *freehold estates*, die auch *fee simple absolute in possession* genannt werden, und *leasehold estates*, die auch *term of years absolute* genannt werden.[76] Ein *freehold* ist ein zeitlich unbegrenztes Besitzrecht, während ein *leasehold* eine von vornherein festgelegte Laufzeit hat. Bis zu den erwähnten Reformgesetzen von 1925 kannte das englische Recht noch andere Varianten dieser *estates*, wie zum Beispiel das *life estate*, auf welche noch näher eingegangen wird.

Das *freehold* ist das weitestreichende Recht an einem Grundstück.Es gewährt ein dauerhaftes, vererb- und veräußerbares Recht, das Grundstück zu besitzen und andere von dem Besitz auszuschließen. Wirtschaftlich gesehen ist es mit dem *dominium* nach römisch-rechtlichem Verständnis vergleichbar. Im allgemeinen Sprachgebrauch wird der *freeholder* oft als der Eigentümer des Grundstücks bezeichnet. Selbst in wissenschaftlichen Publikationen und höchstrichterlichen Entscheidungsbegründungen wird oft von dem Berechtigten des *freehold* als dem *owner* gesprochen.[77] Die Tatsache, dass die Krone formal die Eigentümerin allen Grundbesitzes ist und den wirtschaftichen Eigentümern nur Besitzrechte gewährt, hat zwar

---

75 *Bogusz/Sexton*, Land Law, 6. Auflage 2019, S. 25; *Bridge/Cooke/Dixon*, Megarry&Wade: The Law of Real Property, 9. Aufl. 2019, Rn 2–001; *Smith*, Property Law, 10. Auflage 2020, S. 39; *George/Layard*, Thompson's Modern Land Law, 7. Auflage 2020, S. 32. Auch im Deutschland und anderen europäischen Ländern herrschte zeitweise eine feudalistische Vorstellung von Immobilieneigentum. Doch während sich das kontinentaleuropäische Recht sich in dieser Hinsicht in den letzten zweihundert Jahren wieder in Richtung des römischen *„dominium plenum"* entwickelt hat, scheint das englische Recht, zumindest was die dogmatischen Grundlagen anbelangt, an dieser Stelle stehengeblieben zu sein. Dass dies mit den weniger großen Umwälzungen in der englischen Gesellschaft und dem Überleben der englischen Monarchie zusammenhängt, liegt immerhin nahe. Bemerkenswert ist, dass das Konzept von Ober- und Untereigentum im österreichischen Recht formell auch erst 2006 abgeschafft wurde, Rummel/Lukas/*Winner*, ABGB, 4. Aufl. 2016, § 358 Rn 1; Schwimann/*Klicka*, ABGB, 3. Aufl. 2005, § 357 Rn 1; s. auch MüKoBGB/*Brückner*, 8. Aufl. 2020, § 903 7ff..

76 sec. 1(1) *Law of Property Act 1925*.

77 Bespielsweise die *Law Commission* in ihren aktuellen Veröffentlichungen zum laufenden Reformprozess: *Law Commission*, No. 227: Updating the Land Registration Act 2002: A Consultation Paper, 2016, Rn 2.6; *Honoré*, Ownership, Oxford Essays in Jurisprudence, First Series, S. 111 und 140–141, anders dagegen *Hargreaves*, (1956) MLR 14, 17.

rechtsdogmatische Auswirkungen, wirtschaftlich gesehen ist diese Tatsache jedoch mittlerweile bedeutungslos.

Das *leasehold* gewährt dem Berechtigten ebenfalls ein Besitzrecht, das allerdings eine feste Höchstlaufzeit hat. Die Laufzeiten einer *lease* variieren sehr stark und können nur wenige Monate, aber auch 999 Jahre betragen. Demnach sind die *leaseholds* je nach Ausgestaltung zum Teil mit einem verdinglichten Besitzanspruch eines Mieters, zum Teil eher mit einem Erbbaurecht vergleichbar. In der englischen Dogmatik werden *leaseholds* als gegenüber dem *freehold* subsidiäre *estates* angesehen. Es ist nicht möglich ein *leasehold* direkt von der Krone abgeleitet zu halten, sondern ein *leasehold* leitet sich immer aus einem *freehold* ab, welcher wiederum von der Krone gewährt wird. Die Tatsache, dass bei sehr langen *leaseholds* dem zugrunde liegenden *freehold* unter Umständen keine wirtschaftliche Bedeutung mehr zukommt, ändert nichts daran, dass es immer ein zugrundeliegendes *freehold* gibt.

Dieses System feudaler Besitzrechte wird in der englischen Literatur traditionell mit zwei Prinzipien umschrieben: der *doctrine of tenure* und der *doctrine of estates*. *Tenure* bezeichnet die feudale Lehnsbeziehung zwischen einem Lehnsherrn, dem *landlord*, und seinem Vasallen, dem *tenant*, und die *doctrine of tenure* beinhaltet, dass alle Besitzrechte an einem Grundstück von der Krone abgeleitete Lehnsrechte sind.[78] Zu Zeiten, als diese Lehnsbeziehungen mehr als eine nur dogmatisch und historisch interessante Kuriosität des englischen Sachenrechts waren, gab es unterschiedliche Formen der *tenure*. Man unterschied zwischen freien und unfreien *tenures*, wobei die freien wiederum in militärische, klerikale und sonstigen *tenures* eingeteilt wurden.[79] Jede *tenure* beinhaltete verschiedene Verpflichtungen gegenüber dem Lehnsherrn. Hier standen zunächst militärische und andere Dienstleistungen, später Geldzahlungen im Vordergrund. Nach und nach traten diese Pflichten jedoch in den Hintergrund und wurden per Gesetz abgeschafft.[80] Seit 1926 wird aller Grundbesitz als von der

78 *Bridge/Cooke/Dixon*, Megarry&Wade: The Law of Real Property, 9. Aufl. 2019, Rn 2-004, 2-006.

79 *Bridge/Cooke/Dixon*, Megarry&Wade: The Law of Real Property, 9. Aufl. 2019, Rn 2-004.

80 Zahlreiche Lehnsverpflichtungen wurden mit dem *Tenures Abolition Act 1660* abgeschafft. Die danach noch bestehenden Geldzahlungsverpflichtungen verloren immer weiter an Bedeutung, bis sie vollkommen obsolet wurden, siehe zu diesem Thema auch: *Nugee*, (2008) LQR 586.

Krone abgeleiteter *freehold* gehalten, welcher keine Lehnsverpflichtungen mehr enthält, sondern eine rein formale Rechtsbeziehung darstellt.[81]

Auf der *doctrine of tenure* aufbauend bestimmt die *doctrine of estates*, dass alle auf einer *tenure* beruhenden, von der Krone abgeleiteten Besitzrechte eine bestimmte Dauer haben.[82] Die Dauer des Besitzrechts ist von der Art des *estate* abhängig, von welchen das englische Recht heute nur noch zwei Typen *at law* anerkennt: die bereits erwähnten *freehold* und *leasehold*. Der Begriff *freehold* wird heute – und auch in dieser Arbeit – sowohl für die Form der *tenure*, als auch für die Art des *estate* verwendet. Früher bezog sich der *freehold* nur auf die Art der Lehnsbeziehung und die damit verbundenen Rechte und Pflichten. Da diese Lehnspflichten jedoch bedeutungslos geworden sind, wird *freehold* auch als Synonym für ein zeitlich unbegrenztes *estate*, einen *fee simple absolute in possession*, verwendet.[83]

IV) Common Law *und* Equity

Neben dem fragmentarischen Charakter des Eigentumsbegriffs im englischen Recht ist das duale System von *Common Law* und *Equity* eine weitere bemerkenswerte Eigenheit des englischen Privatrechtssystems.

Die *Equity* entwickelte sich aus der Billigkeitsrechtsprechung des *Lord Chancellor*, an den man sich wenden konnte, wenn die rigiden *Common Law*-Regeln, nach denen in den Gerichten des Königs Recht gesprochen wurde, keine Abhilfe ermöglichten.[84] Am Anfang standen also Einzelfallentscheidungen des *Lord Chancellor*, die alleine von dessen jeweiligem Gerechtigkeitsempfinden abhingen. Bald entwickelte sich aus diesen allerdings ein zweiter, mit den *Common Law*-Gerichten konkurrierender Gerichtszweig, der eigenen Gesetzen und Prinzipien folgte.[85] Die *Equity*-Gerichtsbarkeit setzte sich aus dem *Court of Chancery* und dem *Court of Exchequer*[86] zusammen, während das *Common Law*-Recht u.a. von der

---

81 *Bridge/Cooke/Dixon*, Megarry&Wade: The Law of Real Property, 9. Aufl. 2019, Rn 2–030.

82 *Bridge/Cooke/Dixon*, Megarry&Wade: The Law of Real Property, 9. Aufl. 2019, Rn 2–006.

83 *Cooke*, The New Law of Land Registration, 2003, S. 33.

84 *Maitland/Montague*, A Sketch of English Legal History, 1915, S. 100 ff.

85 *Maitland/Montague*, A Sketch of English Legal History, 1915, S. 124 ff, 134.

86 Dem *Court of Exchequer* wurde die *Equity*-Gerichtsbarkeit im 19. Jahrhundert allerdings wieder entzogen.

King's bzw. *Queen's Bench*, dem *High Court of Admirality* und dem *Court of Common Pleas* gesprochen wurde.

Mit den *Judicature Acts 1873–1875* wurden die beiden parallel existierenden Gerichtszweige zu einem verbunden. Dies bedeutet jedoch nicht, dass auch die *Common Law*- und *Equity*-Regeln miteinander verschmolzen sind. Vielmehr bestehen sie weiterhin nebeneinander und werden nun beide von denselben Gerichten angewandt, wobei im Falle eines Konflikts die *Equity* Vorrang hat. Heute sollten die Regeln der *Equity* darum als Ergänzung zu den *Common Law*-Regeln verstanden werden und nicht als alternatives Rechtssystem. Zum Teil modifiziert die *Equity* nur das *Common Law*, beispielsweise wenn sie für bestimmte Verträge, anders als im englischen Vertragsrecht sonst, Naturalrestitution statt eines bloßen monetären Schadensersatzanspruches zulässt.[87] Darüber hinaus hat sie aber auch zusätzlich zu den Rechtsinstituten des *Common Law* vollkommen neue rechtliche Konstruktionen geschaffen, die nur in der *Equity* anerkannt werden, wie beispielsweise die verdinglichte Treuhandvereinbarung, den *trust*.[88]

Auch heute noch ist der *Equity* stark anzumerken, dass sie ihren Ursprung in der das rigide *Common Law* abmildernden Billigkeitsrechtsprechung des *Lord Chancellor* hat. So misst die *Equity* der Redlichkeit eine große Bedeutung zu wie auch der Grundsatz „*One must come to Equity with clean hands*" zeigt. Charakteristisch für die *Equity* ist auch, dass ihre *remedies* – Rechtsbehelfe – flexibler sind und dem Gericht grundsätzlich einen Ermessensspielraum gewähren. Im Rahmen dieses Ermessensspielraums wie auch in der *Equity* überhaupt spielen Billigkeitserwägungen weiterhin eine starke Rolle.

V) Präzedenzregeln der englischen Gerichte

Das englische Prozessrecht gehört zwar nicht zum englischen Grundstücksrecht, jedoch erleichtert die Kenntnis der Präzedenzregeln es, die Entscheidungen der Gerichte nachzuvollziehen. Vereinfacht gesagt sind die Gerichte einer niedrigeren Instanz an die Entscheidungen der höheren Instanzen gebunden. In Deutschland steht es dem Amtsgericht Unterha-

87 *Bridge/Cooke/Dixon*, Megarry&Wade: The Law of Real Property, 9. Aufl. 2019, Rn 14–113 ff..

88 *Bridge/Cooke/Dixon*, Megarry&Wade: The Law of Real Property, 9. Aufl. 2019, Rn 4–025 ff.

ching zumindest in der Theorie frei, sich der Ansicht des Bundesgerichtshofs in einer bestimmten Rechtsfrage nicht anzuschließen und stattdessen den ihm vorliegenden Fall anders zu entscheiden. Die englischen Präzedenzprinzipien geben den unteren Instanzen der englischen Gerichtsbarkeit diese Option nicht. Entscheidungen des *Supreme Court*[89] und des *Court of Appeal* sind für die unteren Instanzen bindend. Der *Court of Appeal* muss zudem auch früheren *Court of Appeal*-Entscheidungen folgen.

Diese Bindungswirkung entsteht jedoch nur hinsichtlich der Teile eines Gerichtsurteils, die entscheidungserheblich, *ratio decidendi*, sind. Andere, nicht entscheidungserhebliche Ausführungen der Richter, *obiter dicta*, binden die unteren Instanzen nicht. Demnach ist es bei der Analyse englischer Gerichtsentscheidungen von wesentlich größerer Bedeutung zu differenzieren, welche Aussagen der Richter die Entscheidung tragen und bei welchen es sich nur um sonstige Bemerkungen handelt.[90]

Wenn ein Gericht von einer Entscheidung eines höherrangigen Gerichts abweichen möchte, versucht es üblicherweise darzulegen, warum die Entscheidung des höherrangigen Gerichts auf einer anderen Tatsachengrundlage erging und darum in dem zur Entscheidung vorliegenden Fall nicht beachtet werden muss. Dies wird *distinguishing* genannt.

Falls eine Abweichung durch *distinguishing* nicht möglich ist, können die unteren Instanzen in zwei Ausnahmesituationen dennoch anders als das höherrangige Gericht entscheiden. Zum einen, wenn das sie bindende Urteil *per incuriam* gefällt wurde, und zum anderen, wenn nicht nur eine, sondern zwei bindende Urteile eines höherrangigen Gerichts vorliegen, die jedoch miteinander im Widerspruch stehen.[91] Eine *per incuriam* Entscheidung eines höherrangigen Gerichts liegt vor, wenn das höherrangige Gericht zu diesem Ergebnis nur kommen konnte, indem es es bindende Urteile höherrangiger Gerichte oder Parlamentsgesetze ignoriert hat. In einem solchen Falle sind die niedrigerrangigen Gerichte nicht an das fälschlich gefällte Urteil gebunden, sondern können es als *per incuriam* ignorieren.

Eine solche Abweichung stellt jedoch die Ausnahme dar. Das Kernprinzip des englischen Prozessrechts ist, dass die Entscheidungen höherrangi-

---

89 Bis zum 1. Oktober 2009 hieß das höchste englische Gericht *House of Lords* (genauer gesagt *Appellate Committee of the House of Lords*) und war Teil des englischen Oberhauses. Aufgrund des offensichtlichen Konflikts mit dem Prinzip der Gewaltenteilung, wurde es ausgegliedert und in *Supreme Court* umbenannt. Die Präzedenzregeln haben sich dabei nicht geändert.

90 *Bell*, in: *Burrows*: English Private Law, 3. Aufl. 2013, S. 27.

91 *Bell*, in: *Burrows*: English Private Law, 3. Auflage, 2013, S. 30.

ger Gerichte rechtlich bindend sind. Dessen sind sich natürlich auch die Richter des *Court of Appeal* und des *Supreme Court* bewusst. Bei dem Studium englischer Gerichtsentscheidungen drängt sich dem Leser mitunter der Eindruck auf, dass zu klare Aussagen und insbesondere eindeutige Definitionen geradezu vermieden werden, um zu verhindern, dass die unteren Instanzen möglicherweise über Jahre an eine unglückliche Entscheidung gebunden sind, die erst nach längerer Zeit wieder als entscheidungserhebliche Rechtsfrage zu einer der höheren Instanzen kommt.

VI) Grundstücksrechtliche Rechtsinstitute

1) *Title*

Wie bereits erläutert, kennt das englische Recht keinen römisch-rechtlichen Eigentumsbegriff, sondern betrachtet die jeweilige Eigentumslage immer relativ, also nur im Verhältnis zwischen den Prozessparteien. Entscheidend ist im Prozess ein besseres Recht an dem Grundstück als die Gegenpartei zu haben. Diese miteinander in Relation zu setzenden Rechte werden *title* genannt, wobei dieser Begriff nicht mit dem Titel im deutschen Zivilprozessrecht verwechselt werden darf. Dennoch ist die begriffliche Nähe zum deutschen zivilprozessualen Titel insofern treffend, als es die auf das jeweilige Parteiverhältnis gerichtete relative Sichtweise des englischen Sachenrechts widerspiegelt. Manche Autoren verwenden den Begriff *title* in einem engeren Sinne und setzen ihn mit *freehold* gleich.[92] Diese Begriffsinterpretation widerspricht jedoch dem Gebrauch im *Land Registration Act 2002*, der beispielsweise in sec. 62(2) von *the title to a leasehold estate* spricht.

2) *Trust*

Der *trust* ist wie vorstehend dargelegt, das wichtigste Produkt der Billigkeitsrechtsprechung der *Equity* und stellt eine Abspaltung des *equitable title* vom *legal title* dar. Eine solche Spaltung kann sowohl aufgrund einer Willenserklärung der Parteien als auch von Gesetzes wegen erfolgen. Die englische Jurisprudenz unterscheidet klassischerweise zwischen vier Sorten

---

92 *Goymour/Hickey*, in: Goymour/Watterson/Dixon, New Perspectives on Land Registration, 2017, S. 70.

von *trusts*: *express trusts*, *implied trusts*, *constructive trusts* und *resulting trusts*,[93] wobei sich diese Kategorien jedoch nicht gegenseitig ausschließen und die genaue Zuordnung eines *trusts* zu einer bestimmten Kategorie bei manchen Fallgruppen umstritten ist.

Express trusts sind *trusts*, die aufgrund der Willenserklärung des Berechtigten, dass er oder eine andere Person sein Eigentum *on trust* für einen Dritten halten soll, entstehen. Ausdrückliche *trusts* werden oft zur Nachlassregulierung oder Steuervermeidung geschaffen.

Constructive trusts sind das primäre Gegenstück zu *express trusts* und bezeichnen *trusts*, die aufgrund Gesetzes von den Gerichten anerkannt werden. Die Rechtsprechung hat zahlreiche Fallgruppen von *constructive trusts* entwickelt, es aber bisher unterlassen, eine allgemeine Definition festzulegen. Gemein haben die Fallgruppen der *constructive trusts*, dass die Anerkennung derselben meist aus Billigkeitsgesichtspunkten geschieht. Dieser Typ des *trusts* dient in der Rechtsprechung oft auch dazu, Härten im Einzelfall zu vermeiden, oder wie *Elizabeth Cooke* es ausdrückt: „*To find a trust is the English lawyers's knee jerk reaction to a situation where legal ownership and what-ought-to-have-happened are out of kilter*."[94]

Resulting trusts bezeichnen *trusts*, bei denen im Rahmen einer Übertragung der *equitable title* nicht mit dem *legal title* auf den Erwerber übergeht, sondern auf den Übertragenden zurückspringt.[95] Die herrschende Lehre[96] und Rechtsprechung[97] kennen zwei Arten von *resulting trusts*: *presumed intention resulting trusts* und *automatic resulting trusts*. Wie die Namen schon sagen, entsteht die erste Kategorie von *resulting trusts* aufgrund des unterstellten Willens des Berechtigten und die zweite automatisch kraft Gesetzes. Die genauere Abgrenzung und Einordnung von *resulting trusts* wird in der englischen Rechtswissenschaft seit vielen Jahren diskutiert. Für die Aussagekraft und Wirkung des englischen Liegenschaftsregisters haben diese Debatten jedoch keine Bedeutung,[98] auch wenn der Begriff *resulting*

---

93 *Glister, J./Lee J.*: Hanbury&Martin, Modern Equity, 21. Auflage, 2018, Rn 2–028.

94 *Cooke*, The New Law of Land Registration, 2003, S. 117.

95 Der Begriff *resulting trust* kommt vom lateinischen Verb *resalire.*

96 *Mee*, (2014) 73 CLJ 86; *Swadling*, (2008) 124 LQR 72.

97 *Vandervell v Inland Revenue Commissioners* [1967] 2 AC 291 (*automatic resulting trust*); *Quistclose Investments Ltd v Rolls Razor Ltd* [1970] AC 567 (*presumed intention resulting trust*); *Westdeutsche Landesbank Girozentrale v Islington LBC* [1996] AC 669, 708; *Re Vandervell's Trust (No 2)* [1974] Ch 269, 294.

98 Die Notwendigkeit mancher dogmatischer Debatten um die *trusts* wird auch innerhalb der englische Lehre angezweifelt. So stellen *Murphy/Roberts/Flessas*, Understanding Property Law, 4. Auflage, 2004, S. 122, nur lakonisch fest: „*In this*

trust in Gesetzesnormen wie sec. 53(2) *Law of Property Act 1925* erwähnt wird. In diesem Zusammenhang ist es ausreichend zu wissen, dass mit *resulting trust* solche *trusts* gemeint sind, bei denen der *equitable title* auf den Berechtigten zurückfällt und dass sie sowohl aufgrund des Willens des Berechtigten als auch aufgrund Gesetzes entstehen können.

Die letzte Kategorie, *implied trusts*, ist als überflüssige Kategorie ohne eigenständige Bedeutung bezeichnet worden.[99] Da sie jedoch ebenfalls in sec. 53(2) *Law of Property Act 1925* Erwähnung findet, soll sie hier kurz erläutert werden. *Implied trusts* sind *trusts*, die ebenfalls auf dem Willen des Berechtigten beruhen und nicht wie *constructive trusts* per Gesetz entstehen. Anders als bei *express trusts* wurde dieser Wille jedoch nicht ausdrücklich erklärt, sondern wird aufgrund der Umstände angenommen. *Implied trusts* sind damit konkludente *trusts*.

3) *Numerus clausus* des englischen Sachenrechts

Der Typenzwang ist eines der wichtigsten Prinzipien des deutschen Sachenrechts und seine Existenz ist völlig zweifelsfrei. Anders dagegen in England, wo zwar die Existenz eines sachenrechtlichen Typenzwangs grundsätzlich nicht mehr angezweifelt wird, seine Strenge jedoch unterschiedlich interpretiert wird.[100]

Der *Law of Property Act 1925* legte zumindest für die *Common Law*-Ebene eine in sec. 1 abschließend aufgezählte Zahl von dinglichen Rechten fest. Hiernach existieren zwei *estates in land*: das *fee simple absolute in possession*, sec. 1(1)(a), und das *term of years absolute*, sec. 1(1)(b). Daneben erkennt sec. 1(2) noch fünf Gruppen von derivativen dinglichen Rechten *at law* an.

Alle anderen dinglichen Rechte kann es nach sec. 1(3) nur als *equitable interests* geben. Für die *Equity*-Ebene enthält der *Law of Property Act 1925* jedoch keine vergleichbare abschließende Aufzählung der dinglichen Rechte. Vielmehr legt sec. 4(1) nur fest, dass keine neuen dinglichen Rechte auf der *Equity*-Ebene geschaffen werden können und nur solche Rechtsin-

---

section we have used the term „resulting trust" In some decisions the term „constructive trust" is also encountered. One can agonise about whether there is a difference between the two; but this is largely a futile exercise.".

99 *Glister, J./Lee J.*: Hanbury&Martin, Modern Equity, 21. Auflage 2018, Rn 2–028.

100 s. die Darstellung von *Swadling*, in: *Burrows*, English Private Law, 3. Auflage, 2013, Rn 4.06 – 4.12.

stitute als dingliche anzuerkennen sind, die auch schon vor Inkrafttreten des *Law of Property Act 1925* als solche anerkannt waren. Auch wenn diese Regelung den Gerichten Interpretationsspielraum bei der Anerkennung dinglicher Rechte lässt, waren sie hierbei bisher zurückhaltend und haben auf die Anerkennung unklarer Fälle gerichtete Vorstöße abgelehnt.[101] Lediglich hinsichtlich des im Folgenden noch näher erläuterten gesetzlichen Rechts, das Grundstücksregister berichtigen zu lassen, scheinen die Gerichte bereit, dieses als dingliches Recht anzuerkennen.[102]

4) *Estate*

Die *doctrine of tenure* und die *doctrine of estates* sind uns schon oben begegnet. Sie verkörpern das Prinzip, dass im englischen Recht kein Privateigentum an Grund und Boden, sondern nur von der Krone abgeleitete Besitzrechte möglich sind. Diese von der Krone abgeleiteten Besitzrechte werden *estate* genannt und wie im Zusammenhang mit dem Typenzwang im englischen Sachenrecht erläutert, kennt dieses gemäß sec. 1(1) *Law of Property Act 1925* für die *Common Law*-Ebene nur noch zwei *estates in land*: *freehold* und *leasehold*. Dies sind die einzigen dinglichen Rechte, die dem Berechtigten ein umfassendes Besitzrecht geben. Sie kommen in ihrer Funktion dem deutschen Grundstückseigentum am nächsten.

Auch wenn diese beiden Rechtsinstitute in der heutigen Literatur oft in einem Atemzug als die beiden *at law* möglichen *estates* bezeichnet werden,[103] sind *freehold* und *leasehold* unterschiedlichen historischen Ursprungs. Darum gelten für sie in mancher Hinsicht abweichende Regeln.[104]

a) *Freehold*

Das *freehold* ist das ältere der beiden *estates* und hat seinen Ursprung in dem feudalen Lehnsystem des Mittelalters. Ursprünglich bezeichnete *free-*

---

101 s. beispielsweise *Ashburn Anstalt v Arnold* [1989] Ch 1.

102 vgl. *Malory Enterprises Ltd v Cheshire Homes Ltd* [2002] EWCA Civ 151.

103 *Bogusz/Sexton*, Land Law, 6. Auflage 2019, S. 29; *McFarlane/Hopkins/Nield*, Land Law: Text, Cases and Materials, 5. Auflage 2021, S. 159; *Bridge/Cooke/Dixon*, Megarry&Wade: The Law of Real Property, 9. Aufl. 2019, Rn 4–031.

104 *Bridge/Cooke/Dixon*, Megarry&Wade: The Law of Real Property, 9. Aufl. 2019, Rn 3–082 ff.

hold nur die Beziehung zwischen Lehnsherr, *landlord*, und Lehnsnehmer, *tenant*,[105] und der Begriff *fee* den *estate*, die Zeitspanne des Besitzrechtes. Seit dem Bedeutungsverlust der Lehnsbeziehung und deren Reduzierung auf eine rein formelle Rechtsposition werden *freehold* und *fee* jedoch als austauschbare Begriffe benutzt.[106]

Bis zur Vermögensrechtsreform von 1925 existierten drei verschiedene *freehold estates* auf *Common Law*-Ebene. Die Gemeinsamkeit dieser *freehold estates* war, dass sie ein Besitzrecht ohne von vorneherein festgelegte Laufzeit bezeichneten. Auf oberster Stufe, direkt von der Krone abgeleitet, steht immer ein *fee simple*. Das *fee simple* gewährt ein zeitlich unbegrenztes Besitzrecht. Aus diesem dem römisch-rechtlichen Eigentum am nächsten kommenden *estate* konnten weitere untergeordnete *freehold estates* gewährt werden: das *life estate* und das *fee tail*. Das *life estate* war auf das Leben einer bestimmten Person, nicht notwendigerweise des Berechtigten, beschränkt,[107] während das *fee tail* so lange bestand, wie es Nachkommen einer bestimmten Verwandtschaftslinie gab.[108] Hinsichtlich des *fee tails* bestand auch die Möglichkeit, es auf die männliche oder weibliche Linie zu beschränken. Der entscheidende Unterschied dieser nicht vollkommen unbegrenzten *freehold estates* zum *leasehold estate* bestand darin, dass im Falle eines *leasehold* die Höchstlaufzeit von vorneherein feststeht,[109] während dies bei der Lebensdauer einer Person oder Existenz einer Verwandtschaftslinie nicht der Fall ist. Aufgrund des *Law of Property Act 1925* konnten seitdem keine *life estates* oder *fee tails* mehr *at law* bestehen, sondern lediglich auf *Equity*-Ebene, also hinter einem *trust*. Das *fee tail* wurde da-

---

105 Das Wort *tenant* kommt von *tenure*, der feudalen Lehnsbeziehung, die etymologische auf das lateinische Verb *tenere* (haben, halten) zurückzuführen ist. Im alltäglichen Sprachgebrauch ist der *tenant* der Mieter, der technisch gesehen heute auch noch der Lehnsnehmer des Vermieters, des *landlord*, ist.

106 s. auch *Bridge/Cooke/Dixon*, Megarry&Wade: The Law of Real Property, 9. Aufl. 2019, Rn 3–003.

107 *McFarlane/Hopkins/Nield,* Land Law: Text, Cases and Materials, 3. Auflage, 2015, S. 686; *Bridge/Cooke/Dixon*, Megarry&Wade: The Law of Real Property, 9. Aufl. 2019, Rn 3–061; *Smith*, Property Law, 10. Auflage 2020, S. 47; *George/Layard*, Thompson's Modern Land Law, 7. Auflage 2019, S. 36–37.

108 *McFarlane/Hopkins/Nield,* Land Law: Text, Cases and Materials, 3. Auflage, 2015, S. 686; *Bridge/Cooke/Dixon*, Megarry&Wade: The Law of Real Property, 9. Aufl. 2019, Rn 3–046 ff.; *Smith*, Property Law, 10. Auflage 2020, S. 46–47; *George/Layard*, Thompson's Modern Land Law, 7. Auflage 2019, S. 37–38.

109 Die alternative Bezeichnung *term of years absolute* für das *leasehold* ist folglich sehr treffend.

rüber hinaus durch para. 5 *Schedule 1, Trusts of Land and Appointment of Trustees Act 1996* auch auf *Equity*-Ebene für die Zukunft abgeschafft.

Im Rahmen dieser Untersuchung ist insbesondere der Umstand von Bedeutung, dass das englische Recht heute *at law* nur noch das *fee simple absolute in possession* kennt und dieses ein zeitlich unbegrenztes, veräußer- und vererbbares Besitzrecht darstellt, mit dem keine Lehnsverpflichtungen mehr verbunden sind. Aus Laiensicht ist der *freeholder* damit der Eigentümer des Grundstücks.

b) *Leasehold*

Das *leasehold estate* (auch kurz *lease* genannt) entstand wesentlich später als das *freehold estate* und war damit nicht Teil des mittelalterlichen Lehnssystems. Es war ursprünglich vertraglicher Natur und entwickelte sich erst nach und nach zu einem dinglichen Recht.[110] Heutzutage sind die dingliche Natur der *lease* und ihr Status als zweites *estate in land* allgemein anerkannt.

Aus deutscher Sicht kann die *lease* als verdinglichter Landmiet- oder Landpachtvertrag bezeichnet werden, wobei es je nach Länge und anderen Umständen eher einem klassischen Mietverhältnis oder einem Erbbaurecht ähnelt. Es existieren *leaseholds* von wenigen Wochen oder Monaten aber auch solche, die 999 Jahre und mehr betragen. Jedem *leasehold* liegt ein *freehold* zugrunde, aus dem er sich ableitet, wobei der zugrunde liegende *freehold reversion* genannt wird.

Der *tenant* schuldet dem Berechtigten des *freehold* gewöhnlicherweise eine Pacht, *rent*. Demnach ist das *leasehold* paradoxerweise die einzige Form von *tenure*, in dem die Beziehung zwischen *landlord* und *tenant* noch reale, wirtschaftlich relevante Pflichten beinhaltet, obwohl das *leasehold* niemals zu den alten feudalen *tenures* zählte.

Ähnlich einer Untervermietung oder einem Untererbbaurecht kann aus einer *lease* auch wieder eine *lease* gewährt werden. Dieses wiederum darf nach den Regeln des *Common Law* maximal den Geltungszeitraum der *lease* umfassen, das ihr zugrunde liegt. Die übergeordnete *lease*, aus der sich die *sub-lease* herleitet, wird *reversion* genannt, genauer gesagt *lease of reversion*. Eine *lease of reversion* ist nicht dasselbe wie eine *reversionary*

110 *Bridge/Cooke/Dixon*, Megarry&Wade: The Law of Real Property, 9. Aufl. 2019, Rn 3–084 ff.

lease, bei der es sich um eine *lease* handelt, die erst zu einem zukünftigen Zeitpunkt beginnt.

c) Doppeldeutigkeit des Begriffs *estate*

Grundsätzlich sind mit dem Begriff *estate* nur die beiden gerade besprochenen *estates in land* gemeint. Wie schon erwähnt werden nur *fee simple absolute in possession* und *term of years absolute* als mögliche *estates in land* in sec. 1(1) *Law of Property Act 1925* genannt. Der Begriff kann aber auch weiter gefasst werden und sich auf sämtliche dinglichen Rechte an einem Grundstück beziehen. Diese weitere Definition verwendet paradoxerweise sec. 205(1)(x) *Law of Property Act 1925*. Sec. 205 ist der Definitionsteil des *Law of Property Act 1925* und definiert *estate* folgendermaßen: „*the estates, interests and charges, in or over land*". Diese Definition von *estate* umfasst alle dinglichen Grundstücksrechte, unter anderem die mit Dienstbarkeiten vergleichbaren *easements* und *profits à prendre*, Grundpfandrechte, *charges*, und Rentenschulden, *rentcharges*. Demnach wird *estate* im *Law of Property Act 1925* zweimal auf verschiedene Weise definiert. Dieser Widerspruch ist auch für das englische Registerrecht von Bedeutung, da die Definitionsnorm des *Land Registration Act 2002* sec. 132(1) auf sec. 205(1)(x) *Law of Property Act 1925* verweist. Die Doppeldefinition des Begriffs *estate* in zweien der bedeutendsten sachenrechtlichen Gesetze der letzten 100 Jahre demonstriert wie weit das englische Sachenrecht von der Begriffsmathematik der Pandektisten entfernt ist.

In Einklang gebracht werden könnten diese einander widersprechenden Definitionen, indem man *estates in land* wiederum als einen eigenen Begriff sieht, der auf *fee simple absolute in possession* und *terms of years absolute* beschränkt ist.[111] Diese Interpretation würde mit dem Wortlaut von sec. 27(2)(b) *Land Registration Act 2002* übereinstimmen. Diese Vorschrift sieht die Gewährung einer *lease* aus einem anderen *registered estate* nur für den Fall vor, dass der *registered estate* ein *estate in land* ist. Somit stimmt diese Erklärung zumindest mit der Begriffsverwendung des *Law of Property Act*

---

111 so scheint auch *Cooke* den Begriffe *estate in land* in ihrem Buch zum Land Registration Act 2002 zu definieren, s. *Cooke*, The New Law of Land Registration, Hart Publishing, 2003, S. 36, *Dixon*, (2017) Conv 1, 4, drückt dagegen Verwunderung darüber aus, dass auch Grunddienstbarkeiten ein *legal estate* sein können, wobei er allerdings nur sec. 1(1), aber nicht sec. 205 des *Law of Property Act 1925* erwähnt.

1925 und des *Land Registration Act 2002* überein. Es verwundert jedoch, dass der Begriff *estate in land* anders als *estate* in keinem der beiden Gesetze legaldefiniert wurde. Zudem sind auch die anderen unter die weitere Definition von *estate* fallenden Rechte wie *easements* und *charges* Grundstücksrechte, sodass diese auch als *estate in land* bezeichnet werden könnten.

McFarlane, *Hopkins* und *Nield* argumentieren dagegen, es gäbe nur *legal estates*, aber keine *equitable estates*, sondern nur *equitable interests* gäbe, da auch der *Law of Property Act 1925* in section 1 von *legal estates* und *legal interests*, aber in section 4 nur von *equitable interests* spricht.[112] Diese Beobachtungen hinsichtlich der Begriffsverwendung im *Law of Property Act 1925* sind zutreffend. Die Schlussfolgerung, dass man nicht von *equitable estates* sprechen sollte, wird jedoch nicht universell geteilt. So verwendet Lord Browne-Wilkinson in der berühmten Leitentscheidung *Westdeutsche Landesbank Girozentrale v Islington LBC* noch das Begriffspaar *legal estate* und *equitable estate*.[113]

Letztlich ist der Begriff *estate* aus rechtsvergleichender Sicht ein anschauliches Beispiel für die wenig ausgereifte Begrifflichkeit in der englischen Jurisprudenz und für das andere Verständnis von dinglichen Rechten im englischen *property law*, in dem auch die beiden dem Volleigentum am nächsten kommenden Rechtsinstitute nur zwei Grundstücksrechte unter vielen sind.

5) *Easements* und *profits à prendre*

Neben den beiden gerade besprochenen *estates* erkennt sec. 1(2) *Law of Property Act 1925* noch fünf weitere dingliche Grundstücksrechte an: *easements* und *profits*, *charges*, *rentcharges* und *rights of entry*. Im Gegensatz zu einem *estate* gewähren diese jedoch kein das ganze Grundstück umfassendes Besitzrecht.

Die erste Gruppe dieser *legal interests* sind die in sec. 1(2)(a) *Law of Property Act 1925* aufgezählten *easements, rights or privileges in or over land*, womit *easements* und *profits* gemeint sind. *Easements* sind ähnlich

112 *McFarlane/Hopkins/Nield*, Land Law, 2. Aufl. 2020, Rn 3.49.

113 *Westdeutsche Landesbank Girozentrale v Islington LBC* [1996] AC 669, 706: „*A person solely entitled to the full beneficial ownership of money or property, both at law and in equity, does not enjoy an equitable interest in that property. The legal title carries with it all rights. Unless and until there is a seperation of the legal and equitable estate, there is no seperate equitable title*“.

der römisch-rechtlichen *servitudines* zu einem herrschenden Grundstück gehörende Rechte, die sich auf ein dienendes Grundstück beziehen, sodass sie mit Grunddienstbarkeiten verglichen werden können.

Profits sind Fruchtziehungsrechte oder das Recht, einen Nutzen aus dem Land zu ziehen. Sie können als *profit appertuant* und als *profit en gross* bestehen. In ersterem Fall gehören sie wie *easement* zu einem *dominant tenement*, im letzteren Fall stehen sie einer Person zu. Sowohl *profits* als auch *easements* können ausdrücklich gewährt, aber auch von den Gerichten in eine Verfügung hineininterpretiert oder aufgrund der Umstände angenommen werden.

In der Entscheidung *Re Ellenborough Park*[114] von 1956 hat das *House of Lords* die vier Tatbestandsmerkmale eines *easements* in einer für die englischen Gerichte ungewöhnlichen Klarheit skizziert: (1) Es muss ein dienendes und ein herrschendes Grundstück geben; (2) das Recht muss dem herrschenden Grundstück nutzen; (3) das dienende und das herrschende Grundstück müssen verschiedene Eigentümer oder zumindest verschiedene Besitzer haben; (4) es muss möglich sein, dieses Recht zu gewähren. Insbesondere die dritte Voraussetzung kann zu zahlreichen praktischen Schwierigkeiten führen, da bei Personengleichheit der Eigentümer das *easement* erlischt.[115] Das Konzept eines *Eigentümereasements* ähnlich einer Eigentümergrunddienstbarkeit existiert im englischen Recht nicht. Die *Law Commission* schlägt daher in ihrem Report aus dem Jahre 2011 vor, diese als *unity of seisin* bekannte Regel im Hinblick auf registrierte Grundstücke abzuschaffen. Bisher sind die Vorschläge der *Law Commission* jedoch noch nicht umgesetzt worden.

6) *Mortgages* und *charges*

Charges by way of legal mortgage gemäß sec. 1(2)(c) *Law of Property Act 1925* sind neben den *easements* die zweite Gruppe praktisch bedeutsamer Grundstücksrechte aus sec. 1(2) *Law of Property Act 1925*. Hierbei handelt es sich um Grundpfandrechte. Historisch gesehen waren *mortgages* und *charges* zwei unterschiedliche Kreditsicherungsinstrumente.[116] Seit dem

114 [1956] Ch 131.

115 *Law Commission*, No. 327, Making Land Work: Easements, Covenants and Profits à Prendre, 2011, Rn 4.18 ff.

116 *Cooke*, The New Law of Land Registration, 2003, S. 34; *McFarlane/Hopkins/Nield*, Land Law: Text, Cases and Materials, 3. Auflage 2015, S. 1053 ff.

Land Registration Act 2002 wirken alle *mortgages* in der Form eines *legal charge*, sodass heute in der Literatur die Begriffe *mortgage* und *charge* oft synonym verwendet werden.

Ähnlich wie bei den *estates* hilft die Kenntnis der historischen Entwicklung von Grundpfandrechten in England, um deren heutige Struktur und viele gesetzliche Regelungen besser zu verstehen. Ursprünglich funktionierten *mortgages* wie heute das deutsche Sicherungseigentum an beweglichen Sachen. Der Sicherungsgeber, der *mortgagor*, übertrug das zur Kreditsicherung dienende Recht an den Sicherungsnehmer, den *mortgagee*, der verpflichtet war dies nach Rückzahlung des Darlehens an den *mortgagor* zurückzuübertragen.[117] Aus diesem Grund besaß der *mortgagee* auch die *title deeds*, die Übertragungsurkunden, mit denen man seine Berechtigung an einem Grundstück nachwies.[118] Das Recht auf Rückübertragung wurde *equity of redemption* genannt und konnte im Falle der Nichtzahlung von Darlehensraten durch *foreclosure* abgeschnitten werden.[119] In der englischen Terminologie wird der Begriff *equity of redemption* mittlerweile nicht nur für dieses Recht auf Rückübertragung, sondern als Mantelbegriff für alle Rechte des Sicherungsgebers verwendet. Als Alternative zur Übertragung des *fee simple* bestand auch die Möglichkeit, dem *mortgagee* eine *lease* mit langer Laufzeit zu gewähren, die sogenannte *mortgage by demise* im Gegensatz zur gerade beschriebenen *mortgage by conveyance*.

Diese älteren Formen der *mortgage* wurden im Rahmen der 1925er Reform eingeschränkt und durch sec. 23 *Land Registration Act 2002* im Hinblick auf registrierte Grundstücke abgeschafft. Die Verfügungsmacht eines Berechtigten umfasst nun nicht mehr die Möglichkeit ein Sicherungsrecht durch die Übertragung des Vollrechts zu schaffen. Vielmehr kann nur noch *charge by way of legal mortgage* gewährt werden, der ein Grundpfandrecht nach deutschem Verständnis gewährt. Anders als die deutsche Grundschuld ist ein *charge* jedoch akzessorisch, sodass sie eher mit einer Hypothek verglichen werden kann.[120]

117 *Baker*, Introduction to English Legal History, 5. Auflage 2019, S. 330 ff..

118 *Cooke*, The New Law of Land Registration, 2003, S. 19.

119 *Cooke*, The New Law of Land Registration, 2003, S. 34.

120 *McFarlane/Hopkins/Nield*, Land Law: Text, Cases and Materials, 3. Auflage 2015, S. 1051.

7) *Restrictive covenants*

Der sachenrechtliche Typenzwang im englischen Recht ist hinsichtlich *equitable interests* weitaus weniger streng als hinsichtlich *legal estates* und *legal interests.* Sec. 1(3) *Law of Property Act 1925* regelt lediglich, dass alle in der Auflistung in sec. 1(1) und sec. 1(2) nicht vorkommenden dinglichen Rechtsinstitute nunmehr nur noch auf der Ebene der *Equity* existieren können: *All other estates, interests, and charges in or over land take effect as equitable interests.* Die Zahl der möglichen Grundstücksrechte auf der Ebene der *Equity* wird nur insofern eingeschränkt, als sec. 4(1) festlegt, dass nur die dinglichen Rechte anerkannt werden, die zum Zeitpunkt des Inkrafttretens des *Law of Property Act 1925* von den Gerichten anerkannt werden. Demnach stellt der *Law of Property Act 1925* auch für den Typenzwang auf der *Equity*-Ebene eine Zäsur dar, da keine neuen dinglichen Rechte mehr von den Gerichten entwickelt werden dürfen. Folglich erkennt die *Equity* mehr dingliche Rechte an als das *Common Law.* Hinzu kommt, dass es auch einige dingliche Rechtsinstitute gibt, die originär von den *Chancery* Gerichten entwickelt wurden und sowieso nur auf dieser Ebene existieren.

Eines dieser von den *Chancery*-Gerichten entwickelten dinglichen Rechtsinstitute, das nur auf *Equity*-Ebene besteht, ist die der *restrictive freehold covenant.*[121] *Covenants* sind Vereinbarungen und wirken deshalb grundsätzlich nur zwischen den Vertragsparteien. Unter bestimmten Umständen haben die Gerichte jedoch anerkannt, dass Vereinbarungen zwischen Grundstückseigentümern auch im Hinblick auf deren Rechtsnachfolger wirksam sind. Dies gilt jedoch nur für sogenannte *restrictive covenants*, in denen sich der *covenantor* zu einem Unterlassen verpflichtet. *Positive covenants*, in denen ein aktives Tun versprochen wird, gelten nur zwischen den Vertragsparteien. Diese Rechtslage wird von der *Law Commission* als unbefriedigend empfunden, sodass sie 2011 vorschlug, eine neues dingliches Recht, die sogenannte *land obligation* einzuführen, mit der die Rechtsnachfolger eines Grundstückseigentümers sowohl zu Unterlassen als auch zu positivem Tun verpflichtet werden könnten.[122] Bisher sind diese Vorschläge vom Gesetzgeber jedoch nicht umgesetzt worden.

---

121 *Leasehold covenants* sind generell gegenüber Rechtsnachfolgern wirksam: *Spencer's Case*, (1583) 5 Co Rep 16a, 77 ER 72; *Landlord and Tenant (Covenants) Act 1995.*

122 *Law Commission*, No. 327: Making Land Work: Easements, Covenants and Profits à Prendre, 2011, Teil 5 und Teil 6.

8) *Estate contracts*

Ein *estate contract* ist ein ausschließlich *in equity* existierendes dingliches Recht. Es basiert auf dem Prinzip *equity looks upon that as done which ought to have been done*. Aufgrund dieser Maxime wird bei einem wirksamen vertraglichen Anspruch, ein Grundstücksrecht zu gewähren oder zu übertragen, im Rahmen der *Equity* davon ausgegangen, dass dies bereits geschehen ist. Deswegen steht dem Erwerber mit Wirksamkeit des *contract of sale* bereits das zu gewährende oder zu übertragende Grundstücksrecht *in equity* zu. Demnach erwirbt der Käufer mit Abschluss des schriftlichen, den Formerfordernissen von sec. 2(1) *Law of Property (Miscellaneous Provisions) Act 1989* entsprechenden Kaufvertrags bereits den *equitable estate*. Dieses Prinzip, das unter anderem in der Entscheidung *Walsh v Lonsdale* bestätigt wurde, gilt jedoch nicht nur für die Übertragung von *freehold* und *leasehold*, sondern für die Gewährung und Übertragung aller dinglichen Grundstücksrechte.[123]

McFarlane, Hopkins und Nield deuten an, dass der *estate contract* nicht dasselbe ist wie ein *vendor purchaser constructive trust*.[124] Dies wird jedoch nicht weiter begründet und Hinweise auf diese Differenzierung sind in der sonstigen englischen Literatur nicht zu finden. Deshalb sollen im Folgenden ein *estate contract* und ein *vendor purchaser constructive trust* dasselbe rechtliche Konstrukt bezeichnen, nämlich ein dingliches Recht auf der Ebene der *Equity*, das aufgrund eines schuldrechtlichen Vertrages entsteht, der einen Verfügungsanspruch im Hinblick auf ein Grundstück begründet.

Allerdings unterscheidet sich ein *estate contract* insofern von anderen *trusts* als den Verkäufer – also den *trustee* – nur ein geringer Teil der Pflichten eines normalen *trustees* treffen.[125] Die Hauptpflicht des Verkäufers im Rahmen des *trusts* ist, den Kaufgegenstand bis zum Besitzübergang pfleglich zu behandeln.

---

123 Dies hat die Law Commission in ihrem Report No. 204, Land Mortgages, 1991, unter Rn 2.13 ausdrücklich anerkannt.

124 *McFarlane/Hopkins/Nield*, Land Law, 2. Aufl. 2020, R. 4.3; ähnlich: *Hopkins*, (1998) 61 MLR 486.

125 *Bridge/Cooke/Dixon*, Megarry&Wade: The Law of Real Property, 9. Aufl. 2019, Rn 14-052 ff..

9) *Licences*

Licences gewähren lediglich ein schuldrechtliches Recht, ein Grundstück zu betreten, stellen aber grundsätzlich keine dinglichen Rechte dar. Teilweise wird heute diskutiert, ob es auch *proprietary licences* gibt, was der *Court of Appeal* in *Ashburn Anstalt v Arnold* jedoch abgelehnt hat.[126]

VII) *Erwerb vom Nichtberechtigten nach alten* Common Law-*Regeln und die* doctrine of notice

Bevor in den folgenden Kapiteln das englische Liegenschaftsregister und seine Publizitätswirkung dargestellt werden, soll zunächst noch ein kleiner Einblick in die alten *Common Law*-Regeln zum Erwerb vom Nichtberechtigten bzw. zum lastenfreien Erwerb gegeben werden. Die Herangehensweise der Gerichte an Fälle, in denen ein redlicher ursprünglicher Eigentümer einem redlichen Erwerber gegenübersteht, ist so leichter nachzuvollziehen.

Wenn hier von den alten *Common Law*-Regeln gesprochen wird, ist dieser Begriff nicht in Abgrenzung zur *Equity* gemeint, sondern bezieht sich auf die traditionellen Regeln des *land law*, die die Gerichte entwickelt hatten, bevor der Gesetzgeber im 19. Jahrhundert begann, verschiedene Registersysteme einzuführen. Da es auch bei nichtregistrierten Grundstücken Register gibt, die zwar die nicht den Rechtsinhaber, aber bestimmte Belastungen kundmachen,[127] existieren heute keine Grundstücke mehr, auf die nur die ursprünglichen *Common Law*-Regeln anzuwenden wären. Dennoch sind Grundkenntnisse des traditionellen *land law* für ein Verständnis des heutigen englischen Registerrechts unerlässlich, da sie immer noch den gedankliche Ausgangspunkt vieler englischer Juristen bei grundstücksrechtlichen Fragen bilden.

Die traditionellen *Common Law*-Regeln kannten einen gutgläubigen Erwerb oder einen gutgläubigen lastenfreien Erwerb nur unter sehr engen Voraussetzungen. Wie bereits erläutert ist es nach englischem Recht entscheidend, dass man ein relativ besseres Recht hat, wobei grundsätzlich

---

126 [1988] EG 20 (C.S.) CA (Civ Div).

127 Das *Land Charges Register* basierend auf dem *Land Charges Act 1925* und seinem Nachfolgegesetz dem *Land Charges Act 1972*, vgl. hierzu *Bridge/Cooke/Dixon*, Megarry&Wade: The Law of Real Property, 9. Aufl. 2019, Rn 5–059 ff.

das zeitlich frühere Recht besser ist als das zeitlich spätere Recht.[128] Diese Grundregel galt uneingeschränkt für *legal estates*, die nicht durch den Erwerb von einem Nichtberechtigten verdrängt werden konnten.[129]

Equitable estates dagegen mussten den Rechten eines redlichen entgeltlichen Erwerbers weichen.[130] Ein *bona fide purchaser for value without notice* konnte den *legal estate* erwerben, ohne an ihm nicht bekannte *equitable rights* gebunden zu sein.[131] Diese Möglichkeit des gutgläubigen Erwerbs wurde allerdings erheblich dadurch eingeschränkt, dass die Gerichte die Anforderungen an die Redlichkeit sehr hoch setzten. Insbesondere war schon fahrlässige Unkenntnis, ähnlich der Gutglaubensregeln im deutschen Mobiliarsachenrecht, schädlich, sodass der Erwerber erheblichen Nachforschungsaufwand betreiben musste, um verhältnismäßig sicher sein zu können, dass er nicht aufgrund einer *constructive notice* doch an die *equitable interests* von Dritten gebunden war.[132]

Ein Erwerber konnte sich nur auf seine Gutgläubigkeit berufen, wenn er alle erforderlichen Informationen eingeholt hatte. Erforderlich war nach der Ansicht der Gerichte sowohl eine Prüfung der vorgelegten Übertragungsurkunden (*investigation of the vendor's title*) als auch eine Begehung des Kaufobjekts (*inspection of the land*). Fanden sich bei der Begehung des Kaufobjekts Hinweise auf einen Drittbesitzer waren weitere Erkundigungen erforderlich, da der Erwerber bei Kenntnis von dem Drittbesitz automatisch auch *constructive notice* von dessen Rechten hatte.[133]

Die *doctrine of notice* schränkte damit die Sicherheit des Erwerbers in erheblichem Maße ein, weshalb mit der Einführung der Liegenschaftsregistersysteme in England die Bedeutung dieses Prinzips stark eingeschränkt wurde. Anstelle der *doctrine of constructive notice* sollten nunmehr Registereintragungen den Rechtsinhaber vor dem Rechtsverlust durch lastenfreien Erwerb schützen.[134]

---

128 *Murphy/Roberts/Flessas*, Understanding Property Law, S. 66.

129 *Bridge/Cooke/Dixon*, Megarry&Wade: The Law of Real Property, 9. Aufl. 2019, Rn 5–003.

130 *Bridge/Cooke/Dixon*, Megarry&Wade: The Law of Real Property, 9. Aufl. 2019, Rn 5–011.

131 Aus diesem Grunde wird der *bona fide purchaser for value without notice* in der Literatur auch oft *Equity's darling* genannt.

132 *Cooke*, The New Law of Land Registration, 2003, S. 21; *Bridge/Cooke/Dixon*, Megarry&Wade: The Law of Real Property, 9. Aufl. 2019, Rn 5–016 ff..

133 *Kingsnorth Finance Co Ltd v Tizard*, [1986] 1 WLR 783; *Bridge/Cooke/Dixon*, Megarry&Wade: The Law of Real Property, 9. Aufl. 2019, Rn 5–019.

134 *Bridge/Cooke/Dixon*, Megarry&Wade: The Law of Real Property, 9. Aufl. 2019, Rn 4–067 und 4–080, so auch Lord Wilberforce (504) und Lord Scarman (511)

Die Möglichkeit nach dem traditionellen Liegenschaftsrecht gutgläubig zu erwerben wurde auch dadurch eingeschränkt, dass der Schutz des *bona fide purchaser* nur für Erwerber eines *legal estate* galt. Ein gutgläubiger Erwerber eines *equitable estate* war dagegen grundsätzlich an früher entstandene dingliche Rechte gebunden, sofern es sich nicht um untergeordnete *equitable rights* handelte, wobei Hierachie der *equitable rights* schwerlich abstrakt-generell zu bestimmen ist.[135]

Zudem konnte auch nur der entgeltliche Erwerber gutgläubig erwerben.[136] Unentgeltliche Erwerber (*volunteers*) genießen im englischen Recht sehr wenig Verkehrsschutz, was sich auch durch die Einführung von Liegenschaftsregistern nicht geändert hat.

---

in *Willams & Glyn's Bank v Boland*, [1981] AC 487, sowie Mummery LJ (Abschnitt 11 der Entscheidungsgründe) in *Barclays Bank Plc v Boulter*, [1998] 1 WLR 1.

135 *Bridge/Cooke/Dixon*, Megarry&Wade: The Law of Real Property, 9. Aufl. 2019, Rn 5–009 ff.

136 Entgeltlichkeit erfordert allerdings nur irgendeine, nicht notwendigerweise wirtschaftlich angemessene Gegenleistung.

D) Aufbau des Registers

I) *Grundbuch als Teil der Verwaltung; Schiedsgericht*

Das englische *Land Register* wird nicht von einem Gericht geführt, sondern ist Teil der Verwaltung. Es ist ein sogenanntes *non-ministerial government department*. Die Regierung kann keinen direkten Einfluss auf die Arbeit des Liegenschaftsregisters nehmen, sondern dieses ist vielmehr nur gegenüber dem Parlament und den Gerichten verantwortlich. Das Register erhält auch keine Finanzmittel aus Steuergeldern, sondern finanziert sich ausschließlich aus den erhobenen Gebühren. Zeitweise erwog man, das Grundbuch zu privatisieren, ließ diese Pläne 2016 jedoch nach vehementer Kritik wieder fallen.

Das Liegenschaftsregister in England verfügt über ein eigenes Schiedsgericht: den *Adjudicator*. Dessen Befugnisse und das Schiedsverfahren sind in sec. 107ff.[137] und *Schedule 9 Land Registration Act 2002* und verschiedenen vom *Lord Chancellor* erlassenen Rechtsverordnungen geregelt. Die nächste Instanz nach dem Registerschiedsgericht ist *nach sec. 111 Land Registration Act 2002* der *High Court*.

II) *Abteilungen des Registers*

Ein Registerauszug besteht wie in Deutschland aus drei Abteilungen, die jedoch etwas anders aufgeteilt sind: dem *Property Register*, dem *Proprietorship Register* und dem *Charges Register*. Das *Property Register* enthält eine Beschreibung des registrierten Rechts, das *Propriertorship Register* enthält Informationen zum Berechtigten und das *Charges Register* enthält die Belastungen. Das *Charges Register* beinhaltet dabei sowohl Grundpfandrechte, als auch andere Belastungen des *title*. Demnach sind im *Charges Register*

137 Die englischen Parlamentsgesetze sind in *sections* aufgeteilt, die den deutschen Paragraphen entsprechen. Darüber hinaus können englische Gesetze auch Anlagen, *Schedules*, enhalten. Die *Schedules* sind mit arabischen Zahlen durchnummeriert und sind in *paragraphs* unterteilt. Auch die Anhänge enthalten teilweise sehr wichtige materiell-rechtliche Normen wie beispielsweise *Schedule 3* und *4* des *Land Registration Act 2002*.

diejenigen Eintragungen zu finden, die in Deutschland in den Abteilungen II und III aufgeführt sind. Im englischen Grundstücksregister sind die drei Abteilungen nicht mit römischen Zahlen, sondern mit Großbuchstaben (Abteilung A, B und C) bezeichnet. Die Details der Eintragungen sind in den Grundsätzen in sec. *59* und *Schedule 2 Land Registration Act 2002* und im Detail in den *Land Registration Rules 2003* geregelt. Bei den *Land Registration Rules 2003* handelt es sich um eine Verordnung[138], die vom Lord Chancellor auf Grundlage von sec. 127(1) *Land Registration Act 2002* erlassen wurde.[139] Daneben findet sich in *Schedule 10 Land Registration Act 2002* noch eine allgemeinere Verordnungsermächtigung, auf deren Basis Verordnungen zu den Gebühren oder den Befugnissen des Registerschiedsgerichts[140] erlassen worden sind.

1) *Property Register* (Abteilung A)

Der Inhalt des *Property Register* ist in Teil 1, *rule 5* der *Land Registration Rules 2003* geregelt. Diese Abteilung ähnelt dem deutschen Bestandsverzeichnis. Während in Deutschland der Bezugspunkt jedoch prinzipiell das Grundstück[141] ist, ist dies im von der *relativity of title* Doktrin geprägten englischen Register der jeweilige *title*.[142] Grundsätzlich erhalten nur zwei Sorten von *title* ein eigenes Registerblatt, und zwar die beiden *estates in land*, worunter üblicherweise *freehold* und *leasehold estates* verstanden werden.[143]

Nach *rule 2(2)(b) Land Registration Rules 2003* kann auch für *rentcharges, franchises, manors* und *profit a prendre in gross* ein eigenes Registerblatt gebildet werden. Die Begriffe *rentcharge* und *profit à prendre in gross* wurden bereits im dritten Kapitel vorgestellt, da sie zu den dinglichen Rechten

---

138 In der englischen Rechtswissenschaft *statutory instrument* genannt.

139 vgl. auch *Bridge/Cooke/Dixon*, Megarry&Wade: The Law of Real Property, 9. Aufl. 2019, Rn 6–003.

140 *Land Registration (Referral to the Adjudicator to HM Land Registry) Rules 2003* und *Adjudicator to HM Land Registry (Practice and Procedure) Rules 2003*.

141 Bzw. das Wohnungseigentums- oder das Erbbaurecht.

142 Diesen Unterschied zum deutschen und schwedischen Registersystem erwähnen ausdrücklich *Bogusz/Sexton*, Land Law, 6. Aufl. 2019, S. 111.

143 *Cooke*, The New Law of Land Registration, 2003, S. 36; *Smith*, Property Law, 10. Aufl. 2020, S. 240; *McFarlane/Hopkins/Nield*, Land Law, 2. Aufl. 2020, Rn 3.54.

gehören, die der *Law of Property Act 1925* als Rechte *at law* anerkennt.[144] *Rentcharges* beinhalten das dinglich gesicherte Recht auf wiederkehrende Zahlungen[145] und sind mit Reallasten oder Rentenschulden vergleichbar. Neue *rentcharges* können nach sec. 2(1) *Rentcharges Act 1977* nicht mehr gebildet werden.

Profits à prendre in gross ähneln ebenfalls den Reallasten, aber auch den persönlich beschränkten Dienstbarkeiten und gewähren das Recht, aus dem Land in bestimmter Hinsicht Nutzungen zu ziehen. Klassische Beispiele sind Fischereirecht (*profit of piscary*[146]), Weiderechte (*profit of pasture*[147]) oder Torfabbaurechte (*profit of turbary*[148]). Diese Rechte können auch heute noch einen erheblichen wirtschaftlichen Wert haben.[149]

Historisch bedingte Überreste des Feudalsystems sind *franchises* und *manors*. *Franchises* verdinglichen bestimmte von der Krone gewährte Privilegien wie beispielsweise ein Marktrecht.[150] *Manors* oder genauer gesagt *lordships of the manor* sind ein feudales Relikt und verdinglichten Vorrechte des Lehnsherrn wie die Lehnsgerichtsbarkeit.[151] Diese standen nur im weitesten Sinne in einem Zusammenhang mit dem Grundstück, weswegen die Möglichkeit ihrer Registrierung durch den *Land Registration Act 2002* auf Vorschlag der *Law Commission* abgeschafft wurde.[152] Dies änderte jedoch nicht den Status bereits registrierter *manors*.[153] Insgesamt handelt

---

144 Sec. 1 (2) (a) *Law of Property Act 1925*, da hierunter auch die *profits à prendre* gefasst werden, und sec. 1 (2) (b) *Law of Property Act 1925*.

145 *Bridge/Cooke/Dixon*, Megarry&Wade: The Law of Real Property, 9. Aufl. 2019, Rn 30–014 ff.

146 *Bridge/Cooke/Dixon*, Megarry&Wade: The Law of Real Property, 9. Aufl. 2019, Rn 29–035.

147 *Bridge/Cooke/Dixon*, Megarry&Wade: The Law of Real Property, 9. Aufl. 2019, Rn 29–027.

148 *Bridge/Cooke/Dixon*, Megarry&Wade: The Law of Real Property, 9. Aufl. 2019, Rn 29–033; *Law Commission*, No. 271, Land Registration for the Twenty-First Century: A Conveyancing Revolution, 2001, Rn 3.19.

149 *Law Commission*, No. 271, Land Registration for the Twenty-First Century: A Conveyancing Revolution, 2001, Rn 3.20.

150 *Bridge/Cooke/Dixon*, Megarry&Wade: The Law of Real Property, 9. Aufl. 2019, Rn 30–013; *Cousins*, (2013) Conv 129, 132.

151 *Cousins*, (2013) Conv 129, 132.

152 *Law Commission*, No. 271, Land Registration for the Twenty-First Century: A Conveyancing Revolution, 2001, Rn 3.21; *Law Commission*, No 254, Land Registration for the Twenty-First Century: A Consultative Document, 1998, Rn 3.20 – 3.23; *Cooke*, The New Law of Land Registration, 2003, S. 38.

153 Heute sind diese Rechte meist nur noch insofern interessant, als mit ihnen die Rechte an bestimmten historischen Aufzeichnungen und Dokumenten verbun-

es sich bei diesen *incorporeal hereditaments* aber – mit Ausnahme der *profits à prendre in gross* – um exotische und vor allem unter historischen Gesichtspunkten interessante Spezialfälle. Sie sollten nicht von der in der Praxis maßgeblichen Grundregel ablenken: *registrable estates in land* mit eigenem Registerblatt sind *freehold* und *leasehold*.

Alle anderen dinglichen Rechte können grundsätzlich nur als Belastungen dieser *estates in land* eingetragen werden. *Leases* werden – ähnlich den deutschen Erbbaurechten – als Belastung des *freehold* oder der höherrangigen *lease*, aus der sie bestellt werden, und gleichzeitig als *estate in land* mit eigenem Registerblatt eingetragen. Hier ist noch zu beachten, dass nicht jede *lease* registerfähig ist: nur eine *lease* mit einer (verbleibenden) Laufzeit von mindestens sieben Jahren kann als eigenständiger *title* eingetragen werden.[154]

Abteilung A dient dazu, den registrierten *title* möglichst genau zu beschreiben. Neben der Information, welche Art von *title* in diesem Registerblatt eingetragen ist (*freehold*, *leasehold* oder eine der *incorporeal hereditaments*), wird anhand einer in Bezug genommenen Karte die Grenze des Grundstücks definiert, auf den sich der *title* bezieht. Da die englische Verwaltung kein eigenständiges Katasterwesen kennt, wird die Aufgabe der Festlegung von Grundstücksgrenzen auch vom Liegenschaftsregister wahrgenommen.[155] Allerdings ist der auf der Karte in Abteilung A eingezeichnete Grenzverlauf grundsätzlich nur eine *general boundary,* sodass das Register gemäß sec. 60(2) *Land Registration Act 2002* die Richtigkeit und den exakten Verlauf der Grundstücksgrenze nicht garantiert. In Streitfällen kann der genaue Grenzverlauf in einem gesetzlich bestimmten Verfahren festgestellt werden.[156]

Darüber hinaus enthält diese Abteilung auch Informationen zur Lage des Grundstücks, üblicherweise in Form einer Adresse. Zuletzt sind in Abteilung A die diesem *title* dienenden Belastungen aufgeführt. Im Gegensatz zu der entsprechenden Auflistung von Belastungen im Bestandsverzeichnis deutscher Grundbuchblätter hat die Eintragung der dienenden Belastungen in Abteilung A eine unmittelbare materiell-rechtliche und nicht nur eine verfahrensrechtliche Wirkung: erst die Eintragung der Belastung im

---

den sind, vgl. *Bridge/Cooke/Dixon*, Megarry&Wade: The Law of Real Property, 9. Aufl. 2019, Rn 2–011–2–013; 2–029.

154 Vgl. sec. 3(3) *Land Registration Act 2002*.

155 *Sparkes*, in: Schmoeckel, Übertragung von Immobilienrecht im internationalen Vergleich, 2018, S. 275.

156 Sec. 60(3) *Land Registration Act 2002* i.V.m. *rules 118–112 Land Registration Rules 2003*.

Property Register des herrschenden Grundstücks führt zur Entstehung des Rechts *at law*.[157]

2) *Proprietorship Register* (Abteilung B)

Die zweite Abteilung des englischen Liegenschaftsregisters, das *Proprietorship Register*, entspricht Abteilung I des deutschen Grundbuchs. Ihr Inhalt ist in *rule 8 Land Registration Rules 2003* geregelt. Das *Proprietorship Register* enthält den Namen und die Adresse des eingetragenen Berechtigten, Hinweise auf mögliche Beschränkungen seiner Verfügungsmacht, sowie – aus deutscher Sicht etwas ungewöhnlich – den gezahlten Kaufpreis. Zu den registerfähigen Verfügungsbeschränkungen zählen unter anderem *restrictions* nach sec. 40 *Land Registration Act 2002* sowie Insolvenzvermerke nach sec. 86(2) *Land Registration Act 2002*. Darüber hinaus legt eine Eintragung in Abteilung B fest, welche Qualität die Publizitätswirkung des eingetragenen *titles* hat. Wenn der Sachverhalt bei der erstmaligen Aufnahme eines *titles* in das Register nicht vollständig aufgeklärt werden kann, kann dieser *title* auch in einer schlechteren Kategorie, die nicht die volle Publizitätswirkung des Registers auslöst, eingetragen werden. Diese Einschränkungen der individuellen Registerpublizität können Abteilung B entnommen werden.

3) *Charges Register* (Abteilung C)

Die dritte und letzte Abteilung enthält die Belastungen, ist also mit den Abteilungen II und III des Grundbuchs zu vergleichen. Ihr Inhalt ist in *rule 9 Land Registration Rules 2003* geregelt. Der Begriff *charge* hat im englischen Sachenrecht eine enge und eine weite Bedeutung. *Charges* im engeren Sinne sind Grundpfandrechte, können im weiteren Sinne aber auch jede Art von dinglicher Belastung bezeichnen. Der Gesetzestext des *Land Registration Act 2002* verwendet den Begriff sowohl im engeren als auch im weiteren Sinne, wobei die jeweilige Bedeutung aus dem Kontext erfasst werden muss. Das *Charges Register* verzeichnet nach *rule 9 Land Registration Rules 2003* neben *charges* auch *leases* und *other interests which adversely affect the registered estate*, also *charges* im weiteren Sinne. In Abteilung C werden damit alle den *title* betreffenden, registerfähigen dinglichen Belastungen

157 *Schedule 2* para. 7(2)(b) i. V. m. Sec. 27(2)(d)-(f) *Land Registration Act 2002*.

aufgeführt. Darüber hinaus werden auch Verfügungsbeschränkungen nach sec. 86(2) und *restrictions* nach sec. 40, die sich auf ein Grundpfandrecht beziehen, im *Charges Register* erfasst.

III) Registerfähigkeit der Grundstücksrechte

Eine Verfügung über das Eigentum an einem Grundstück[158] oder ein Recht an einem Grundstück erfordert im deutschen Immobilienrecht eine Eintragung oder Löschung im Grundbuch nach §§ 873 Abs. 1, 875, 877 BGB. Einzige Ausnahme ist die Übertragung eines Briefgrundpfandrechts, bei der die außergrundbuchliche Briefübergabe die Eintragung im Grundbuch ersetzt. Alle anderen Verfügungen erfordern eine Registrierung im Grundbuch. Es besteht zwar weiterhin die exotische Möglichkeit, dass eine altrechtliche, nicht im Grundbuch eingetragene Dienstbarkeit auf einem Grundstück lastet. Für die Neuentstehung einer dinglichen Belastung ist jedoch zwingend eine Eintragung im Grundbuch nötig. Dementsprechend sind auch alle privatrechtlichen, dinglichen Grundstücksrechte im deutschen Recht grundbuchfähig und eine Grundbucheintragung ist für ihre Entstehung zudem auch erforderlich.

Die Rechtslage im englischen Recht ist wesentlich weniger übersichtlich.[159] Das englische Registerrecht kennt drei sich teilweise überschneidende Kategorien von Grundstücksrechten, für die unterschiedliche Regelungen gelten. Die drei Kategorien werden im Schrifttum *registrable dispositions*, *minor interests* und *overriding interests* genannt.[160] Der *Land Registration Act 2002* hat diese Terminologie zwar aufgrund einiger begrifflicher Ungenauigkeiten aufgegeben. Wegen ihrer Prägnanz werden diese Begriffe im Schrifttum jedoch weiterhin verwendet. Aus diesem Grund wird dies auch in dieser Arbeit so gehandhabt.

---

158 Dasselbe gilt für grundstücksgleiche Rechte.

159 Diesen Vergleich mit dem deutschen Register- und Immobiliarsachenrecht zieht auch *Cooke*, The New Law of Land Registration, 2003, S. 175–176.

160 Vgl. beispielsweise die Unterteilung in *Smith*, Property Law, 10. Aufl. 2020, Kap. 13.

1) *Registrable dispositions*

Registrable dispositions bezeichnet diejenigen Verfügungen über Grundstücksrechte, die in das Register eingetragen werden müssen, um Wirksamkeit *at law* zu entfalten. Diese Rechte sind abschließend in sec. 27 *Land Registration Act 2002* aufgeführt, wobei sec. 27(1) *Land Registration Act 2002* gleichzeitig auch regelt, dass die Wirksamkeit *at law* von der *registration* abhängt. Damit ist die übliche Unterteilung in *registered dispositions*, *minor interests* und *overriding interests* etwas unsauber, weil der Begriff *registrable dispositions* eine in das Register eingetragene bzw. einzutragende Verfügung meint, während mit *minor interests* und *overriding interests* das Recht an sich bezeichnet wird.

a) *Registered estates*

Nach sec. 27(2) i. V. m. sec. 27(1) *Land Registration Act 2002* müssen die folgenden Verfügungen über einen *registered estate* in das Register eingetragen werden, um Wirksamkeit *at law* zu entfalten: Übertragungen des *registered estates* (sec. 27(2)(a) *Land Registration Act 2002*), die Bestellung bestimmter Arten von *leases* (sec. 27(2)(b)(c) *Land Registration Act 2002*), die Bestellung von *easements* und *profits à prendre* (sec. 27 (1)(d) *Land Registration Act 2002* i. V. m. sec. 1(2)(a) *Law of Property Act 1925*), die Bestellung von Grundpfandrechten (sec. 27(2)(e)(f) *Land Registration Act 2002*). Nach sec. 27(2)(b) *Land Registration Act 2002* erfordert die Bestellung folgender Art von *leases* eine Eintragung im Register: *leases*, die für einen Zeitraum von mehr als sieben Jahren bestellt werden (sec. 27(2)(b)(i) *Land Registration Act 2002*), zukünftige *leases*, die später als drei Monate nach dem Zeitpunkt der Bestellung wirksam werden sollen (sec. 27(2)(b)(ii) *Land Registration Act 2002*), *leases*, die nur ein periodisches, also kein ununterbrochenes Besitzrecht zum Inhalt haben, (sec. 27(2)(b)(iii) *Land Registration Act 2002*), *leases*, die auf Grundlage des *right to buy* nach *part 5 Housing Act 1985* gewährt werden (sec. 27(2)(b)(iv) *Land Registration Act 2002*), *leases*, die im Hinblick auf Sachverhalte gewährt werden, in denen sec. 17A *Housing Act 1985* anwendbar wäre, (sec. 27(2)(b)(v) *Land Registration Act 2002*) und *leases*, bei denen der zugrunde liegende registered *estate* ein *franchise* oder *manor* ist (sec. 27(2)(c) *Land Registration Act 2002*).

b) *Registered charges*

Nach sec. 27(3) *Land Registration Act 2002* erfordern zudem folgende Verfügungen über einen *registered charge* eine Eintragung in das Register: eine Übertragung eines *registered charge* (sec. 27(3)(a) *Land Registration Act 2002*) und die Bestellung eines *sub-charge* (sec. 27(3)(b) *Land Registration Act 2002*). In diesem Fall sind mit *charge* nach sec. 132(1)(x) *Land Registration Act 2002* nur Grundpfandrechte gemeint.

Auf den ersten Blick verwundert es, dass der *Land Registration Act 2002* zwischen *registered estates*, also allen Grundstücksrechten außer Grundpfandrechten, und *registered charges* differenziert. Diese Differenzierung erleichtert es dem Gesetzgeber, abweichende Regelungen für Grundpfandrechte zu treffen.[161]

c) Definitionsfragen: *legal estate*, *registrable estate*, *estate in land* und *registered charge*

Eine Verfügung muss also immer dann in das Register eingetragen werden, wenn über einen *registered estate* oder einen *registered charge* in einer der in sec. 27(2)(3) *Land Registration Act 2002* beschriebenen Weisen verfügt wird. Demnach stellt sich die Frage, was unter einem *registered estate* und was unter einem *registered charge* zu verstehen ist.

Die Begriffe *registered estate* und *registered charge* sind in sec. 132(1) *Land Registration Act 2002* legaldefiniert. Ein *registered estate* ist nach sec. 132(1) *Land Registration Act 2002* ein *legal estate*, der kein *registered charge* ist: *„registered estate means a legal estate the title to which is entered in the register, other than a registered charge"*. Demnach schließen sich *registered estate* und *registered charge* gegenseitig aus und der Begriff *legal estate* umfasst sowohl *registered estates* als auch *registered charges*.

Die Definition des *registered charge* wiederum verweist auf den Begriff des *charge*, welcher als *any mortgage, charge or lien for securing money or money's worth* definiert wird. Ein *registered charge* ist nach sec. 132(1) *Land Registration Act 2002* ein *charge*, der in das Register eingetragen ist.

Legal estate hat nach sec. 132(1) *Land Registration Act 2002* die gleiche Bedeutung wie im *Law of Property Act 1925*, wo der Begriff in sec. 205(1)(x) als *„estates, interests and charges, in or over land (subsisting or created at law) which are by this Act authorised to subsist or to be created as legal esta-*

161 *Cooke*, The New Law of Land Registration, 2003, S. 70 Fn. 2.

tes" definiert wird. Der Begriff *estate* wird wie bereits im vorangegangenen Kapitel besprochen im englischen Recht mehrdeutig verwendet. Er kann einerseits ein Besitzrecht an einem Grundstück meinen, sich also nur auf *freehold* und *leasehold* beziehen. In der Literatur wird unter einem *estate* üblicherweise nur ein *freehold* und ein *leasehold* verstanden.[162] Andererseits kann er aber auch weiter gefasst sein und alle Recht *at law* an einem Grundstück umfassen. Die weitere Bedeutung findet sich in der Legaldefinition von sec. 205(1)(x) *Law of Property Act 1925*, auf die sich sec. 132(1) *Land Registration Act 2002* bezieht. Verwirrenderweise verwendet sec. 1(1) *Law of Property Act 1925* wiederum die engere Bedeutung von *estate*, indem sie *estates* von *interests* und *charges* abgrenzt.

Im vorstehenden Kapitel wurde vorgeschlagen, diese zwei Definitionen von *estate* im *Law of Property Act 1925* miteinander in Einklang zu bringen, indem man einen weiteren eigenständigen Begriff hinzudenkt: den des *estate in land*. Die gerade erwähnte sec. 1(1) *Law of Property Act 1925*, die entgegen der Definition in sec. 205(1)(x) des gleichen Gesetzes unter *estate* das *fee simple absolute in possession* (also *freehold*) und das *term of years absolute* (also *leasehold*) zu fassen scheint, spricht streng genommen nicht von estates, sondern *estates in land*. Der Begriff wird auch in sec. 2(a) (i) *Land Registration Act 2002* verwendet und bezieht sich dort ebenfalls nur auf *freehold* und *leasehold estates*. Zwar taucht *estate in land* weder in den Legaldefinitionsnormen des *Law of Property Act 1925* noch des *Land Registration Act 2002* auf und weder der Rechtsprechung noch der Literatur ist keine ausdrückliche Abgrenzung des Begriffs *estate* von dem Begriff *estate in land* zu entnehmen. Durch diese Unterscheidung ließe sich aber die uneinheitliche Verwendung dieses Zentralbegriffs in zweien der wichtigsten Gesetze des englischen Liegenschaftsrechts erklären.

Im Ergebnis ist also folgendes festzuhalten: *registered estate* im Sinne von sec.27(1) *Land Registration Act 2002* sind alle *legal estates* mit Ausnahme der *registered charges*. *Legal estates* sind alle Grundstücksrechte, die in den *numerus clausus* der Grundstücksrechte aus dem *Law of Property Act 1925* fallen. Hierzu zählen gemäß sec. 1(1) *Law of Property Act freehold* und *leasehold*, sowie gemäß sec. 1(2) *Law of Property Act 1925 easements, rights or privileges in or over land* (sec. 1(2)(a) *Law of Property Act 1925*), *rentcharges* (*sec.* 1(2)(b) *Law of Property Act 1925*), *charges* (sec. 1(2)(c) *Law of Property Act 1925*) und *rights of entry* (sec. 1(2)(e) *Law of Property Act 1925*). Demnach können

162 *Cooke*, The New Law of Land Registration, 2003, S. 33; *Bogusz/Sexton*, Land Law, 6. Aufl. 2019, S. 29; *McFarlane/Hopkins/Nield*, Land Law, 2. Aufl. 2020, Rn. 3.54.

registered estates alle gerade aufgezählten und im Register eingetragenen Grundstückrechte mit Ausnahme der *charges* sein. Ein *registeSred charge* ist ein eingetragenes Grundpfandrecht. *Estates in land* sind in Abgrenzung zu *legal estates* und *registered estates* lediglich *freehold* und *leasehold*.

d) Eintragungsregeln nach den *Land Registration Rules 2003*

Sec. 27(1) *Land Registration Act 2002* regelt nur, dass die oben genannten Verfügungen für ihre Wirksamkeit *at law* in das Register eingetragen werden müssen. *Schedule 2 Land Registration Act 2002* und die *Land Registration Rules 2003* legen fest, wie die einzelnen *registrable dispositions* in das Register einzutragen sind:

Gemäß *Schedule* 2 para. 1(1) *Land Registration Act 2002* muss bei einer Übertragung eines *registered estate* der Erwerber als neuer *proprietor* eingetragen werden.

Wird eine neue *lease* aus einem bereits bestehenden *registered estate* gewährt, muss die *lease* an zwei Stellen eingetragen werden. Nach *Schedule* 2 para.3(2)(a) *Land Registration Act 2002* wird ein neues Registerblatt für die entstandene *lease* gebildet und zudem wird nach *Schedule* 2 para. 3(2)(b) *Land Registration Act 2002* eine *notice* in das Register des übergeordneten *estates* eingetragen, aus dem die *lease* gewährt wird. Nach *rule 37(3) Land Registration Rules 2003* trägt der Registerbeamte den Hinweis in das Register des übergeordneten *title* ein, wenn das neue Registerblatt für die *lease* gebildet wurde. Zudem ist unter bestimmten Umständen, unter anderem wenn die Zustimmung des Berechtigten des übergeordneten *title* nicht schon aus dem Antrag ersichtlich ist, dieser nach *rule 37(1)(2) Land Registration Rules 2003* über die Eintragung der *lease* zu informieren.

Ähnlich werden die mit den deutschen Dienstbarkeiten vergleichbaren *easements* und *profits à prendre* an zwei Stellen in das Register eingetragen.[163] Nach sec. 59(1) *i. V. m. Schedule* 2 para. 7(2) *Land Registration Act 2002* werden sie im *Property Register* des herrschenden Grundstücks vermerkt und zudem wird eine *notice* in das *Charges Register* des dienenden Grundstücks aufgenommen.[164] Dies gilt natürlich nur für *easements* und *profits à prendre appurtenant to land*, also Dienstbarkeiten, die einem

---

163 *Smith*, Property Law, 10. Aufl. 2020, S. 249.

164 Der Gesetzeswortlaut in *Schedule 2* legt nicht ausdrücklich fest, in welcher Abteilung die Rechte eingetragen werden. *Schedule* 2 para. 7(2) legt lediglich fest, dass das Recht einzutragen ist, aber nicht konkret in welcher Abteilung das

herrschenden Grundstück zugutekommen. Bei beschränkten persönlichen Dienstbarkeiten, *profits à prendre in gross*, wird ebenfalls ein Hinweis in das *Charges Register* des dienenden Grundstücks aufgenommen. Die Dienstbarkeit entsteht aber durch die Bildung eines eigenen Registerblattes, *Schedule* 2 para. 6(2) *Land Registration Act 2002*. *Easements in gross* kennt das englische Recht nicht.[165]

Auch Grundpfandrechte, *registered charges*, erhalten kein eigenes Registerblatt, sondern werden in das *Charges Register* des belasteten *titles* eingetragen gemäß sec. 59(2) *i. V. m. Schedule 2* para. 9 *Land Registration Act 2002*. Das Gleiche gilt für die im englischen Sachenrecht möglichen Verpfändungen von Grundpfandrechten, sogenannte *sub-charges*.[166] Da Grundpfandrechte, anders als *profits à prendre in gross*, kein eigenes Registerblatt erhalten und nach sec. 27(2)(f) *Land Registration Act 2002* die Eintragung für die Entstehung eines *legal charge* erforderlich ist, können neue Grundpfandrechte *at law* nur an einem bereits registrierten *title* bestellt werden.

2) *Minor interests, notices, restrictions*

a) *Minor interests*

Anders als im deutschen Recht ist nach englischem Sachenrecht die Eintragung im Grundstücksregister für die Entstehung mancher dinglichen Rechte an Grundstücken nicht notwendig. Neben den *registrable dispositions* existieren im englischen *land law* noch zahlreiche andere dingliche Grundstücksrechte, die nicht eingetragen werden müssen, aber auch nicht eingetragen werden können. Diese Rechte werden in der Literatur oft als *minor interests* bezeichnet. Letztlich handelt es sich bei ihnen um eine Auffangkategorie für alle Rechte, die keine *registrable dispositions* sind. Der Begriff *minor interests* wird im *Land Registration Act 2002* selbst nicht verwendet.

Recht einzutragen ist. Diese Details finden sich in den *Land Registration Rules 2003*.

165 *Bridge/Cooke/Dixon*, Megarry&Wade: The Law of Real Property, 9. Aufl. 2019, Rn 26–005.

166 Vgl. *Schedule 2*, para. 9 bis 11 *Land Registration Act 2002*.

b) *Notices*

Obwohl *minor interests* nicht als *registrable disposition* in das Register eingetragen werden, können sie zumindest durch einen Hinweis geschützt werden. Dieser Hinweis nennt sich *notice* und hat zur Folge, dass die *priority*, also der Rang des Rechts, gemäß sec. 32(3) *Land Registration Act 2002* gegenüber späteren Verfügungen gewahrt wird.

Grundsätzlich führt eine entgeltliche Verfügung gemäß sec. 29(1) *Land Registration Act 2002* dazu, dass andere Rechte an dem Grundstück hinter das Recht zurücktreten, über das verfügt wurde. Dies ist jedoch nicht der Fall, wenn das Recht im Register geschützt ist, sec. 29(1)(2) *Land Registration Act 2002*. Geschützt im Sinne von sec. 29(1) *Land Registration Act 2002* ist ein Recht gemäß sec. 29(2)(a)(i) *Land Registration Act 2002* unter anderem dann, wenn ein Hinweis auf das Recht, im *Charges Register* des belasteten *estate* eingetragen worden ist. Im Gegensatz zu der Eintragung von *registrable dispositions* sagt ein solcher Hinweis jedoch nichts über die Wirksamkeit des Rechts aus, auf das hingewiesen wird, sec. 32(3) *Land Registration Act 2002*.

Sowohl *notices* hinsichtlich derivativer *registrable dispositions*, die kein eigenes Registerblatt haben wie *easements*, als auch *notices* hinsichtlich *minor* interests werden also im *Charges Register* eingetragen. Unglücklicherweise ist nur anhand der Art der Belastung und eines Blicks in sec. 27 *Land Registration Act 2002* erkennbar, ob es sich um die eine oder andere Art der Eintragung handelt.[167]

c) *Restrictions*

Einige nicht registerfähige Grundstücksrechte können gemäß sec. 33 *Land Registration Act 2002* auch nicht durch eine *notice* geschützt werden. Hierzu zählen unter anderem *trusts of land* und *settlements*, sowie *short leases*.

Trusts of land und *settlements* sind *equitable interests*, bei denen wie bereits erläutert das Recht an dem Grundstück nach den Regeln der *Equity* gespalten worden ist. Besonders vor den Reformen im Jahre 1925 waren komplexe rechtliche Konstruktionen, bei denen der *legal title* mit einer Vielzahl von *equitable interests* belastet war, sehr verbreitet, was den Handel mit Grundstücken erheblich erschwerte. Zur Vereinfachung des Rechtsverkehrs mit Grund und Boden wurde im *Law of Property Act 1925*

167 *Cooke*, The New Law of Land Registration, 2003, S. 43.

das Instrument des *overreaching* geregelt. Bei dem Vorliegen bestimmter Voraussetzungen werden manche *equitable interests* an einem Grundstück wie *trusts of land* und *settlements* bei dem Verkauf von dem belasteten *title* auf die *proceeds of sale* übertragen, also auf den Erlös des Verkaufs. Im Prinzip funktioniert dies wie die dingliche Surrogation bei der Zwangsversteigerung, bei der gemäß § 1247 Satz 2 BGB analog auch das Pfändungspfandrecht von der Pfandsache auf den Versteigerungserlös übergeht.

Da das System vorsieht, dass *trusts of land* und *settlements* nach Möglichkeit *overreached* werden sollen, um einer zu komplexen Fragmentierung der Rechte an einem Grundstück entgegenzuwirken, kann der Rang von *trusts of land* und *settlements* nicht durch eine *notice* gewahrt werden. Vielmehr besteht nur die Möglichkeit, diese durch eine *restriction* zu schützen. Eine *restriction* ist eine Eintragung im Register, die die Voraussetzungen festlegt, unter welchen eine Verfügung über ein Grundstücksrecht in das Register eingetragen werden darf. Hierdurch kann sichergestellt werden, dass ein mit einem *trust of land* oder einem *settlement* belasteter *legal title* nur dann übertragen wird, wenn die Voraussetzungen für *overreaching* vorliegen. Daher wird die *priority* von *trusts of land* und *settlements* nicht durch einen Hinweis geschützt. Durch eine *restriction* kann aber sichergestellt werden, dass bei der Eintragung die Voraussetzungen des *overreaching* vorliegen. Dies hat dann zur Folge, dass die *trusts of land* und *settlements* sich von nun an auf die *proceeds of sale* beziehen.

Eine weitere Gruppe von Grundstücksrechten, die keine *registrable disposition* darstellen, aber auch nicht durch eine *notice* geschützt werden können, sind *short leases*. *Short lease* ist ebenfalls ein nicht aus dem *Land Registration Act 2002* stammender, aber in der Literatur regelmäßig verwendeter Begriff. Gemeint sind *leases*, deren Dauer so kurz ist, dass das Einhalten von Formerfordernissen nicht realistisch erscheint, und bei denen auch sonst keine besonderen Umstände vorliegen, die eine Eintragung erforderlich erscheinen lassen würden. Dies umfasst insbesondere *leases*, die für eine Maximaldauer von drei Jahren gewährt werden und bei denen der *lessee* das *lease*-Objekt innerhalb von drei Monaten in Besitz nimmt. Für diese Form der *lease* gelten auch die sonstigen Formerfordernisse für die Gewährung und Übertragung von Grundstücksrechten nicht, siehe sec. 54(2) *Law of Property Act 1925* und sec. 2(5)(a) *Law of Property (Miscellaneous Provisions) Act 1989*.

3) *Overriding interests*

Die dritte große Gruppe von Rechten im englischen Registerrecht sind die *overriding interests*. Auch der Begriff *overriding interests* wird im *Land Registration Act 2002* nicht mehr verwendet. Stattdessen wird diese Gruppe von Rechten etwas schwerfälliger als *unregistered interests which override registered dispositions* bezeichnet. *Overriding interests* hat sich aufgrund seiner größeren Prägnanz in der Literatur gehalten und wird auch in dieser Arbeit verwendet. *Overriding interests* sind solche Rechte, die nicht im Register erwähnt sind, an die der Erwerber aber trotzdem gebunden ist. *Overriding interests* können sehr unterschiedlicher Natur sein. Es handelt sich jedoch immer um Rechte, die realistisch betrachtet nur selten in das Register eingetragen würden. Das Erfordernis einer Registereintragung würde die Rechtsinhaber daher in den meisten Fällen schutzlos gegenüber dem lastenfreien Erwerb Dritter lassen. Die in der Praxis bekanntesten Beispiele sind wohl *leases* mit einer Höchstdauer von sieben Jahren und *interests of persons in actual occupation*.

Auf die genauen Charakteristika und Eigenheiten der einzelnen Gruppen der *overriding interests* wird noch eingegangen werden. Hier genügen einige allgemeine Anmerkungen zu dieser aus deutscher Sicht wohl ungewöhnlichen Gruppe von dinglichen Grundstücksrechten.

Wie bereits erwähnt schließen *minor interests* und *overriding interests* einander nicht aus. *Minor interests* können auch *overriding interests* sein, wenn der Rechtsinhaber eine *person in actual occupation* ist. Wurde ein *minor interest* jedoch einmal durch einen Hinweis, eine *notice*, im Register geschützt, kann er zu einem späteren Zeitpunkt kein *overriding interest* mehr sein, sec. 29(2)(a)(ii), *Land Registration Act 2002.* Diese Regelung sollte dazu dienen, möglichst viele Rechte durch das Register abzusichern.

IV) *Chronologie des Registers*

Anders als das Grundbuch ist das Land Register kein chronologisches Register. Das bedeutet, dass das Register immer nur den aktuellen Registerstand wiedergibt, gelöschte Eintragungen aber nicht mehr aus dem Register ersichtlich sind.[168]

---

168 *Cooke*, The New Law of Land Registration, 2003, S. 44.

V) Öffentlichkeit des Registers

In England ist das Register für die Öffentlichkeit frei im Internet einsehbar. Es ist nicht wie in Deutschland ein besonderes berechtigtes Interesse erforderlich, um Informationen über die Eigentumsverhältnisse und sogar die Belastungen eines Grundstücks zu erlangen. Für eine Gebühr von ca. drei britischen Pfund kann jeder das Register einsehen.[169] Dieser Umstand ist aus zwei Gründen bemerkenswert.

Die Engländer legen historisch gesehen einen besonders großen Wert auf Datenschutz und Privatsphäre im Zusammenhang mit Grundstücksgeschäften.[170] Mit der Einführung eines für jedermann zugänglichen Liegenschaftsregisters wurde nicht nur von der bisherigen Ansicht abgerückt, sondern vielmehr eine vollständige Kehrtwende vollzogen. Die komplette Öffentlichkeit des Registers wird von manchen Stimmen in der englischen Literatur als Vorteil gegenüber den angeblich veralteten europäischen Systemen gefeiert.[171] Es sei nicht nachvollziehbar, dass ein interessierter Käufer sich keinen Überblick über die Belastungen des potentiellen Kaufgegenstandes verschaffen könne.

Diese Argumentation vernachlässigt die Tatsache, dass selbstverständlich auch in Ländern mit besser geschütztem Grundbuch, der Käufer einen Grundbuchauszug erhalten kann. Hierfür ist lediglich die Zustimmung des Verkäufers erforderlich. Sollte dieser nicht bereit sein, dem Käufer die Grundbucheinsicht zu gestatten, sollte der Käufer von dem geplanten Geschäft Abstand nehmen. Daher sind kontinentaleuropäische Käufer genauso gut informiert wie englische Käufer. Der entscheidende Unterschied zwischen dem europäischen und dem englischen System ist vielmehr, dass das deutsche Grundbuch nicht einfach anlasslos und aus bloßer Neugierde eingesehen werden kann.

Im Hinblick darauf, dass aus den Registereintragungen zahlreiche, teilweise höchst private Informationen über die finanzielle Situation des Eigentümers anhand von Grundschulden, Zwangsversteigerungs- und Insolvenzvermerken und sogar die Harmonie in der Familie des Eigentümers anhand der Anordnung von Teilungsversteigerungen, Nacherbenvermer-

169 *Sparkes*, in: Schmoeckel, Übertragung von Immobilienrecht im internationalen Vergleich, 2018, S. 275, a. A *Matthews*, (2008) LQR 351.

170 Siehe nur die Bemerkungen von *Cooke* hinsichtlich der *„peculiarly English love of privacy in land transactions“* in *Cooke*, The New Law of Land Registration, 2003, S. 11.

171 *Sparkes*, in: Schmoeckel, Übertragung von Immobilienrecht im internationalen Vergleich, 2018, S. 275.

ken, Mitgliedern einer Erbengemeinschaft etc. gezogen werden können, erscheint der zurückhaltendere Umgang mit diesen Daten (gerade in Zeiten des immer großer werdenden Bewusstseins für Datenschutz) vorzugswürdig.

Dass sich auch die Engländer bei dem Gedanken, dass „*prying eyes*“[172] ohne Grund alle möglichen Informationen aus dem Register ziehen können, nur bedingt wohl fühlen zeigt schon der Hinweis, dass man ja zum Schutz der Privatsphäre einen *solicitor* als formellen Eigentümer und *trustee* eintragen könnte.[173] Allerdings ist der Eingriff in die Privatsphäre im englischen Liegenschaftsregister weniger einschneidend, als er durch ein öffentlich zugängliches deutsches Grundbuch wäre, da aus dem englischen Register immer nur die aktuellen, noch nicht gelöschten Eintragungen ersichtlich sind. Frühere Grundpfandrechte, Insolvenzvermerke etc. sind dagegen dem *Land Register* grundsätzlich nicht zu entnehmen. Allerdings ist es nach *rule 144 Land Registration Rules 2003* möglich, einen historischen Registerauszug zu beantragen.

Darüber hinaus birgt die freie Verfügbarkeit dieser Informationen erhebliche Risiken. Das englische Registersystem kämpft seit Jahren mit steigenden Zahlen von sogenanntem Identitätsbetrug.[174] In den ersten Jahren nach der Reform von 2002 waren sogar die Übertragungsurkunden einschließlich der Originalunterschriften der Beteiligten im Internet abrufbar. Ein Umstand, den sich zahlreiche Betrüger zunutze machten, indem sie Übertragungsurkunden fälschten und sich so als Eigentümer in das Register eintragen ließen.[175] Nachdem dieses Problem erkannte worden war, entfernte man zumindest die abgelichteten Übertragungsurkunden. Grundsätzlich beharrt der englische Staat jedoch darauf, dass alle Informationen über die Eigentumsverhältnisse eines Grundstücks für die Öffentlichkeit im Internet frei einsehbar sein sollten. Als Begründung dient eine

---

172 *Sparkes*, in: Schmoeckel, Übertragung von Immobilienrecht im internationalen Vergleich, 2018, S. 276.

173 *Sparkes*, in: Schmoeckel, Übertragung von Immobilienrecht im internationalen Vergleich, 2018, S. 276.

174 *Pownall/Hill*, in: Goymour/Watterson/Dixon, New Perspectives on Land Registration, 2017, S. 7, 12ff.

175 Siehe nur den Sachverhalt, der der Court of Appeal Entscheidung *Malory v Cheshire Homes* zugrunde liegt. Der Sachverhalt und das darauf beruhende Urteil ist in Kapitel F ausführlich dargestellt; *Matthews*, (2008) LQR 351 beschreibt anschaulich, wie einfach es potentiellen Betrügern gemacht wurde.

Erleichterung des Handels mit Grundstücken und Grundstücksrechten.[176] Nur sehr vereinzelt wird dies als unverhältnismäßig kritisiert.[177]

Verschärft werden die Risiken, die ein frei öffentlich zugängliches Liegenschaftsregister beinhaltet, noch durch den Umstand, dass das englische Rechtssystem kein Notariat im lateinischen Sinne kennt. Die Identitätskontrolle durch den beurkundenden Notar bietet in römisch-rechtlich geprägten Rechtssystemen einen erheblich besseren Schutz vor der Gefahr, dass sich eine Person als jemand anderes ausgibt und in deren Namen Verfügungen vornimmt. Dieser Vorteil des lateinischen Notariats wird auch in der englischen Literatur anerkannt.[178]

Abgesehen von der Tatsache, dass mit einem uneingeschränkt öffentlich zugänglichen Grundbuch auch Betrüger mit den für ihre Machenschaften notwendigen Informationen versorgt werden, ist das öffentliche Liegenschaftsregister auch unter datenschutzrechtlichen Gesichtspunkten fragwürdig. Die enthaltenen Informationen, insbesondere hinsichtlich der grundpfandrechtlichen Belastungen einzelner Grundstücke erlauben Rückschlüsse auf die finanzielle Situation einer Person. Anders als das deutsche Grundbuch enthält das englische *Land Register* auch Informationen darüber, ob ein Grundpfandrecht schon abbezahlt worden ist. Dies ist für die meisten Menschen ein besonders sensibles Thema. Es verwundert deshalb, dass solche Informationen von jedem interessierten Mitbürger ohne weiteres im Internet eingesehen werden können.

---

176 Vgl. die Auszüge aus einer Debatte im britischen Parlament bei *Matthews*, (2008) LQR 351.

177 *Matthews*, (2008) LQR 351.

178 *Cooke*, The New Law of Land Registration, 2003, S. 174; *Law Commission*, No. 227, Updating the Land Registration Act 2002: A Consultation Paper, 2016, Rn 2.6; *Matthews*, (2008) LQR 351, 353.

E) Ablauf einer Grundstücksveräußerung

I) Einfacher Veräußerungsvorgang

Die Veräußerung eines *estate in land* wird in der englischen Rechtswissenschaft üblicherweise in drei Stufen unterteilt: den Abschluss des Kaufvertrags (*contract*), die Übergabe der Übertragungsurkunden (*completion* oder *disposition*) und die Eintragung der Übertragung in das Liegenschaftsregister (*registration*).[179] Damit ist eine Verfügung über ein Grundstücksrecht auch in England ein mehrstufiger Vorgang, bei dem zwischen dem Verpflichtungsgeschäft und dem Verfügungsgeschäft unterschieden wird. Die Trennung zwischen schuldrechtlichem und dinglichem Geschäft wird allerdings durch die Wirkung der *Equity*-Regeln aufgeweicht und ist damit weniger strikt als im deutschen Recht.

II) Contract

Die Veräußerung eines *estate in land* beginnt auch in England für gewöhnlich mit dem Abschluss des Kaufvertrages. Anders als in Deutschland ist es in England üblich, dass der Käufer eine Anzahlung auf den Kaufpreis leistet.

1) Formvorschriften

Der Kaufvertrag muss den Formerfordernissen von sec. 2(1) *Law of Property (Miscellaneous Provisions) Act 1989* genügen. Sec 2(1) lautet: „*A contract for the sale or other disposition of an interest in land can only be made in writing and only by incorporating all the terms which the parties have expressly agreed in one document or, where contracts are exchanged, in each.*" Demnach enthält sec. 2(1) *Law of Property (Miscellaneous Provisions) Act 1989* drei separate Voraussetzungen, die für den Abschluss eines wirksamen Grundstückskaufvertrages erfüllt werden müssen: Schriftform, Vollständigkeit

179 s. *McFarlane/Hopkins/Nield*, Land Law, 2. Aufl. 2020, Rn. 4.2.

hinsichtlich aller ausdrücklichen Vereinbarungen der Parteien und Erstellung einer von allen Parteien unterschriebenen Urkunde (bzw. Austausch von zwei unterschriebenen, identischen Exemplaren desselben Vertrages). Sec. 2(1) *Law of Property (Miscellaneous Provisions) Act 1989* ersetzt sec. 40 *Law of Property Act 1925*, wonach Verträge nicht zwingend schriftlich geschlossen werden mussten, ihr Abschluss aber nur durch Urkunden nachgewiesen werden konnte. Die ursprüngliche Regelung führte nach Ansicht der *Law Commission* zu Rechtsunsicherheit, weswegen die strengeren Formvorschriften eingeführt wurden.[180]

2) *Consideration*

Im Gegensatz zum deutschen Recht kann ein Vertrag nach englischem Recht nur geschlossen werden, wenn auch eine Gegenleistung vereinbart wird.[181] Diese zwingend erforderliche Gegenleistung nennt sich *consideration*. Eine Einigung mit Rechtsbindungswillen reicht für eine gegenseitige Verpflichtung der Parteien nicht aus. Allerdings muss die vereinbarte Gegenleistung nicht wirtschaftlich angemessen sein. Entscheidend ist nur, dass überhaupt irgendeine Gegenleistung vereinbart wird. Selbst ein einziges Pfefferkorn wäre nach den mittlerweile geflügelten Worten eines englischen *Law Lords* ausreichend, damit *consideration* und somit ein Vertrag vorliegen würden.[182] Auch die pünktliche Erfüllung einer schon bestehenden vertraglichen Verpflichtung kann unter Umständen als ausreichende Gegenleistung für eine Vertragsänderung angesehen werden.[183] Die Gerichte legen generell die Grenzen der *consideration* ausgesprochen weit aus, um in möglichst vielen Fällen von einem durchsetzbaren Vertrag ausgehen zu können. Dennoch muss irgendeine Form der Gegenleistung vereinbart sein, da aus englischer Sicht ein „Schenkungsvertrag" ein Widerspruch in sich ist.

---

180 *Law Commission*, No 164: Transfers of Land: Formalities for Contracts for Sale etc. of Land, 1987, Rn 1.7ff..

181 Vgl. nur *Peel*, Treitel: The Law of Contract, 15. Aufl. 2020, S. 79; *Chen-Wishart*, Contract Law, 6. Aufl. 2018, S. 108; *Treitel*, in: Birks, English Private Law, 2000, Contract: General Rules, Rn 8.29.

182 Vgl. *Lord Somervell* in *Chappell v Nestlé*, [1969] AC 87: „*A contracting party can stipulate for what consideration he chooses. A peppercorn does not cease to be good consideration if it is established that the promisee does not like pepper and will throw away the corn*".

183 *William v Roffrey Bros. & Nicholls*, [1990] 1 All ER 512.

Ein durchsetzbares Schenkungsversprechen kann nach englischem Recht nur mit Hilfe einer *deed*, einer unter Beachtung besonderer Formerfordernisse erstellten Urkunde, abgegeben werden.[184] Im Ergebnis unterscheidet sich die Rechtslage in England somit nicht allzu stark von der in Deutschland, wo ein wirksamer Schenkungsvertrag nach § 518 Abs. 1 S. 1 BGB der notariellen Beurkundung bedarf. Der dogmatische Unterschied ist jedoch, dass in Deutschland die Schenkung als Vertrag mit besonderen Formerfordernissen gilt, während in England ein *contract* und ein *gift* ein gegensätzliches Begriffspaar bilden.

3) Dingliche Wirkung des Vertrages durch den *estate contract*

Wie bereits erwähnt wird auch im englischen Privatrecht grundsätzlich zwischen dem schuldrechtlichen Kaufvertrag und der dinglichen Übertragung des Grundstücksrechts unterschieden. Diese Trennung wird jedoch durch die Wirkung der *Equity*-Prinzipien wieder aufgeweicht, da schon mit Abschluss des Kaufvertrages aus Sicht der *Equity* das Grundstücksrecht auf den Erwerber übergeht.

Hintergrund sind das Prinzip „*equity looks on that as done what ought to be done*“ und die ausnahmsweise Möglichkeit der *specific performance*. Angewandt auf einen Grundstückskaufvertrag bedeutet „*equity looks on that as done what ought to be done*“, dass die Übertragung, zu der der Veräußerer aufgrund des Kaufvertrages verpflichtet ist, als bereits vorgenommen angesehen wird. Aus der Perspektive der *Equity* gehört einem Erwerber, was ihm von Rechts wegen gehören sollte. Hinzu kommt, dass die *Equity* im Rahmen von Grundstückskaufverträgen *specific performance* gewährt. Während das *Common Law* bei Vertragsbruch üblicherweise nur Schadensersatzansprüche gewährt, erlaubt die *Equity*, auch die Erfüllung des Primäranspruchs durchzusetzen, wenn eine bloße Geldzahlung als unzureichend angesehen wird.

Auf Grundlage dieser Prinzipien verhält es sich nach der *Equity* so, dass mit dem Abschluss des Veräußerungsvertrages die Rechtsübertragung selbst schon vollzogen wurde. Der Erwerber somit gleichzeitig mit dem *contract of sale* auf der *Equity*-Ebene bereits das dingliche Eigentum an dem zu veräußernden *estate* erwirbt. Demnach geht mit dem Veräußerungsver-

184 *Peel*, Treitel: The Law of Contract, 15. Aufl. 2020, S. 178.

trag schon das *equitable estate* über. Das so erworbene *equitable estate* wird in diesem Zusammenhang auch *estate contract* genannt.[185]

Durch den Kaufvertrag spaltet sich also der *equitable title* von dem bis zur Eintragung in das Liegenschaftsregister bei dem Veräußerer verbleibende *legal title* ab. Dadruch entsteht qua Gesetz ein *trust*, sodass der *estate contract* auch *vendor-purchaser constructive trust* genannt wird.[186] Diese vorzeitige Übertragung des *equitable title* mit Abschluss des Vertrages ist keine Besonderheit der Übertragung von *estates in land*, sondern findet auf alle Verträge, die die Gewährung oder Übertragung von Grundstücksrechten zum Inhalt haben Anwendung. Wird beispielsweise eine *lease* oder ein *easement* gewährt, so entsteht bereits zum Abschluss des schuldrechtlichen Vertrages eine *equitable lease* oder ein *equitable easement.*

Dieser gesetzlich entstehende *trust* zwischen Veräußerer und Erwerber unterscheidet sich insofern von anderen *trusts*, als den Veräußerer weniger umfangreiche Pflichten treffen, als dies für *trustees* üblich ist. Da er den Kaufpreis noch nicht erhalten hat, behält er auch die Besitz- und Nutzungsrechte. Ihn trifft lediglich die Pflicht, den Kaufgegenstand in einem guten Zustand zu halten.[187] Die Gefahr geht jedoch schon mit Abschluss des Kaufvertrages über.[188]

Der *legal estate* verbleibt dagegen vorerst noch bei dem Veräußerer. Ab diesem Zeitpunkt ist er allerdings mit dem von ihm abgespaltenen und bereits übergegangenen *equitable estate* belastet. Für die Übertragung des *legal estate*, sind bei registrierten Grundstücken noch zwei weitere Schritte

---

185 *Smith*, Property Law, 10. Aufl. 2020, S. 34, 49–50; *Bogusz/Sexton*, Land Law, 6. Aufl. 2019, S. 54; *Harpum/Bridge/Dixon*, Megarry&Wade: The Law of Real Property, 8. Aufl. 2012, Rn 5–025; *McFarlane*, The Structure of Property Law, 2008, S. 368.

186 *McFarlane*, *Hopkins* und *Nield* betrachten in ihrem Werk zum Liegenschaftsrecht den *estate contract* als wesensverschieden vom *vendor-purchaser constructive trust*, *McFarlane/Hopkins/Nield*, Land Law, 2. Aufl. 2020, Rn. 4.3, erläutern aber nicht näher, worin der Unterschied zwischen den beiden Rechtsinstituten bestehen soll. In der Literatur ist diese Unterscheidung sonst nicht zu finden; *Smith* scheint sie sogar abzulehnen, *Smith*, Property Law, 10. Aufl. 2020, S. 34 Fn 26.

187 *George/Layard*, Thompson's Modern Land Law, 7. Aufl. 2019, S. 221–223; *Bridge/Cooke/Dixon*, Megarry&Wade: The Law of Real Property, 9. Aufl. 2019, Rn 14–052 ff..

188 *Lysaght v Edwards*, (1876) 2 Ch. D. 499, 507; *Bridge/Cooke/Dixon*, Megarry&Wade: The Law of Real Property, 9. Aufl. 2019, Rn 14–056.

erforderlich: die *completion* mit einer *deed*[189] und die Eintragung im *Land Register*[190].

III) Completion

1) Erstellung der Übertragungsurkunde

Der nächste Schritt ist die Erstellung und Übergabe der Übertragungsurkunde an den Erwerber. Dieser Teil des Verfahrens wird *completion* oder *disposition* genannt,[191] da vor der Einführung des Registersystems nach den alten *Common Law*-Regeln mit der Übergabe der Übertragungsurkunde der *legal estate* übertragen wurde.

Nach sec. 52(1) *Law of Property Act 1925* muss die Übertragungsurkunde die Form einer *deed* haben. Ursprünglich musste ein Schriftstück, um als *deed* anerkannt zu werden, gesiegelt werden.[192] Das Erfordernis eines *seal* wurde von sec. 1(1) *Law of Property (Miscellaneous Provisions) Act 1989* abgeschafft. Sec. 1(2) *Law of Property (Miscellaneous Provisions) Act 1989* enthält noch folgende Anforderungen an eine *deed*: „*...(a) it makes it clear on its face that it is intended to be a deed by the person making it or, as the case may be, by the parties to it (whether describing itself as a deed or expressing itself to be executed or signed as a deed or otherwise); and (b) it is validly executed as a deed by that person or, as the case may be, one or more of those parties.*". Folglich muss das Schriftstück – aus deutscher Sicht etwas ungewöhnlich – ausdrücklich als *deed* bezeichnet werden. Sec. 1(3) *Law of Property (Miscellaneous Provisions) Act 1989* konkretisiert die zweite Voraussetzung – *validly executed* – folgendermaßen: „*An instrument is validly executed as a deed by an individual if, and only if (a) it is signed –*

(i)by him in the presence of a witness who attests the signature; [...]

(b) it is delivered as a deed by him or person authorised to do so on his behalf."

Demnach muss die Übertragungsurkunde sowohl von dem Berechtigten als auch einem Zeugen unterschrieben werden. Nicht erforderlich ist dagegen die Unterschrift des Erwerbers. Anders als bei einem dinglichen

---

189 s. 52 (1) *Law of Property Act 1925*.

190 s. 27 (1) *Land Registration Act 2002*.

191 Der *Land Registration Act 2002* spricht von *disposition*, während in Rechtsprechung und Literatur meistens der Begriff *completion* verwendet wird.

192 *Smith*, Property Law, 10. Aufl. 202, S. 101.

Vertrag handelt es sich bei einer *deed* um ein einseitiges Rechtsgeschäft des Veräußerers.[193] Neben der Unterschrift des Berechtigten und des Zeugen ist zudem die *delivery* der Urkunde erforderlich. *Delivery* bedeutete ursprünglich den Zugang der Urkunde bei dem Erwerber, mittlerweile lässt die Rechtsprechung jedoch einen nach außen erkennbaren Rechtsbindungswillen des Veräußerers ausreichen.[194] Teilweise haben die Gerichte aus der Unterschrift unter der Urkunde auf den Rechtsbindungswillen geschlossen,[195] sodass dem Tatbestandsmerkmal der *delivery* neben der Unterschrift wenig eigene Bedeutung zukommt. Zusammenfassend kann Folgendes festgehalten werden: bei einer *deed* handelt es sich um eine einseitige Urkunde, die in derselben ausdrücklich als *deed* bezeichnet wird, vor Zeugen unterschrieben wird und einen Rechtsbindungswille nach außen erkennen lässt.

Obwohl dieser Verfahrensschritt weiterhin *completion* genannt wird, wird im Rechtsverkehr mit registrierten Grundstücken zu diesem Zeitpunkt nichts übertragen. Der *equitable estate* wurde bereits mit dem Kaufvertrag übertragen und der *legal estate* geht nach sec. 27(1) *Land Registration Act 2002* erst mit der Eintragung der Übertragung in das Register über.

Dennoch ist die *completion* nicht irrelevant, da eine Eintragung im Register nur dann erfolgt, wenn die *completion* des Vertrages nachgewiesen worden ist. Für die Registrierung ist der Nachweis der Übertragung anhand bestimmter Formblätter vorgeschrieben, wobei das jeweilige zu verwendende Formblatt in Teil 6 der *Land Registration Rules 2003* festgelegt ist. Dieses muss als *deed* unterschrieben und die Unterschrift von einem Zeugen beglaubigt werden.[196] Demnach enthält der ordnungsgemäß ausgefüllte und für die Eintragung notwendige Vordruck automatisch eine *deed*, sodass es aus praktischer Sicht ausgeschlossen ist, dass ein Erwerber ohne die *deed* eines Veräußerers als neuer Eigentümer in das Register eingetragen wird.

---

193 *McFarlane/Hopkins/Nield*, Land Law, 2. Aufl. 2020, Rn. 4.32.

194 *Vincent v Premo Enterprises* [1969] 2 QB 202; *Alan Estates Ltd v WG Stores Ltd* [1982] Ch 511; *McFarlane/Hopkins/Nield*, Land Law, 2. Aufl. 2020, Rn. 4.36; *Smith*, Property Law, 10. Aufl. 202, S. 101; *Thompson/George*, Thompson's Modern Land Law, 6. Aufl. 2017, S. 226 m. w. N..

195 *Thompson/George*, Thompson's Modern Land Law, 6. Aufl. 2017, S. 226 m. w. N.

196 s. beispielsweise Vordruck TR1 (zur Übertragung des gesamten *estates* eines bereits registrierten Grundstücks), Panel 12: einsehbar auf der Website der britischen Regierung: https://www.gov.uk/government/publications/registered-titles-whole-transfer-tr1/guidance-completing-form-tr1-for-the-transfer-of-registered-property.

Zwingend erforderlich ist eine *deed* für die materiell-rechtliche Wirkung der Eintragung im Liegenschaftsregister aber nicht. Anders als im deutschen Sachenrecht erwirbt der Eingetragene gemäß sec. 58(1) *Land Registration Act 2002* kraft seiner Eintragung das materiell-rechtliche Recht an dem Grundstück, auch wenn die für die Eintragung erforderlichen Voraussetzungen eigentlich nicht vorliegen. Die Folgen dieses dogmatisch bedeutsamen Unterschieds zwischen der Wirkung des englischen und des deutschen Liegenschaftsregisters wird in Kapitel F erörtert.

Zudem ist die *completion* für das Rangverhältnis verschiedener miteinander konkurrierender Grundstücksrechte bedeutsam, da sie gemäß sec. 29(1) *Land Registration Act 2002* der maßgebliche Zeitpunkt für den lastenfreien Erwerb ist.[197] Auf die Konsequenzen dieser Regelung geht Kapitel G näher ein.

2) *Search with priority*

Zwischen der Erstellung der Übertragungsurkunde und der Stellung des Eintragungantrags beim Liegenschaftsregister liegt ein Zeitraum, in dem der Erwerber nicht vor anderweitigen Verfügungen über den Erwerbsgegenstand geschützt ist. Wie in Kapitel G besprochen wird, schützen die Lastenfreiheitsnormen in sec. 29 ff. *Land Registration Act 2002* nur vor Verfügungen, die bis zum Zeitpunkt der *completion* stattgefunden haben. Diese zeitliche Lücke – *registration gap* – schließt der *Land Registration Act 2002* zum Teil durch die Möglichkeit eines *search with priority*. Gemäß sec. 72(2) *Land Registration Act 2002* i.V.m. *rule 131 Land Registration Rules 2003* hat dieser für 30 Tage eine vormerkungsähnliche Wirkung. In diesem Zeitraum können Eintragungen im Liegenschaftsregister nur im Rang hinter der durch die Suche geschützten Verfügung gemacht werden. Nach *rule 147(1)* der *Land Registration Rules 2003* steht dieser Schutzmechanismus jedoch nur entgeltichen Erwerbern zur Verfügung.

IV) Registration

Nach dem Erstellen der Übertragungsurkunde, der *disposition* oder *completion*, wird die Eintragung des Übertragungsvorgangs beantragt und die Verfügung eingetragen. Nach sec. 27(1) *Land Registration Act 2002* wird die

---

197 Siehe Kapitel G.

Verfügung *at law* erst mit der Eintragung wirksam, wobei hier durch sec. 74(b) *Land Registration Act 2002* die Wirkung der Eintragung auf den Zeitpunkt der Antragstellung vorverlegt wird. Mit der Eintragung im Register erhält der Erwerber gemäß sec. 58(1) *Land Registration Act 2002* in jedem Fall der *legal estate*, auch wenn die Voraussetzungen für eine Eintragung nicht erfüllt sind.

F) Gestaltungswirkung des Grundbuchs

I) Positive Publizität der Eintragung einer registrable disposition

1) Gestaltungswirkung von Eintragungen im *Land Register*

Die alten *Common Law*-Regeln kannten keinen gutgläubigen Erwerb des *legal title*, sondern es galt das Prinzip *nemo dat quod non habet.*[198] Ein Erwerb vom Nichtberechtigten war damit grundsätzlich nicht möglich. Daher musste vor jedem Grundstücksgeschäft der Erwerber bzw. dessen Anwalt die Übertragungsurkunden der bisherigen Verfügungen (die *title deeds*) untersuchen, um sich der Berechtigung des Veräußerers zu vergewissern. Diese Untersuchung war aufwendig und fehleranfällig und veranlasste den berühmten Rechtwissenschaftlicher *Maitland* Ende des 19. Jahrhunderts zu der Klage: „*the trouble and expense of proving title are often considerable, and form an appreciable obstacle to free dealing in land. The complete removal of this obstacle can be effected only by a good system of registration.*"[199]. *Maitlands* Schluss hatten vor ihm schon andere gezogen, weshalb man im 19. Jahrhundert mit dem Versuch begonnen hatte, ein Grundstücksregister einzuführen. Bis zur erfolgreichen Etablierung eines solchen Registers waren jedoch mehrere Anläufe notwendig, von denen die ersten in der Praxis kaum angenommen wurden.[200] Erst mit dem *Land Registration Act 1925* wurde im Rahmen einer umfassenden Reform des Grundstücksrechts die Grundlage für das heutige System geschaffen.

Ein Grundstücksregister ersetzt die aufwendige Untersuchung der *title deeds* nur, wenn der Rechtsverkehr sich auf die Angaben im Register verlassen kann und keine weiteren Nachforschungen anstellen muss. Die *Law Commission* formulierte diese Zielsetzung im Bericht zum derzeit geltenden Recht so: „*The fundamental objective...is that...the register should be a complete and accurate reflection of the state of the title of the land at any given*

198 *Bridge/Cooke/Dixon*, Megarry & Wade: The Law of Real Property, 9. Auflage, 2019, Rn 6–001; *Murphy/Roberts/Flessas*, Understanding Property Law, 4. Auflage, 2004, S. 66; *Smith*, Property Law, 10. Auflage 2020, S. 224.

199 *Maitland/Montague,* A Sketch of English Legal History, 1915, S 181.

200 *Cooke*, The New Law of Land Registration, 2003, S. 27–29; *Sparkes*, A New Land Law, 2003, S. 1–2.

time, so that it is possible to investigate title to land on line, with the absolute minimum of additional enquiries and inspections.“[201] Um die gewünschte Verlässlichkeit des Registers zu erreichen, arbeiten der *Land Registration Act 2002* und sein Vorgänger der *Land Registration Act 1925* mit einem System des *title by registration*, wonach eine Registereintragung dem Eingetragenen automatisch einen *title* verschafft.[202] Diese Wirkung des Registers wird *conclusiveness* genannt und ist in sec. 58(1) *Land Registration Act 2002* geregelt:

> *„If, on the entry of a person in the register as the proprietor of the legal estate, the legal estate would not otherwise be vested in him, it shall be deemed to be vested in him as a result of registration.“*

Folglich wird der im Register Eingetragene durch die bloße Eintragung zum materiell-rechtlich Berechtigten, auch wenn andere Verfügungsvoraussetzungen, wie z.B. eine wirksame Einigung, nicht vorliegen. Damit geht die Wirkung des englischen *Land Register* hier weiter als die des deutschen Grundbuchs, da der Inhalt des Registers nicht bloß als Träger öffentlichen Glaubens die Grundlage für einen gutgläubigen Erwerb bildet, sondern vielmehr die materielle Rechtslage an sich verändert. Anders als in Deutschland wirkt in England also schon die bloße Registereintragung an sich rechtsgestaltend. Diese rechtsgestaltende Wirkung nach sec. 58(1) *Land Registration Act 2002* wird in der englischen Literatur mit dem Stichwort *title by registration*[203] oder poetischer mit der *„statutory magic“*[204] von sec. 58(1) umschrieben.

Da es zu fälschlichen Eintragungen in das Register kommen kann, sieht auch das englische Registersystem in *Schedule 4 Land Registration Act 2002* Korrekturmöglichkeiten vor. Die Registerberichtigung kann durch das Gericht angeordnet oder von dem Registeramt selbst vorgenommen werden. Da sich die materielle Rechtslage am Register orientiert, stellt eine solche Berichtigung eine Rechtsänderung durch Hoheitsakt dar. Der bedeutends-

---

201 *Law Commission*, No. 271, Land Registration for the Twenty-First Century: A Conveyancing Revolution, 2001, Rn 1.5.

202 *Law Commission*, No. 227, Updating the Land Registration Act 2002: A Consultation Paper, 2016, Rn 2.46 – 2.50.

203 *Law Commission*, Land Registration for the Twenty-First Century: A Consultative Document, No. 254, 1998, Rn 10.43.

204 *Goymour*, (2013) CLJ 617, 627; *George/Layard*, Thompson's Modern Land Law, 7. Aufl. 2019, S. 150; *Hill-Smith*, (2009) Conv 127, 129; *Law Commission*, Making Land Work: Easements, Covenants and Profits À Prendre, No. 327, 2011, Rn 4.12.

te Grund für eine *rectification* ist das Vorliegen eines *mistake*. Anders als im deutschen Recht gewährt das englische Recht in *Schedule 8 Land Registration Act 2002* demjenigen, der durch die Korrektur einen Rechtsverlust erleidet, einen verschuldensunabhängigen Entschädigungsanspruch.

Die Einzelheiten der Registerkorrektur sind in den letzten Jahren intensiv in Literatur und Rechtsprechung diskutiert worden und auch für diese Arbeit von großer Bedeutung. In diesem Kapitel sollen jedoch zunächst nur die Wirkung und die positive Publizität einer bestehenden Registereintragung, also der Garantie einer gegenwärtigen Rechtsinhaberschaft, besprochen werden. In Kapitel H wird untersucht, inwiefern die Möglichkeit einer Registerkorrektur die gegenwärtige Garantie des Registers einschränkt.

2) Positive Publizität der Eintragung abgeleiteter dinglicher Rechte; Reichweite von sec. 58(1) *Land Registration Act 2002*

Wie in Kapitel D dargestellt kann sich der Begriff *estate* lediglich auf *freehold* und *leasehold estates* beziehen, aber auch alle anderen Arten von dinglichen Grundstücksrechten umfassen. Daher stellt sich die Frage, ob die rechtsgestaltende Wirkung einer Registereintragung nach sec. 58(1) *Land Registration Act 2002* auch für *estates* im weiten Sinne gelten soll.

Bei genauerer Betrachtung des *Land Registration Act 2002* sprechen mehrere Gründe dafür, dass *legal estate* in sec. 58(1) *Land Registration Act 2002* alle *estates* und nicht nur die beiden *estates in land* mit eigenem Registerblatt meint. Zum einen ist der in sec. 58(1) *Land Registration Act 2002* verwendete Rechtsbegriff *legal estate* in sec. 132(1) *Land Registration Act 2002* mit Verweis auf die Definition im *Law of Property Act 1925* gesetzlich definiert. Die Legaldefinition von *legal estate* in sec. 205(1)(x) *Law of Property Act 1925* ist umfassend und erfasst damit auch beschränkte dingliche Rechte wie *easements* und *charges*. Des Weiteren steht sec. 58 systematisch direkt vor sec. 59 *Land Registration Act 2002*, die den Eintragungsort für derivative dingliche Rechte regelt. In beiden Normen wird die Formulierung *„entry of a person in the register as the proprietor of a legal estate"* verwendet, was nahelegt, dass auch abgeleitete dingliche Rechte der Gestaltungswirkung der Eintragung nach sec. 58(1) *Land Registration Act 2002* unterfallen sollen.

Daher dürfte die Eintragung aller dinglichen, grundbuchfähigen Grundstücksrechte rechtsgestaltende Wirkung i. S. v. sec. 58(1) *Land Registration Act 2002* haben.

3) Aufgabe von abgeleiteten Rechten; Einschränkung der Garantiewirkung von sec. 58(1) *Land Registration Act 2002*

In einem Report aus dem Jahre 2011 beschäftigte sich die *Law Commission* mit einem Problem, dass bisher in der englischen Literatur sehr wenig Aufmerksamkeit erhalten hat: die Tatsache, dass die in sec. 27(2) (3) *Land Registration Act 2002* aufgelisteten Verfügungen, die eine Eintragungspflicht begründen, ausschließlich Übertragungen und Bestellungen von Rechten beinhalten, aber keine Aufgabe oder Inhaltsänderung von Rechten.[205] Die einzelnen Fallgruppen sind entweder ein *„transfer“* oder ein *„grant or reservation“*. *Variation* oder *release* finden keine Erwähnung im Gesetzeswortlaut. Eine der Vorschrift des § 875 BGB entsprechende Regelung, wonach die Aufhebung eines Rechts auch die Löschung im Grundbuch erfordert, existiert im englischen Immobilienrecht nicht.

Die *Law Commission* ist der Ansicht, dass die Aufgabe und Inhaltsänderung abgeleiteter Rechte alleine durch eine Erklärung in Form einer *deed* vorgenommen werden können.[206] Eine Eintragung dieser Verfügungen in das Register sei für ihre Wirksamkeit nicht erforderlich mit der Folge, dass Rechte aufgegeben werden könnten, ohne dass sie im Register gelöscht worden sind. Das Register würde hierdurch unrichtig und der Staat könnte dementsprechend Schadensersatzansprüchen ausgesetzt sein.[207]

Diese Schlussfolgerung der *Law Commission* erscheint nicht zwingend. Aufgrund des oft betonten Prinzips des *title by registration* könnte die weiterbestehende Eintragung im Register auch zur Folge haben, dass das Recht solange besteht, wie es im Register eingetragen ist. Die Literatur geht jedoch, sofern sie diese Frage behandelt, in Übereinstimmung mit der *Law Commission* davon aus, dass für eine Aufgabe oder Inhaltsänderung eines *easements* oder *profits* lediglich eine *deed* errichtet werden müsse.[208]

Wenn dies zutrifft ist die Garantie des *title by registration* hinsichtlich abgeleiteter Rechte schwächer, als man auf den ersten Blick meinen würde. Das Register garantiert letztlich nur die Entstehung des Rechts aufgrund

---

205 *Law Commission*, No 327: Making Land Work: Easements, Covenants and Profits á Prendre, 2011, Rn 4.52ff.

206 Ebenso *Bridge/Cooke/Dixon*, Megarry & Wade: The Law of Real Property, 9. Auflage, 2019, Rn 28–008.

207 *Law Commission*, No 327: Making Land Work: Easements, Covenants and Profits á Prendre, 2011, Rn 4.54.

208 *Bridge/Cooke/Dixon*, Megarry & Wade: The Law of Real Property, 9. Auflage, 2019, 28–008; *Smith*, Property Law, 10. Aufl. 2020, S. 558; *Gray/Gray*, Elements of Land Law, 2005, Rn 5.2.89.

der Eintragung, aber nicht das Bestehenbleiben nach der Eintragung. Zur Vermeidung der Schwäche der aktuellen Regelungen hat die *Law Commission* 2011 vorgeschlagen, sec. 27 *Land Registration Act 2002* zu erweitern und auch die Aufgabe oder Inhaltsänderung eines Rechts unter die Verfügungen mit Eintragungszwang zu fassen.[209] Bisher sind diese Vorschläge nicht umgesetzt worden. Am 7. Februar 2017 hat die Regierung jedoch ihre Absicht mitgeteilt, ein entsprechendes Änderungsgesetz in das Parlament einzubringen. Auch dies ist noch nicht geschehen. Nach dem Vorschlag der *Law Commission* sollte folgender Passus in sec. 27(2)(e) *Land Registration Act 2002* eingefügt werden: „*where the registered estate subsists for the benefit of another registered estate, its express release, and any notice entered in the register in respect of it, must be removed from the register*".

Die Erwägungen der *Law Commission* im oben erwähnten *Report* bezogen sich lediglich auf *easements* und *profits à prendre* und dementsprechend ist der Reformvorschlag auch auf Grundstücksrechte begrenzt, die einem anderen Grundstücksrecht dienen. Es ist aber nicht ersichtlich, warum dieses Problem nicht auch andere Grundstücksrechte betreffen soll. So kann auch eine *lease* durch eine in einer *deed* enthaltene Einigung zwischen dem Berechtigten der lease und dem Berechtigten des übergeordneten Rechts außerhalb des Registers aufgegeben werden,[210] sodass sich hier das gleiche Problem ergeben dürfte.

Fraglich ist, wie sich eine weitere Verfügung auf die Garantiewirkung des Registers auswirken würde. Nach dem Wortlaut von sec. 58(1) *Land Registration Act 2002* müsste die neue Eintragung eines Berechtigten wiederum die „Magie" von sec. 58(1) *Land Registration Act 2002* aktivieren mit der Folge, dass der neu eingetragene Berechtigte dann auch tatsächlich der materiell-rechtlich Berechtigte wäre. Anderer Ansicht ist jedoch die *Law Commission*, die davon ausgeht, dass der Erwerber eines herrschenden Grundstücksrechts, zu dessen Gunsten eine tatsächlich schon aufgegebene Grunddienstbarkeit eingetragen ist, diese Grunddienstbarkeit nicht erwirbt.

Nun könnte man den Standpunkt einnehmen, dass der Erwerber ja auch nicht die Grunddienstbarkeit erwirbt, sondern das Grundstücksrecht, zu dessen Gunsten die Grunddienstbarkeit besteht. Allerdings wi-

---

209 *Law Commission*, No 327, Making Land Work: Easements, Covenants and Profits á Prendre, 2011, Rn 4.57 – 4.58.

210 *Bridge/Cooke/Dixon*, Megarry & Wade: The Law of Real Property, 9. Auflage, 2019, Rn 17–085; *Bogusz/Sexton*, Land Law, 6. Aufl. 2019, S. 443 (Rn 14.1.4); *George/Layard*, Thompson's Modern Land Law, 7. Aufl. 2019, S. 375.

derspricht dies *Schedule 2* para. 7(2)(b) *Land Registration Act 2002*, wonach bei dem Erwerb einer Grunddienstbarkeit der Grundstückseigentümer des herrschenden Grundstücks als *proprietor* des *interests* in das Register einzutragen ist. Demnach erwirbt der Erwerber nicht nur das herrschende Grundstücksrecht, sondern auch das diesem Grundstücksrecht dienende *dependent estate*. Dieses wiederum kann, wie wir gerade gesehen haben, auch ein *legal estate* i. S. v. sec. 58(1) *Land Registration Act 2002* sein, sodass die Garantiewirkung des Registers mit Eintragung des neuen Berechtigten wieder aufleben dürfte.

4) Die Einschränkung durch sec. 58(2) *Land Registration Act 2002*

Eine Einschränkung von sec. 58(1) *Land Registration Act 2002* enthält sec. 58(2) *Land Registration Act 2002*: „*Subsection (1) does not apply where the entry is made in pursuance of a registrable disposition in relation to which some other registration requirement remains to be met.*" Diese Regelung des *Land Registration Act 2002* hat bisher erstaunlich wenig Aufmerksamkeit in Literatur und Rechtsprechung erhalten. Während über das Verhältnis von *Schedule 4* und sec. 58(1) *Land Registration Act 2002* schon vermehrt geschrieben worden ist, führt der zweite Absatz von sec. 58 *Land Registration Act 2002* ein Schattendasein.

Auf den ersten Blick scheint Absatz 2 die Regelung des Absatzes 1 erheblich einzuschränken, da die rechtsgestaltende Wirkung von Absatz 1 nun von der Einhaltung bestimmter *registration requirements* abhängen soll. Tatsächlich handelt es jedoch lediglich um die Vorschriften in *Schedule 2*, auf die in sec. 27(4) *Land Registration Act 2002* verwiesen wird. In *Schedule 2* wird festgelegt, welche Verfügung wie in das Register einzutragen ist. Sie normiert jedoch keine materiell-rechtlichen Voraussetzungen, die für eine Eintragung in das Register erfüllt sein müssen.

Dementsprechend bedeutet sec. 58(2) *Land Registration Act 2002*, dass die rechtsgestaltende Wirkung einer Registereintragung erst dann eintritt, wenn das einzutragende Recht tatsächlich an der richtigen Stelle oder an den richtigen Stellen in das Register eingetragen worden ist. Bei manchen abgeleiteten Rechten wie *easements* ist eine doppelte Eintragung im Register erforderlich, und zwar einmal im *Property Register* des herrschenden Grundstücks und außerdem noch im *Charges Register* des dienenden Grundstücks, para. 7, *Schedule 2 Land Registration Act 2002*. Erst wenn beide Eintragungen vorliegen, sind die *registration requirements* aus *Schedule*

2 erfüllt, so dass die Eintragung rechtsgestaltende Wirkung im Sinne von sec. 58(1) *Land Registration Act 2002* hat.[211]

Auch die Gerichte haben sec. 58(2) *Land Registration Act 2002* so ausgelegt. In *Bank of Scotland plc v Waugh*[212] argumentierten die Sicherungsgeber, dass ein Grundpfandrecht unwirksam sei, weil die Bestellungsurkunde nicht den Anforderungen an eine *deed* nach sec. 1(2)(3) *Law of Property (Miscellaneous Provisions) Act 1989* entsprach. Das Gericht entschied jedoch richtig, dass die Bank – unabhängig von der Formunwirksamkeit der Bestellungsurkunde – das Pfandrecht mit Eintragung wirksam erworben hatte.

Dennoch äußern *Goymour* und *Watterson* in einem kürzlich erschienen Buch zum englischen Registerrecht die Sorge, dass sec. 58(2) *Land Registration Act* von den Gerichten auch weiter ausgelegt und damit genutzt werden könnte, die zum Teil harten Regeln des Registerrechts zu umgehen. Im Hinblick darauf, dass die Gerichte – wie im Weiteren noch näher dargestellt wird – oft lieber auf die alten *Common Law*-Regeln zurückgreifen, als das neue Registerregime anzuwenden, erscheint diese Befürchtung nicht unbegründet.

5) Qualität des eingetragenen *title*

England und Wales befinden sich seit mehr als 100 Jahren in einer immobiliarsachenrechtlichen Übergangsphase. Auch heute ist noch nicht der gesamte Boden im Grundbuch erfasst, sodass das Registerrecht auch Vorschriften für die Erfassung von bisher nicht registrierten Grundstücken enthalten muss. Da es sich um Übergangsvorschriften handelt, sind sie grundsätzlich für diese Arbeit nicht von Interesse.

Ein Aspekt der *first registration* kann sich jedoch auf die Publizität des Registers bei späteren Verfügungen auswirken und soll daher kurz vorgestellt werden. Um seinen *title* im Rahmen der *first registration* in das Register eintragen zu lassen, muss der Antragsteller zur Zufriedenheit des Registerbeamten beweisen, dass er tatsächlich den behaupteten *title* innehat, sec. 9(2) *Land Registration Act 2002*. Der Beweismaßstab orientiert sich hier an der Praxis: *„such as a willing buyer could properly be advised by*

211 So ausdrücklich auch *Bridge/Cooke/Dixon*, Megarry & Wade: The Law of Real Property, 9. Auflage, 2019, S. 220–221 Fn. 813; *Watterson/Goymour*, in: Goymour/Watterson/Dixon, New Perspectives on Land Registration, S. 284–285.

212 [2014] EWHC 2117 (Ch).

a competent professional adviser to accept.“ Gelingt dem Antragsteller dieser Nachweis, wird für ihn ein *absolute title* in das Register eingetragen.

Für den Fall, dass der Antragsteller den für einen *absolute title* erforderlichen Nachweis nicht erbringen kann, muss der Antrag nicht vollständig abgelehnt werden, sondern der *Land Registration Act 2002* bietet noch drei andere weniger umfassende *title*, die statt eines *absolute title* eingetragen werden können. Den *qualified title* und den *possessory title*, sowie für *leaseholds* außerdem noch den *good leasehold title*.[213] Eine Registrierung eines dieser *title* statt eines *absolute title* bedeutet, dass bestimmte Aspekte des *title* des Eingetragenen von der Publizitätswirkung des Registers ausgenommen sind.

Ein *qualified title* ist bei der Registrierung eines *freehold* die nächstbeste Option nach einem *absolute title*. Bei der Eintragung eines *qualified title* werden bestimmte mögliche Belastungen von der Wirkung des Registers ausgenommen, sodass diese trotz Nichteintragung weiterhin gegenüber dem *qualified title* wirken können, sec. 11(6) *Land Registration Act 2002*.

Ein *possessory title* ist der Notnagel für Fälle, in denen der Antragsteller außer dem eigenen Besitz nichts zur Zufriedenheit des Registerbeamten nachweisen kann, sec. 9(5) *Land Registration Act 2002*. Ihm gegenüber wirken alle Rechte, die zum Zeitpunkt der Eintragung bestanden oder die entstehen konnten, sec. 11(7) *Land Registration Act 2002*. Infolgedessen sichert der *possessory title* den Inhaber nur für die Zukunft. Nach Ansicht der Rechtsprechung muss der Besitzer das Grundstück zwölf Jahre lang in seinem Besitz gehabt haben, bevor er einen *possessory title* in das Register eintragen lassen kann.[214]

Erheblich attraktiver ist die vierte Option, die nur dem Inhaber eines einzutragenden *leasehold* offensteht: der *good leasehold title*. Dieser ist für die Konstellation gedacht, dass der Antragsteller zwar sein eigenes *leasehold* ausreichend darlegen kann, aber die rechtliche Situation hinsichtlich des zugrundeliegenden *estate* (*freehold* oder ein höherrangiges *leasehold*) unklar ist. In diesem Falle entfaltet die Eintragung auf Ebene des *leasehold* die gleiche Wirkung wie ein *absolute title*, aber es besteht keine Publizitätswirkung hinsichtlich dem zugrundeliegenden *estate* und der Frage, inwiefern das eingetragene *leasehold* aus diesem *estate* gewährt werden konnte, sec. 12(6) *Land Registration Act 2002*.

---

213 sec. 9(1), 10(1) *Land Registration Act 2002*.

214 *Harber v London Borough of Havering*, [2015] UKFTT 0621; *Phillips v Vaughan* [2016] EWLandRA 2014_0497; kritisch hierzu *Goymour/Hickey*, in: Goymour/Watterson/Dixon, New Perspectives on Land Registration, 2017, S. 77 ff..

Die Art des *title* ist auf dem Registerauszug in Teil B im *Propriertorship Register* deutlich vermerkt und sobei Einsichtnahme in das Register auf den ersten Blick erkennbar.[215]

6) Wirkung der Eintragung auf der *Equity*-Ebene

Der Wortlaut von sec. 58(1) *Land Registration Act 2002* und deren Vorgängernorm, sec. 69(1) *Land Registration Act 1925*, nennt als Rechtsfolge einer Registereintragung nur den Erwerb des *legal estate* durch den Eingetragenen: *„the legal estate…shall be deemed to be vested in him as a result of registration"*. Das *equitable estate* bleibt dagegen unerwähnt. Aus diesem Grunde war es zwischenzeitlich in Literatur und Rechtsprechung umstritten, ob die rechtsgestaltende *statutory magic* dieser Normen auch auf der *Equity*-Ebene wirkt, also ob eine Registereintragung dazu führt, dass der Eingetragene neben dem *legal estate* auch den *equitable estate* erwirbt.

a) Die Entscheidung des *Court of Appeal* in *Malory v Cheshire Homes*

Auf diese Frage fand erstmalig der *Court of Appeal* in *Malory Enterprises Ltd v Cheshire Homes (UK) Ltd*[216] eine in der Literatur intensiv diskutierte Antwort. Für die Entscheidung in *Malory* galt noch der *Land Registration Act 1925*, das Urteil wurde jedoch später vom *High Court* auch im Hinblick auf Sachverhalte für bindend erklärt, die unter den *Land Registration Act 2002* fallen.[217] Demnach war *Malory* bei der Auslegung von sec. 58(1) *Land Registration Act 2002* zunächst zu beachten.

Der Sachverhalt in *Malory* stellte sich folgendermaßen dar: Die nach dem Recht der britischen Jungferninseln gegründete Malory Enterprises Ltd („Malory BVI") war eingetragene Eigentümerin eines Grundstücks. Eine andere Gesellschaft, die ebenfalls unter Malory Enterprises Ltd firmierte und nach englischem Recht gegründet worden war („Malory UK"), verschaffte sich durch Täuschung ein auf sie ausgestelltes *land certificate*. Ein *land certificate* diente im System des *Land Registration Act 1925*[218] als

---

215 s. die Registerauszüge in *Cooke*, The New Law of Land Registration, 2003, S. 46 ff.

216 [2002] EWCA Civ 151.

217 *Fitzwilliam v Richall Holdings Services Ltd*, [2013] EWHC 86 (Ch).

218 sec. 63, 68 *Land Registration Act 1925*.

Beweis der Rechtsinhaberschaft an einem Grundstück. Mit Hilfe dieser Urkunde konnte Malory UK die Erwerberin Cheshire Homes Ltd über ihre Rechtsinhaberschaft täuschen, das Grundstück an diese veräußern und veranlassen, dass die Erwerberin im Register als neue Berechtigte eingetragen wurde. Die Erwerberin verhielt sich während des gesamten Vorgangs weder unredlich noch unsorgfältig.

Zur Verwunderung der *Law Commission*[219] entschied der *Court of Appeal*, dass Cheshire Homes Ltd durch die Eintragung im *Land Register* zwar den *legal title* erhalten habe, der *equitable title* aber weiterhin Malory BVI gehöre. Die Regelung zur *conclusiveness* der Eintragung gelte ausschließlich für den *legal estate* und beziehe sich nicht auf den *equitable estate*. Vielmehr bleibe Malory BVI der „*true owner*". Diese Auslegung von sec. 69 (1) *Land Registration Act 1925* muss der die Entscheidung vortragenden Richterin *Arden LJ* offensichtlich erschienen sein, da sie ihre Interpretation der Norm fast überhaupt nicht begründet und auch keine Präzedenzentscheidungen zitiert.

b) Diskussion um *Malory*

Diese Thematik behandelt letztlich das Spannungsverhältnisses zwischen *Common Law* und *Equity* und die Rolle die das Register in diesem Spannungsverhältnis spielt. Daher soll an dieser Stelle die Diskussion um *Malory* eingehender untersucht werden, obwohl *Malory* später vom *Court of Appeal* in *Swift 1st Ltd v Chief Land Registrar*[220] wieder aufgehoben wurde.

In der Lehre wurde die Auslegung von *Arden LJ* mehrheitlich nicht geteilt und dieser Aspekt der Entscheidung in *Malory* – und deren Übernahme in *Fitzwilliam v Richall Holdings Services* – in der Literatur stark kritisiert.[221] Hauptkritikpunkt war dabei das Verständnis des Verhältnisses

---

219 Diese Verwunderung ist in der Kommentierung der Entscheidung in der nächsten Veröffentlichung der *Law Commission* zum Registerrecht nach *Malory* klar zu spüren: *Law Commission*, No. 227, Updating the Land Registration Act 2002: A Consultation Paper, 2016, Rn 13.59: „*It had not been anticipated in our 1998 Consultation paper or 2001 Report that section 58 of the LRA 2002 would confer legal title only.*".

220 [2015] EWCA Civ 330.

221 *Cooke*, (2004) Conv 482, 485; *Fox*, in: *Cooke*, Modern Studies in Property Law, Volume 3, 2005, S. 36; *Nair*, in: *Bright*, Modern Studies in Property Law, Volume 6, 2011, S. 269–270, Fn 28; *Cooke*, (2013) Conv 344; *Cooke*, (2014) Conv 444; *Dixon*, (2013) LQR 320; *Law Commission*, Updating the Land Registration

dinglicher Rechte auf der *Common Law-* und der *Equity*-Ebene in der Urteilsbegründung von *Arden LJ*. Der *legal estate* umfasse, so die Kritiker, im Normalfall auch das *equitable estate*, weshalb bei einer Übertragung des *legal estate* grundsätzlich auch der *equitable estate* mit übergehen würde. Für diese Sicht des Verhältnisses von *legal* und *equitable title* wird insbesondere die knappe, aber treffende Darstellung von Lord Browne-Wilkinson in der *House of Lords*-Entscheidung *Westdeutsche Landesbank Girozentrale v Islington LBC* zitiert:

> *„A person solely entitled to the full beneficial ownership of money or property, both at law and in equity, does not enjoy an equitable interest in that property. The legal title carries with it all rights. Unless and until there is a seperation of the legal and equitable estate, there is no seperate equitable title.*“[222]

Damit wird *equitable estate* nur dann nicht zusammen mit dem *legal estate* übertragen, wenn es vor oder spätestens bei dem fraglichen Erwerb von diesem abgespalten worden ist. Eine solche Abspaltung kann sowohl durch die ausdrückliche Gewährung eines *trusts* oder durch das Eintreten der Voraussetzungen einer der Fallgruppen eines *constructive trust* geschehen. Es gab jedoch weder eine ausdrücklich *declaration of trust* noch irgendeinen Anhaltspunkt für unredliches Verhalten seitens der Erwerberin. Dies wäre für alle anerkannten Spielarten der *title*-Spaltung mittels eines *constructive trust* erforderlich. Deshalb bestand nach der herrschenden Lehre kein Grund anzunehmen, dass mit dem *legal title* nicht auch der *equitable title* übergegangen sei.

Ein weiterer Kritikpunkt neben der Unvereinbarkeit der Argumentation in *Malory* mit *Westdeutsche* war, dass durch die Annahme eines *trusts* in *Malory* das fein ausbalancierte System der *Land Registration Acts 1925* und *2002* aus den Angeln gehoben würde.[223] *Schedule 4* des *Land Registration Act 2002* sollte einen Ausgleich zwischen den Interessen des ursprünglichen Berechtigten und des Erwerbers schaffen. Das englische Recht misst dem Besitz eine besondere Bedeutung zu. Der Besitz an einem Grundstück wird als starkes Indiz dafür genommen, dass der Besitzer auch derjenige

---

Act 2002: A Consultation Paper, No. 227, 2016, Rn 13.44 – 13.59; *Lees*, (2013) MLR 924; *Nair*, (2013) CLJ 257; Ruoff/Roper, The Law and Practice of Registered Conveyancing, Dezember 2015, Rn 46.032; a. A. *Gardener*, (2013) Conv 530; *Hill-Smith* (2009) Conv 129, 134.

222 [1996] AC 669, 706.

223 *Cooke*, (2013) Conv 344.

ist, der das Grundstück am meisten benötigt. Daher wurde bei diesem System insbesondere der Schutz des Besitzers besonders berücksichtigt.

Vereinzelt wurde Arden LJ's Sicht in der Lehre auch verteidigt. So widersprach *Simon Gardner* der geschilderten Kritik an *Malory* mit dem Argument, dass schon der fehlende Wille des ursprünglichen Berechtigten, das Grundstück zu übertragen, für das Entstehen eines *trusts* ausreichend sei.[224] In dem Fall, dass der Berechtigte die Übertragung nicht wünsche, sei diese auf *Equity*-Ebene nichtig und damit würde der *equitable title* bei dem Berechtigten verbleiben.

Zur Untermauerung dieser These zitiert *Gardener* drei Entscheidungen: *Agip (Africa) Ltd v Jackson*[225], *Twinsectra Ltd v Yardley*[226] und *Collings v Lee*[227]. Diese Entscheidungen reichen jedoch nicht aus, um die recht gewagte These zu belegen, dass aufgrund des bloßen Mangels eines Übertragungswillens ein *constructive trust* entsteht.

In *Collings v Lee* nahm der *Court of Appeal* tatsächlich einen *constructive trust* an, seine Analyse stützte er dabei allerdings nicht bloß auf den fehlenden Übertragungswillen der ursprünglich Berechtigten, sondern auf die Verletzung der Treuepflichten des Erwerbers gegenüber den Übertragenden.

Auch *Gardeners* generelle These, dass es lediglich auf den fehlenden Übertragungswillen ankäme, vermag nicht zu überzeugen, da ein solcher *trust* lediglich als *presumed intention constructive trust* im Zusammenhang mit unentgeltlichen Verfügungen bestehen kann, bei entgeltlichen Verfügungen dagegen nicht anerkannt ist. Auch sec. 60(3) *Land Registration Act 1925*, die lautet: „*In a voluntary conveyance for the grantor shall not be implied merely by reason that the property is not expressed to be conveyed fort he use or benefit of the grantee.*", spricht gegen die Annahme eines solchen allgemeinen sachenrechtlichen Prinzips.

In seiner weiteren Argumentation stützt sich *Gardner* zudem auf das Prinzip *nemo dat quod non habet*. Dabei übersieht er, dass die Einführung eines Liegenschaftsregisters mit Publizitätswirkung genau dieses Prinzip einschränkt, um eine bessere Fungiblität von Grundstücksrechten zu ermöglichen.

Ferner stützt sich *Gardener* auf die Tatsache, dass der *Land Registration Act 2002* einige technische Schwächen hat. Die handwerkliche Qualität ei-

224 *Gardner*, (2013) Conv 530.
225 [1990] Ch 265.
226 [1999] All ER 433.
227 [2001] 2 All ER 332.

nes *Act of Parliament* sagt jedoch nichts über die allgemeinen sachenrechtlichen Prinzipien oder die Bindungswirkung eines Parlamentsgesetzes aus. *Gardeners* Versuch, die Entscheidung in *Malory* zu verteidigen, kann damit nicht überzeugen.

Alexander Hill-Smith vertritt die These, dass durch sec. 58(1) *Land Registration Act 2002* selbst der *legal title* vom *equitable title* abgespalten werde, gerade weil sich die Norm nur auf den *legal estate* bezieht. Es handle sich nicht um einen *constructive trust*, da bei einem gutgläubigen Erwerber die für einen *constructive trust* erforderliche Unredlichkeit nicht vorhanden sei. Welche Rechtsnatur der abgespaltene *equitable title* dann haben soll, erläutert *Hill-Smith* jedoch nicht. Dies verwundert, weil ein *express trust* hier ausscheidet und primär ein *constructive trust* in Frage käme.

Insgesamt vermag die Argumentation von *Hill-Smith* nicht zu überzeugen. Eines der Ziele der Reformen von 1925 und des *Land Registration Act 2002* war die Zahl der nicht aus dem Register ersichtlichen Rechte zu reduzieren.[228] Nach der Auslegung von *Hill-Smith* würde nach sec. *58(1) Land Registration Act 2002* jedoch grundsätzlich mit jeder Verfügung ein *trust* entstehen, wenn nicht der *equitable title* ebenfalls übertragen wird. Diese Folge widerspräche der Zielsetzung der vorgenannten Gesetze und des Registersystems an sich.

Im Ergebnis erscheinen somit die Argumente der Kritiker überzeugender als die Verteidigungsversuche.

c) Folgeentscheidung des *High Court* in *Fitzwilliam v Richall Holdings* und *overruling* in *Swift 1st v Chief Land Registrar*

Obwohl Newey J in *Fitzwilliam v Richall Holdings Services Ltd*[229], wie er in der Urteilsbegründung zu erkennen gab,[230] der Kritik an *Malory* viel abgewinnen konnte, sah er sich aufgrund des in den entscheidenden Punkten gleichlautenden Wortlauts der Normen gezwungen, *Malory* zu folgen und sein Urteil auf der Grundlage zu fällen, dass sich die *conclusiveness*-Norm des *Land Registration Act 2002* nur auf den *legal estate*, aber nicht auf den

228 *Cooke*, The New of Land Registration, 2003, S. 22- 24; *Law Commission*, No. 271, Land Registration for the Twenty-First Century: A Conveyancing Revolution, 2001, Rn 1.14.

229 [2013] EWHC 86 (Ch).

230 *„For what it is worth, I can see considerable force in some of the arguments advanced by* Malory's *critics. Whatever merit the criticism of* Malory *may have, however, I am bound by the decision.*".

equitable estate beziehe. Allerdings wurde in der Literatur die Bindungswirkung von *Malory* für *Richall Holdings* teilweise angezweifelt mit dem Argument, dass sich sec. 58 *Land Registration Act 2002* substantiell von sec. 69 *Land Registration Act 1925* unterscheide.[231] Diese Abgrenzungsversuche hat der *Court of Appeal* in *Swift 1st Ltd v Chief Land Registrar* zurückgewiesen.[232]

In der Folge ging das Gericht in *Swift 1st* jedoch weiter und entschied, dass *Malory* hinsichtlich der *conclusiveness* der Eintragung *per incuriam* entschieden war und damit keinen *precedent* darstelle, also keine Bindungswirkung entfalte. Das Gericht stützte sich hierbei insbesondere darauf, dass *Malory* davon ausgegangen war, eine *void disposition* stelle keine *disposition* im Sinne des *Land Registration Act 1925* dar. Tatsächlich enthält jedoch der *Land Registration Act 1925* einige Normen, aus denen eindeutig hervorgeht, dass der Begriff der *disposition* auch *void dispositions* umfasst, wie zum Beispiel sec. 114 *Land Registration Act 1925*. Folglich hatte der *Court of Appeal* den *Land Registration Act 1925* nicht richtig angewendet. Zudem hatte Arden LJ es unterlassen, die Entscheidung des Court of Appeal in *Argyle Building Society v Hammond* zu zitieren,[233] die hier einschlägig gewesen wäre.

Damit hatte das Gericht eine Gesetzesnorm unrichtig angewandt und eine ihn bindende Entscheidung des *Court of Appeal* nicht zitiert. Also hatte der *Court of Appeal* in *Swift1st* die Möglichkeit, seine Entscheidung in *Malory* zu verwerfen. Damit stand es ihm frei, Lord Browne-Wilkinson zu folgen und festzustellen: „*Absent a trust, the legal estate carries with it all rights to the property and equity has no role to play in seperating legal from beneficial ownership.*"[234]

d) Rechtslage heute

Durch das *overruling* in *Swift1st* ist die Entscheidung in *Malory* nun kein bindender Präzedenzfall mehr, was in der Literatur begrüßt wurde.[235] Im Ergebnis kann es damit als gesichert angesehen werden, dass der Erwerber durch die Eintragung grundsätzlich sowohl den *legal title* als

231 *Lees*, (2013) MLR 924, a.A. *Cooke*, (2013) Conv 344; *Gardner*, (2013) Conv 530.
232 [2015] EWCA Civ 330.
233 [1984] WL 281664.
234 [2015] EWCA Civ 330, *Patten LJ* in Abschnitt 41 der Entscheidungsgründe.
235 *Lees*, (2015) LQR 515.

auch den *equitable title* erhält. Eine Ausnahme von diesem Prinzip besteht nur, wenn der *equitable title* schon vorher von dem *legal title* z.B. durch einen *express trust* abgespalten wurde oder die Voraussetzungen für einen *constructive trust* vorliegen. Inwiefern ein solcher trust durch bloße Unredlichkeit ausgelöscht werden kann, wird im folgenden Kapitel untersucht, weil es letztlich um die Lastenfreiheit des übertragenen Rechts geht. In diesem Rahmen wird auch das Problem der *registration gap* erörtert, aufgrund dessen der *curtain* der negativen Publizität des *Land Register* ein Loch aufweist.

II) Keine positive Publizität bei minor interests

Die bisherigen Ausführungen zur positiven Publizität bezogen sich ausschließlich auf *registrable dispositions*, also die registerrechtliche Kategorie von Rechten und Verfügungen, die als besonders bedeutend erachtet werden und denen deswegen die volle Publizitätswirkung des Registers zugutekommt. Neben den *registrable dispositions* besteht noch eine weitere Auffangkategorie von *minor interests*, hinsichtlich derer kein Eintragungserfordernis für die Wirksamkeit von Verfügungen besteht und die generell als weniger wichtig angesehen werden. *Minor interests* sind häufig nur Rechte *in equity* wie ein *estate contract* oder ein *restrictive convenant. Minor interests* können als Belastungen im *Charges Register* eines *free-* oder *leasehold* eingetragen werden.

Anders als bei einer *registrable disposition* beinhaltet die Eintragung eines *minor interest* keine positive Publizität. Dies stellt sec. 32 (3) des *Land Registration Act 2002* ausdrücklich klar. Die Eintragung schützt lediglich den Rang des eingetragenen *minor interest* gegenüber einer späteren Verfügung gemäß sec. 29 oder sec. 30. Die durch sec. 29 und sec. 30 bewirkte negative Publizität des Registers wird im folgenden Kapitel dargestellt. Im Hinblick auf die positive Publizität des Registers hinsichtlich *minor interests* reicht hier die Feststellung, dass die Eintragung eines *minor interest* zu keinerlei positiver Publizitätswirkung des Registers im Hinblick auf dieses Recht führt. Es schützt vielmehr nur vor einer Verdrängung durch spätere entgeltliche Verfügungen.

Selbst eine irrtümliche Registereintragung eines *minor interests*, beispielsweise einer kurzen und damit nicht registerfähigen *lease*, dürfte nicht zu einer Garantiewirkung des Registers führen. Eine solche Eintragung wäre nämlich nur unter Verstoß gegen die Eintragungsregelungen in *Schedule 2* möglich. Sie würde demnach gemäß sec. 58(2) *Land Registration Act 2002* das Register ausnahmsweise keine Garantiewirkung entfalten.

III) Zwischenergebnis

Demnach lässt sich zur positiven Publizität des Registers ein klares Zwischenergebnis feststellen. Hinsichtlich der Rechte, die in die Kategorie der *registrable dispositions* fallen, bewirkt die Eintragung in das Register, dass diese Rechte auch materiell-rechtlich dem im Register aufgeführten Berechtigten zustehen, sodass hier eine positive Publizität besteht. Hinsichtlich der übrigen dinglichen Rechte, also der *minor interests*, entfaltet eine Eintragung im Register keine positive Publizität. Auch die durch sec. 58(1) *Land Registration Act 2002* bewirkte positive Publizität gilt jedoch immer nur für die Gegenwart und nicht für die Zukunft. Wie in Kapitel H dargelegt werden wird, enthält *Schedule 4* des *Land Registration Act 2002* weitgehende Registerberichtigungsmöglichkeiten, sodass fraglich ist, ob überhaupt von einer positiven Registerpublizität nach deutschem Verständnis gesprochen werden kann. Hinzu kommt, dass die Inhaltsänderung und Aufgabe von Grundstücksrechten keine Verfügungen sind, deren Wirksamkeit eine Eintragung im Liegenschaftsregister erfordert. Daher ist selbst die gegenwärtige Garantiewirkung des Registers zweifelhaft. Dingliche Rechte können nämlich auch *at law* aufgehoben werden, ohne dass dies im Register vermerkt werden muss. Die Einschränkung der Garantiewirkung, die sich durch das Fehlen einer Eintragungspflicht einer Rechtsaufgabe oder Inhaltsänderung ergibt, hat in der englischen Rechtswissenschaft allerdings bisher kaum Beachtung gefunden. Letztlich dürfte sich die Garantiewirkung auch hier auf mögliche Ansprüche auf Schadensersatz nach *Schedule 8 Land Registration Act 2002* beschränken.

G) Negative Publizität und Lastenfreiheit

Das Gegenstück zur positiven Publizität ist die negative Publizität. Die Frage nach der negativen Publizität des englischen Liegenschaftsregisters kann in zwei Gesichtspunkte aufgeteilt werden, von denen nur der zweite in der englischen Literatur bisher vermehrt Aufmerksamkeit erfahren hat. Zunächst stellt sich die Frage, ob und inwiefern sich die Löschung von Grundstücksrechten aus dem Register auf die materiellrechtliche Existenz dieser Rechte auswirkt. Weder in der englischen Rechtsprechung noch in der englischen Literatur findet sich dazu eine vertiefte Auseinandersetzung. Umso intensiver haben sich die Gerichte und die Lehre dagegen mit dem zweiten Teilaspekt der negativen Publizität befasst, der Möglichkeit des lastenfreien Erwerbs.

Im BGB ist die negative Publizität des Grundbuchs in § 891 Abs. 2 BGB i.V.m. §§ 892, 893 BGB geregelt. Ist ein eingetragenes Recht gelöscht, so wird vermutet, dass dieses nicht besteht, § 891 Abs. 2 BGB. Auch hier darf sich der gutgläubige Erwerber gemäß §§ 892, 893 BGB auf den Grundbuchinhalt verlassen, sodass er frei von nicht eingetragenen Belastungen erwerben kann. Im deutschen Recht gelten somit für die negative Publizität des Grundbuchs die gleichen Regeln wie für die positive Publizität. Die Löschung an sich führt zu keinem Rechtsverlust, dieser wird lediglich vermutet, da nach deutschem Recht eine Grundbuchänderung für sich gesehen noch nicht zu einer Änderung der materiellen Rechtslage führt.

I) Wirkung der Löschung dinglicher Rechte

1) *Registered dispositions*

Während im deutschen Recht parallel zu der Publizitätswirkung der Eintragung eines Grundstücksrechts in § 891 Abs. 2 BGB auch die Vermutungswirkung der Löschung gesetzlich geregelt ist, befasst sich der *Land Registration Act 2002* nicht mit der Wirkung oder Publizitätswirkung der Löschung von dinglichen Rechten im *Land Register*. Sec. 58(1) *Land Registration Act 2002* spricht ausdrücklich nur von der *entry*, also der Eintragung dinglicher Rechte. Die Löschung dinglicher Rechte regelt diese Norm dagegen nicht. Deshalb stellt sich die Frage, ob analog sec. 58(1) *Land*

Registration Act 2002 auch die Löschung dinglicher Rechte aus dem Register Gestaltungswirkung hat. Dies hätte zur Folge, dass mit der Löschung eines Rechts aus dem Register dieses automatisch auch materiell-rechtlich erlischt.

Zwei Möglichkeiten sind denkbar: zum einen könnte man sec. 58(1) *Land Registration Act 2002* als generelle Bindung der materiellen Rechtslage an die Registerlage verstehen, sodass eine Löschung eines Rechts aus dem Register auch immer dessen Erlöschen *at law* bedeutet. Zum anderen könnte man aber auch streng an dem Wortlaut orientiert feststellen, dass sec. 58(1) *Land Registration Act 2002* gerade keine solche Wirkung der Löschung einer Eintragung festlegt, sodass die Löschung eines Rechtes aus dem Register keine Auswirkung auf die Existenz des gelöschten Rechts hat.

Das englische Rechtssystem arbeitet nicht mit umfassenden Kodifikationen wie dem BGB, sondern es gibt nur einzelne Parlamentsgesetze, die das bestehende System immer nur partiell modifizieren. Dies gilt auch für den *Land Registration Act 2002* und seinen Vorgänger den *Land Registration Act 1925*. Sec. 58(1) *Land Registration Act 2002* und sec. 69 *Land Registration Act 1925* veränderten das englische Immobilienrecht, indem *estates at law* nun durch bloße Eintragung im Register entstehen. Da der Wortlaut von sec. 58(1) *Land Registration Act 2002* Löschungen nicht erwähnt, könnte man davon ausgehen, dass keine im Hinblick auf Löschungen parallele Modifizierung der Rechtslage normiert werden sollte. Demzufolge hätte die Löschung eines dinglichen Rechts aus dem Register keine rechtsgestaltende Wirkung.

Äußerungen mit Präzedenzwirkung in der Rechtsprechung zu der Wirkung einer Löschung aus dem Register hat es bisher nicht gegeben. Auch in der Literatur wird dieses Thema ausgesprochen stiefmütterlich behandelt. In den Stellungnahmen der *Law Commission* zum *Land Registration Act 2002* und zum gegenwärtigen Reformprozess ist es überhaupt nicht erwähnt. Aus einigen nicht entscheidungsrelevanten Bemerkungen von *Underhill LJ* in *MacLeod v Goldharp Properties*[236] lässt sich jedoch herauslesen, dass er nicht von einem vollständigen Erlöschen des Rechts mit dessen Löschung aus dem Register ausgeht.

In dieser Entscheidung ging es um die Frage, ob es möglich ist, den Rang von eingetragenen Belastungen zu korrigieren, indem eine irrtümlich gelöschte Belastung mit ihrem ursprünglichen Rang wieder in das Register eingetragen wird. Die Argumentation der Parteien und folglich

236 [2014] EWCA Civ 1084.

die Erwägungen des Gerichts[237] bezogen sich auf die Reichweite der Korrekturmöglichkeiten aus *Schedule 4*, die im nächsten Kapitel näher besprochen werden. Zu Beginn der Urteilsbegründung merkte *Underhill LJ* jedoch an, dass es seiner Meinung nach richtiger gewesen wäre, wenn sich die Kläger auf die Prioritätsregeln des *Land Registration Act 2002* berufen hätten. Die irrtümlich gelöschte Belastung existiere weiterhin. Letzlich sei nur fraglich, ob ihr die später eingetragenen Belastungen nun vorgingen.[238] Demzufolge geht *Underhill LJ* davon aus, dass die Löschung der *lease* sie nicht hat erlöschen lassen, oder, allgemeiner formuliert, dass eine Löschung eines eingetragenen Rechts nicht zum Erlöschen dieses Rechts führt. Dies würde bedeuten, dass die materielle Rechtslage nur teilweise durch die Registerlage bestimmt wird. Hinsichtlich der positiven Existenz eines Rechtes und hinsichtlich des *at law* Berechtigten wäre das Register maßgeblich. Die Nichtexistenz eines Rechtes könnte dagegen dem Register nicht entnommen werden.

Amy Goymour geht dagegen in einer Besprechung der Entscheidung davon aus, dass die Löschung aus dem Register auch zum Erlöschen des Rechtes *at law* führt und dieses lediglich *in equity* bestehen bleiben würde.[239] Dies hält sie jedoch nur für „*likely*", begründet ihre Ansicht aber leider nicht weiter, sondern zitiert lediglich sec. *27* und sec. *58 Land Registration Act 2002* als Beleg. *Underhill LJ*'s *obiter dictum* versteht *Goymour* in dem Sinne, dass *Underhill LJ* nur das Fortbestehen der *leases in equity*, aber nicht *at law* meint. Tatsächlich lässt sich den recht kurz gefassten Bemerkungen von *Underhill LJ* zu diesem Thema nicht eindeutig entnehmen, ob er davon ausgeht, die *lease* bestehe *at law* oder nur *in equity* fort. Nach den vorhin erwähnten Prioritätsregeln wäre ein Fortbestehen auf der *Equity*-Ebene jedenfalls ausreichend. Bedenkt man, dass das Register nach dem Willen des Gesetzgebers „*a complete and accurate reflection of the title*" sein soll, könnte man den *Land Registration Act 2002* auch so auslegen, dass eine Löschung zwingend zu einem Erlöschen auf der *Law*-Ebene führt. Sofern der Löschung im Register aber keine materiell-rechtliche Aufhebung gegenübersteht, bliebe das gelöschte Recht auf der *Equity*-Ebene bestehen.

---

237 Anders im deutschen Zivilprozess gilt im englischen Zivilprozess der Beibringungsgrundsatz grundsätzlich auch für die rechtlichen Aspekte eines Rechtsstreits.

238 Vgl. Abschnitt 34 der Entscheidungsgründe.

239 *Goymour*, (2015) Conv 253, 263; ähnlich auch *Goymour/Hickey*, in: Goymour/Watterson/Dixon, New Perspectives on Land Registration, 2017, S. 90.

Dieser Auslegung könnten jedoch wiederum andere systematische Erwägungen entgegenstehen. Wie im vorangegangenen Kapitel eingehend im Zusammenhang mit der *Malory*-Entscheidung besprochen, besteht grundsätzlich kein separater *title* auf der *Equity*-Ebene, sondern er ist Teil des *legal title*. Dementsprechend stellt sich auch hier, in Umkehrung der Kritik an *Malory*, die Frage, warum durch eine bloße nichtgerechtfertigte Löschung eine *equitable lease* entstehen soll. In dem konkreten Sachverhalt von *Gold Harp* waren diejenigen, die die Löschung der *lease* bewirkten, offensichtlich Betrüger, sodass hier sogar die Voraussetzungen für einen *constructive trust* erfüllt sein könnten. Die Unredlichkeit der Beteiligten wird von *Underhill LJ* in diesem Zusammenhang jedoch nicht erwähnt und, wäre sie ein Faktor bei der Annahme einer *equitable lease* gewesen, könnten die Bemerkungen von *Underhill LJ* so nicht für alle Fälle ungerechtfertigter Löschungen verallgemeinert werden.

Lees[240] schlägt neben einer *equitable lease*, auch das später noch näher besprochene *right to rectify* als potentielle Folge einer ungerechtfertigten Löschung[241] vor. Er kritisiert gleichzeitig treffend, dass das Gericht in *Gold Harp* sich zu wenig mit den *„mechanics behind the decision"*, mi dem genauen dogmatischen Weg zu einem bestimmten rechtlichen Ergebnis, auseinandersetzt. Diese Kritik von *Lees* ist sehr treffend, aber leider ist sie mit dieser Sichtweise in der englischen Literatur in der Minderheit.

Im Ergebnis ist wohl nicht klar, was die Rechtsfolgen einer ungerechtfertigten Löschung sind. Zumindest besteht Einigkeit darüber, dass dem Berechtigten nach der ungerechtfertigten Registerlöschung etwas verbleibt.[242] Insgesamt scheinen sich die Autoren des *Land Registration Act 2002* wesentlich mehr Gedanken über die Gewährung und Übertragung von dinglichen Rechten an Grundstücken gemacht zu haben als über deren Aufgabe und Löschung.

2) *Minor interests*

Die Eintragung eines Hinweises auf einen *minor interest* im Register entfaltet gemäß sec. 32(3) *Land Registration Act 2002* keine rechtsgestaltende

---

240 *Lees*, in: Goymour/Watterson/Dixon, New Perspectives on Land Registration, 2017, S. 110.

241 Ähnlich auch *Goymour*, (2015) Conv 253, 265; *Lees*, (2015) MLR 349, 369.

242 So ausdrücklich *Lees*, in: Goymour/Watterson/Dixon, New Perspectives on Land Registration, 2017, S. 110.

Wirkung. Dementsprechend führt auch die Löschung des Hinweises nicht zu dessen Erlöschen. Das Recht besteht stattdessen ungeachtet seiner Erwähnung oder Nichterwähnung im Register.

II) Lastenfreier Erwerb

Nur in den seltensten Fällen ist der *estate* an einem Grundstück vollkommen unbelastet. Vielmehr bestehen oft Grundpfandrechte (*charges*), Dienstbarkeiten (*easements*) und *leases*. Diese abgeleiteten Rechte können den Wert des Grundstücks erheblich beeinflussen. Daher interessiert es Erwerber sehr, welche Rechte Dritter ihnen gegenüber wirksam sind. Die Frage, inwiefern der Erwerber sich darauf verlassen kann, dass er nur an diejenigen Rechte Dritter gebunden ist, die aus dem Register ersichtlich sind, hat im Gegensatz zu der Wirkung der Löschung von Rechten aus dem Register viel Aufmerksamkeit in der englischen Literatur erfahren.

Im Zusammenhang mit Fragen der Lastenfreiheit treten einige bereits im dritten Kapitel vorgestellte Besonderheiten des *Common Law* besonders stark in den Vordergrund. Während in der römisch-rechtlichen Tradition das Eigentum als monistisch verstanden wird, sieht der *common lawyer* dingliche Rechte immer in ihrem Verhältnis zu anderen Rechten.[243] *Property rights* zeichnen sich dadurch aus, dass sie auch gegenüber Dritten durchgesetzt werden können.[244] Darum stellt der englische Jurist sich traditionell nicht die Frage, wer Eigentümer ist, sondern wer in einem Rechtsstreit das bessere dingliche Recht hat.[245] Nach dieser Denkweise geht es nicht darum der absolute Eigentümer zu sein; vielmehr ist es ausreichend, einen besseren *title* als der Gegner zu haben.[246] Dabei ist grundsätzlich die zeitliche Priorität maßgeblich. Diese *relativity of title* genannte Herangehensweise spiegelt sich auch im Wortlaut der Belastungsregelungen des *Land Registration Act 2002* wider. Sie beantworten nicht die *Civil Law* Frage nach der Existenz einer Belastung, sondern die *Common Law* Frage, welches Recht Vorrang, *priority*, hat.

---

243 *Cooke*, The New Law of Land Registration, 2003, S. 3–4; *Fox*, (2006) CLJ 330, 334 ff, *Bridge/Cooke/Dixon*, Megarry & Wade: The Law of Real Property, 9. Auflage, 2019, Rn 7–008.

244 *Smith*, Property Law, 10. Auflage 2020, S. 12.

245 *Bridge/Cooke/Dixon*, Megarry & Wade: The Law of Real Property, 9. Auflage, 2019, Rn 7–008.

246 *Ocean Estates v Pinder* [1969] 2 AC 19; *Smith*, Property Law, 10. Auflage 2020, S. 52.

Selbstverständlich kennt auch das deutsche Recht Rangregelungen. Aus der Sicht eines deutschen Sachenrechtlers spielen sie im Hinblick auf die Publizität des Grundbuchs anders als in wirtschaftlicher Hinsicht jedoch eine untergeordnete Rolle. Zunächst geht es bei der Lastenfreiheit um die Frage, ob ein Recht überhaupt noch existiert, und im zweiten Denkschritt darum, welchen Rang dieses hat.

1) Grundregel in sec. 28 *Land Registration Act 2002*: zeitliche Priorität

Das Rangverhältnis dinglicher Rechte ist in sec. 28, 29 und 30 *Land Registration Act 2002* sowie in *Schedule 3* geregelt, wobei sec. 28 *Land Registration Act 2002* die Grundregel enthält, von der in sec. 29/30 *Land Registration Act 2002* für entgeltlichen Erwerb eine Ausnahme gemacht wird. Sec. 29(2) *Land Registration Act 2002* bzw. sec. 30(2) *Land Registration Act 2002* enthalten Gegenausnahmen zu sec. 29(1) *Land Registration Act 2002* und 30(1) *Land Registration Act 2002*.

Gemäß sec. 28 *Land Registration Act 2002* wird das Rangverhältnis einzelner *interests* von einer *disposition* nicht beeinflusst. Demnach ist die Ausgangsposition im *Land Registration Act 2002* dieselbe wie nach traditionellen *Common Law*-Regeln: der Erwerber erhält das Grundstücksrecht mit allen zum Zeitpunkt der *disposition* bestehenden Belastungen. Maßgeblich für das Rangverhältnis ist die zeitliche Priorität. Ausdrücklich stellt sec. 28(2) *Land Registration Act 2002* klar, dass es keinen Unterschied macht, ob die Belastungen eingetragen sind. Demzufolge entfaltet das Register bei unentgeltlichen Verfügungen gemäß sec. 28 *Land Registration Act 2002* keine negative Publizitätswirkung hinsichtlich der Lastenfreiheit eines Erwerbs.

2) Ausnahme in sec. 29/30 *Land Registration Act 2002*: partielle negative Publizität des Registers

In der Praxis wird sec. 28 *Land Registration Act 2002* meist von den Regeln für entgeltlichen Erwerb in sec. 29 und 30 *Land Registration Act 2002* verdrängt. Diese gelten für alle Fälle der *disposition for valuable consideration*. Damit eine *valuable consideration* vorliegt, muss die Gegenleistung zwar nicht unbedingt wirtschaftlich angemessen, darf aber auch nicht vollkommen unerheblich sein.[247] Da die meisten Verfügungen nicht unentgeltlich sind, regeln die Ausnahmetatbestände in sec. 29 und 30 *Land Registration Act 2002* letztlich den Standardfall, während sec. 28 *Land Registration Act 2002* nur bei unentgeltlichem Erwerb anzuwenden ist.

Während das Register für einen *volunteer*[248] keine negative Publizitätswirkung entfaltet, bieten sec. 29 und 30 *Land Registration Act 2002* für den entgeltlichen Erwerber eines *registered estate* oder *registered charge* zumindest partielle negative Registerpublizität, die in vielen Konstellationen lastenfreien Erwerb ermöglicht.

Der Wortlaut von sec. 29 und sec. 30 *Land Registration Act 2002* ist fast identisch. Sec. 29 *Land Registration Act 2002* legt die *priorities* für die *disposition* eines *registered estates* fest, während sich die speziellere Vorschrift des sec. 30 *Land Registration Act 2002* nur auf *registered charges* bezieht. *Registered estates* sind in sec. 132(1) *Land Registration Act 2002* als alle *legal estates*, die keine *registered charges* sind, legaldefiniert;[249] der Begriff umfasst also neben *freeholds* und *leaseholds* auch *legal easements*, *rentcharges* und *rights of entry*. Ein *registered charge* ist ein Grundpfandrecht: *any mortgage, charge or lien for securing money or money's worth*.[250] Mit der Behandlung der *registered estates* und *registered charges* in zwei unterschiedlichen Normen und der Ausnahme für *registered charges* von der Definition der *registered estates* wurde es dem Gesetzgeber leichter gemacht, Sonderregelungen für Grundpfandrechte zu schaffen.[251] Diese Sonderregelungen beruhen unter anderem auf der Überlegung, dass das Interesse des Inhabers eines *registered charge* rein finanzieller Natur sei. Er sei daher weniger schützenswert angesehen als die Inhaber anderer Grundstücksrechte. Aus diesem

247 sec. 132(1) *Land Registration Act 2002*; die genauen Anforderungen an eine unter sec. 29/30 fallende Gegenleistung sind unklar, was auch von der *Law Commission* in ihrem *Consultation Paper* sowie ihrem neusten *Report* zum Registerrecht thematisiert wird, s. *Law Commission*, No. 227, Updating the Land Registration Act 2002: A Consultation Paper, 2016, Rn 7.6 ff; *Law Commission*, No. 380, Updating the Land Registration Act 2002, 2018, Rn 7.9 ff..

248 Wie bereits erläutert ist ein *volunteer* im englischen Sachenrecht kein Freiwilliger, sondern ein unentgeltlicher Erwerber.

249 Die Definition in sec.132(1) verweist auf die Definition im *Law of Property Act 1925*, wo legal estates in sec. 205(1)(x) als „*the estates, interests and charges, in or over land (subsisting or created at law) which are by this Act authorised to subsist or to be created as legal estates*" definiert sind. Diese Definition verweist daher wiederum auf die Regelungen in sec. 1 des *Law of Property Act 1925*, wo der Gesetzgeber festgelegt hat, welche Rechte noch *at law* bestehen können.

250 Sec. 132(1), *Land Registration Act 2002*.

251 *Cooke*, The New Law of Land Registration, 2003, S. 70, Fn 2.

Grunde enthalten insbesondere die Normen zur Registerkorrektur in *Schedule 4* abweichende Regelungen für *registered charges*.[252] Da jedoch sec. 29 und 30 *Land Registration Act 2002* weitestgehend gleichlauten,[253] wird im Folgenden der lastenfreie Erwerb von *registered estates* und *registered charges* zusammen besprochen. Auf sec. 30 *Land Registration Act 2002* wird nur insofern eingegangen, als dessen Inhalt von sec. 29 *Land Registration Act 2002* abweicht.

Sec. 29(1) *Land Registration Act 2002* lautet:

> „*If a registrable disposition of a registered estate is made for valuable consideration, completion of the disposition by registration has the effect of postponing to the interest under the disposition any interest affecting the estate immediately before the disposition whose priority is not protected at the time of registration.*"

Auf Tatbestandsebene können folgende Elemente identifiziert werden: es muss eine *registrable disposition* eines *registered estate* vorliegen, die Verfügung muss *for valuable consideration* und sie muss *completed by registration* sein.

3) *Registrable disposition of a registered estate*

Die Begriffe *registrable disposition* und *registrable estate* wurden bereits vorstehend in Kapitel D erläutert. Aufgrund der Begrenzung der Wirkung von sec. 29 und 30 *Land Registration Act 2002* auf *registrable dispositions* von *registrable estates* beziehungsweise *registrable charges* können nicht alle dinglichen Rechte lastenfrei erworben werden, sondern nur solche, bei denen die Verfügung unter sec. 27 *Land Registration Act 2002* fällt und somit eine *registrable disposition* darstellt. Im Rahmen der letzten Reformdiskussion wurde auch erwogen, die Wirkung von sec. 29 *Land Registration Act 2002* auf nichtregistrierbare Rechte auszudehnen, die aber durch einen Hinweis im Register geschützt werden können.[254] Dieser Vorschlag wurde

---

252 So gelten die Regeln des besonderen Besitzerschutzes in para. 6(2), *Schedule 4* für einen Inhaber eines *registered charge* nicht.

253 sec. 29(4) erweitert die Publizitätswirkung des Registers auf die *disposition* von kurzen, nicht eintragungsfähigen *leases*. Logischerweise enthält sec. 30 keine solche Regelung, sich sec. 30 auf die Übertragung von *charges* bezieht und demzufolge auf die Übertragung kurzer *leases* nicht anwendbar ist.

254 S. *Law Commission*, No. 380, Updating the Land Registration Act 2002, 2018, Rn 6.1 ff.

letztlich von der Mehrheit der Literaturstimmen abgelehnt und hat keinen Eingang in den Reformvorschlag der *Law Commission* aus dem Jahre 2018 gefunden.

4) *Valuable consideration*

Valuable consideration wird im *Land Registration Act 2002* nicht legaldefiniert, sec. 132(1) *Land Registration Act 2002* stellt jedoch zumindest klar, dass der Begriff *marriage consideration* und *nominal consideration in money* nicht umfasst. *Consideration* ist im englischen Vertragsrecht die Gegenleistung, ohne die ein Vertrag unwirksam ist.[255] Dies ist eine der bekanntesten Besonderheiten des englischen Vertragsrechts. Für das Vorliegen von *consideration* ist nach allgemeinen vertragsrechtlichen Prinzipien keine wirtschaftlich angemessene Gegenleistung erforderlich, solange die versprochene Gegenleistung irgendeinen wirtschaftlichen Wert hat. Selbst ein Pfefferkorn würde nach ganz herrschender Ansicht als *consideration* ausreichen.[256]

Der Zusatz *valuable* in Verbindung mit der Klarstellung in sec. 132(1) lässt vermuten, dass im Rahmen von sec. 29 und 30 *Land Registration Act 2002* strengere Anforderungen an die Werthaltigkeit gestellt werden als im allgemeinen Vertragsrecht und das berühmte Pfefferkorn nicht ausreichen würde.[257] Wo genau jedoch die Grenze zur *valuable consideration* zu ziehen ist, lässt der Wortlaut des *Land Registration Act 2002* offen. Diese Frage wurde auch von der Rechtsprechung bisher nicht beantwortet.

In ihrem 2018er Report zur Reform des *Land Registration Act 2002* setzt sich die *Law Commission* mit dem Begriff der *valuable consideration* auseinander. Sie stellt ebenfalls fest, dass eine praxistaugliche Begriffsbestimmung bisher nicht vorliegt.[258] Die Ausführungen der *Law Commission* zeigen, wie unterschiedlich der Begriff *valuable consideration* verstanden

---

255 Ausgenommen sind Verträge, die in einer *deed* gefasst sind. Solche Verträge sind auch ohne *consideration* wirksam.

256 *Chapelle & Co Ltd v Green* [1981] AC 87, 114.

257 In manchen Reaktionen auf das *Consultation Paper* von 2016 wurde sogar ein Pfefferkorn als *valuable consideration* gesehen, *Law Commission*, No. 380, Updating the Land Registration Act 2002, 2018, Rn 7.58 ff. Diese Ansicht erscheint verfehlt, da demnach kaum etwas nicht als *valuable consideration* angesehen werden könnte. *Law Commission*, No. 380, Updating the Land Registration Act 2002, 2018, Rn 7.58 ff.

258 *Law Commission*, No. 380 Updating the Land Registration Act 2002, 2018, Kapitel 7.

werden kann. Sie möchte nämlich einerseits auch den Begriff des *value* der *Equity* in die Begriffbestimmung einbezogen sehen möchte. Andererseits will sie nicht einmal ausschließen, dass auch ein Pfefferkorn unter bestimmten Umständen ausreichend wäre. Letztlich lehnt sie eine genauere Definition im Gesetzestext jedoch ab und möchte die weitere Klärung der Rechtsprechung überlassen.[259]

Die *Law Commission* schlägt lediglich vor, den Passus *or a nominal consideration in money* aus der negativen Legaldefinition in sec. 132(1) *Land Registration Act 2002* zu streichen.[260] Auch kleine Geldbeträge seien werthaltig, sodass der Ausschluss von *nominal consideration in money* widersprüchlich sei. Zudem sei kein Grund ersichtlich, weshalb *nominal consideration* in Geld, aber nicht andere Formen einer bloßen *pro forma*-Gegenleistung keine *valuable consideration* sein könnten.

Im Rahmen des Reformprojekts wurde auch erwogen, ob der *Land Registration Act 2002* klarstellende Regelungen dazu enthalten sollte, ob *indemnity covenants*, *reverse premiums*, *interests with negative value* und die oben erwähnten Pfefferkörner für *consideration* im Sinne des Registerrechts ausreichend seien. Grundsätzlich hält die *Law Commission* dies in allen vier besprochenen Fallgruppen für denkbar, hinsichtlich der Detailfragen möchte sie hier jedoch der Rechtsprechung den Vortritt lassen.[261]

Letztlich trägt auch die neue Fassung von sec. 132(1) *Land Registration Act 2002* nur wenig zur Auflösung der Unklarheiten um den Begriff *valuable consideration* bei. Da die *Law Commission* sich noch nicht einmal zu der Aussage durchringen konnte, dass ein Pfefferkorn keine *valuable consideration* ist, bleibt es fraglich, ob sich der Begriff *valuable consideration* nennenswert von der *consideration* des Vertragsrechts unterscheidet.

Die Beweislast, dass *valuable consideration* vorliegt, liegt beim Erwerber, der sich auf die Wirkung von sec. 29 und 30 *Land Registration Act 2002* beruft.[262]

---

259 *Law Commission*, No. 380, Updating the Land Registration Act 2002, 2018, Rn 7.40.

260 *Law Commission*, No. 380, Updating the Land Registration Act 2002, 2018, Rn 7.68 ff.

261 *Law Commission*, No. 380, Updating the Land Registration Act 2002, 2018, Rn 7.42 ff.

262 *Halifax Plc v Curry Popeck*, [2008] EWHC 1692, Rn 46.

5) *Completed by registration*

Des Weiteren muss die Verfügung auch im Register eingetragen sein. Ohne Eintragung wird die Schutzwirkung des Registers nicht ausgelöst. Interessant ist hier die Wortwahl des Gesetzgebers. Die *registration* ist keine Tatbestandsvoraussetzung für eine *disposition*, sondern von ihr unabhängig und löst lediglich die Rechtsfolge der *priority provisions* aus. Noch deutlicher wird dies in sec. 27(1) *Land Registration Act 2002*: „*If a disposition of a registered estate or regisistered charge is required to be completed by registration...*". Wie sich in Kapitel E gezeigt hatte, wird aus Sicht eines traditionellen englischen Sachenrechtlers eigentlich schon mit der Erstellung der Übertragungsurkunde verfügt. Mit der Eintragung im Register wird die schon vollendete Verfügung lediglich der besonderen Wirkung der Registereintragung unterstellt.

6) Kein Gutglaubenserfordernis

Auffällig aus rechtsvergleichender Sicht ist, dass der Wortlaut von sec. 29 und 30 *Land Registration Act 2002* keine Gutgläubigkeit des Erwerbers für den lastenfreien Erwerb eines *registrable estate* beziehungsweise eines *registrable charge* erfordert. Im deutschen Immobilienrecht besteht dagegen entsprechend § 892 Abs. 1 S. BGB nur bei Gutgläubigkeit des Erwerbers die Möglichkeit, sich auf die Nichteintragung von dinglichen Rechten zu berufen. Bekanntermaßen sind die Anforderungen, die das deutsche Recht an die Annahme der fehlenden Gutgläubigkeit des Erwerbers stellt, sehr hoch, sodass die damit verbundene Einschränkung der Publizitätswirkung des Grundbuchs gering ist. Ausschließlich positive Kenntnis der Unrichtigkeit des Grundbuchs verhindert nach deutschem Recht den lastenfreien Erwerb.

Das englische Recht geht hier noch einen Schritt weiter und ermöglicht den lastenfreien Erwerb auch bei positiver Kenntnis der Existenz von nichteingetragenen Rechten. Diese Unabhängigkeit der Prioritätsregeln in sec. 29 und sec. 30 *Land Registration Act 2002* von einer möglichen Kenntnis des Erwerbers hat die *Law Commission* in ihren Veröffentlichungen zum *Land Registration Act 2002* noch einmal ausdrücklich betont.[263]

263 *Law Commission*, No. 254, Land Registration Registration for the Twenty-First Century: A Consultative Document, 1998, Rn 3.44 ff.; *Law Commission*, No. 271,

Diese Klarstellung durch die *Law Commission* war erforderlich, da im Hinblick auf den *Land Registration Act 1925* in Literatur und Rechtsprechung umstritten war, ob sich die Kenntnis eines Erwerbers auf die Möglichkeit des lastenfreien Erwerbs auswirken sollte.[264] In der kontrovers diskutierten Entscheidung *Peffer v Rigg* wurde einem Erwerber der lastenfreie Erwerb wegen seiner Bösgläubigkeit versagt.[265] Das Gericht stützte sich maßgeblich auf sec. 3(xxi) *Land Registration Act 1925*, welche den Begriff des Erwerbers als gutgläubigen Erwerber legaldefiniert und damit Gutgläubigkeit für lastenfreien Erwerb vorauszusetzen scheint.[266] Das Gericht vernachlässigt jedoch sec. 59(6) *Land Registration Act 1925*, welche die Kenntnis entgegenstehender Rechte für unbeachtlich erklärt.[267]

Da diese Normen nicht in den *Land Registration Act 2002* übernommen wurden und sich die *Law Commission* mittlerweile sehr eindeutig zur Auslegung des *Land Registration Act 2002* positioniert hat, muss der Widerspruch zwischen sec. 3 und sec. 59(6) *Land Registration Act 1925* hier nicht aufgelöst werden. Generell kann jedoch angemerkt werden, dass *Peffer v Rigg* als unvereinbar mit den Prinzipien des englischen Registerrechts in der Literatur[268] kritisiert wurde und in einer kurz darauffolgenden *House of Lords*-Entscheidung sich dieses vehement gegen ein Gutglaubenserfordernis für lastenfreien Erwerb ausgesprochen hat.[269]

Demnach schien auch unter dem *Land Registration Act 1925* die herrschende Ansicht in Literatur und Rechtsprechung ein Gutgläubigkeitserfordernis für lastenfreien Erwerb abzulehnen. Wieso dieser einen Erwerber in sec. 3 *Land Registration Act 1925* als *„purchaser in good faith for valuable consideration“* definiert, ist unklar und wurde von der *Law Commission* im

---

Land Registration for the Twenty-First Centry: A Conveyancing Revolution, 2001, Rn 5.16ff.

264 *Martin*, (1978) Conv 52; *Thompson*, (1985) CLJ 280; *Battersby*, (1995) MLR 637; *Smith* in: *Jackson/Wilde*, The Reform of Property Law, 1997, S. 129; *Bright*, (2000) Conv 398; *McFarlane*, (2004) LQR 667; *Cooke/O'Connor*, (2004) LQR 640.

265 [1977] 1 WLR 285, 293.

266 *„'Purchaser' means a puchaser in good faith for valuable consideration…“*

267 *„Subject to the provisions of this Act…a purchaser acquiring title under a registered disposition, shall not be concerned with any pending action, writ, order, deed of arrangement, or other document,, matter, or claim…which is not protected by a caution or other entry on the register, whether he has or has not notice thereof, epxress, implied, or constructive.“*.

268 *Jackson*, (1978) 94 LQR 239.

269 *Midland Bank Trust Co Ltd v Green*, [1981] AC 513.

Rahmen der Vorbereitung des *Land Registration Act 2002* als gesetzgeberisches Versehen („*a legislative accident*"[270]) bezeichnet.

Der Wortlaut des aktuellen *Land Registration Act 2002* geht zwar nicht ausdrücklich auf die Redlichkeit des Erwerbers im Zusammenhang mit den *priorities* ein, aber er enthält auch keine sec. 3(xxi) *Land Registration Act 1925* entsprechende Definition des Erwerberbegriffs mehr. Darüber hinaus lässt die *Law Commission* in ihrem *Report* zum *Land Registration Act 2002* keine Zweifel daran, dass ein Gutglaubenserfordernis für den lastenfreien Erwerb nicht erwünscht ist.[271] Dementsprechend kann es heute als gesichert angesehen werden, dass Gutgläubigkeit für lastenfreien Erwerb nicht erforderlich ist.

Auch im Hinblick auf den zurzeit geltenden *Land Registration Act 2002* wird noch diskutiert, ob nicht zumindest über bloße Kenntnis hinausgehende Unredlichkeit – *fraud* – einen lastenfreien Erwerb ausschließen sollte.[272] In diesem Zusammenhang werden verschiedene Optionen erwogen. In Anlehnung an die alternative – *obiter* – Urteilsbegründung[273] von *Graham J* in *Peffer v Rigg* wurde zum *Land Registration Act 1925* teilweise vertreten, dass der unredliche Erwerber durch einen *constructive trust* gebunden ist.[274] Die *Court of Appeal*-Entscheidung in *Lyus v Prowsa Developments Ltd*[275] lässt sich in ähnlichem Sinne auslegen. Wie bei *Peffer v Rigg* hat die weite Ausdehnung des *construtive trusts* in Literatur und späterer Rechtsprechung wenig Zustimmung erfahren.[276]

Interessant ist diese Debatte zum *constructive trust* auch im Zusammenhang mit der im vorherigen Kapitel erörterten Entscheidung *Malory v Cheshire Homes* und deren *overruling* in *Swift 1st*. Die in *Malory* vertretene These, dass beim Erwerb vom Nichtberechtigten der Erwerber ein *trustee* des ursprünglichen Berechtigten sei, wurde in der Literatur unter anderem mit dem Verweis auf die Redlichkeit des Erwerbers in *Malory* abgelehnt.

---

270 *Law Commission*, No. 254, Land Registration Registration for the Twenty-First Century: A Consultative Document, 1998, Rn 3.41.

271 *Law Commission*, No. 271, Land Registration for the Twenty-First Century: A Conveyancing Revolution, 2001, Rn 5.16.

272 *Cooke/O'Connor*, (2004) LQR 640, 658 ff.; *Smith*, Property Law, 10. Auflage 2020, S. 256 ff..

273 [1977] 1 WLR 285, 294.

274 *Crane*, (1977) Conv 207.

275 [1981] 1 WLR 1044.

276 Vgl. *Glister, J./Lee J.*: Hanbury&Martin, Modern Equity, 21. Aufl. 2018, Rn 12–026; *Bevan*, Land Law, 2. Aufl. 2020, S. 66–68.

Einen Schritt weiter gedacht stellt sich die Frage, wie denn ein unredlicher Erwerber zu behandeln gewesen wäre.

In diesem Zusammenhang führt die gerade besprochene Rechtsprechung zu *constructive trusts* bei bösgläubigen oder unredlichen Erwerbern weiter. Danach auch Bösgläubigkeit für sich gesehen nicht für einen *constructive trust* ausreicht, sondern ein darüber hinausgehendes Unbilligkeitselement erforderlich ist, das zu einer der von der Rechtsprechung entwickelten Fallgruppen des *construtive trust* passt.[277] Im Hinblick darauf, dass die Rechtsprechung selbst positive Kenntnis nicht für einen *construtive trust* ausreichen lassen will,[278] erscheint die Entscheidung von *Arden LJ*, bei einem gutgläubigen Erwerber einen solchen anzunehmen, umso bemerkenswerter. Die Entscheidung des *Court of Appeal* in *Swift 1st* kann auch deshalb nur begrüßt werden.

Des Weiteren wird von der *Law Commission* selbst im *Report* zum *Land Registration Act 2002* die Möglichkeit der Haftung des Erwerbers als *constructive trustee* im Rahmen des sogenannten *knowing receipt of trust property* erwähnt. Die Begrifflichkeit erweckt den Eindruck, es handle sich um sachenrechtliche Ansprüche und bis vor kurzem wurde dies auch so gesehen.[279] Im Jahre 2014 – einige Jahre nach dem eben erwähnten *Report* – stellte der *Supreme Court* jedoch klar, dass *knowing receipt* deliktische Haftung und nicht einen *constructive trust* im eigentlichen Sinne begründe.[280]

7) *Not protected at the time of registration*

Gemäß sec. 29 und 30 *Land Registration Act 2002* erwirbt ein entgeltlicher Erwerber frei von den Rechten, die nicht nach sec. 29(2) *Land Registration Act 2002* als geschützt anzusehen sind.

Sec. 29(2) *Land Registration Act 2002* sieht vier Fallgruppen von geschützten Rechten vor:

> „*For the purpose of subsection (1), the priority of an interest ist protected* –
>
> *(a) in any case, if the interest* –

277 Vgl. *Glister, J./Lee J.*: Hanbury&Martin, 21. Aufl. 2018, Rn 12–006 ff..

278 *Midland Bank Trust Co Ltd v Green*, [1981] AC 513.

279 *Cooke/O'Connor*, (2004) LQR, 640, 658.

280 *William v Central Bank of Nigeria*, [2014] UKSC 10, Rn 9; *Lee*, (2015) LQR 39 a.A. *Watterson*, (2014) CLJ 253.

(i) is a registered charge or the subject of a notice in the register,
(ii) falls within any of the paragraphs of Schedule 3, or
(iii) appears from the register to be excepted from the effect of registration, and
(b) in the case of a disposition of a leasehold estate, if the burden of the interest is incident to the estate."

Die wichtigsten Fallgruppen sind die ersten beiden, sec. 29(2)(a)(i) und (ii) *Land Registration Act 2002*. Sec. 29(2)(a)(i) *Land Registration Act 2002* legt fest, dass ein Recht geschützt ist, wenn es im Register eingetragen oder vermerkt ist, sodass diese Normen zusammen mit sec. 29(1) *Land Registration Act 2002* die negative Publizitätswirkung des Registers bewirken. Sec. 29(2)(a)(ii) *Land Registration Act 2002* enthält die bedeutendste Einschränkung der negativen Registerpublizität, da Rechte, die unter *Schedule 3* fallen, ebenfalls als geschützt gelten, obwohl sie nicht aus dem Register ersichtlich sind. Da diese Fallgruppe auch aus rechtsvergleichender Sicht von besonderem Interesse ist, wird sie im Anschluss an die allgemeine Darstellung des Reglungssystems von sec. 29 *Land Registration Act 2002* separat behandelt.

a) Sec. 29(2)(a)(i) *Land Registration Act 2002*

Gemäß sec. 29(2)(a)(i) *Land Registration Act 2002* wird der Rang der Belastung geschützt, wenn es sich um einen *registered charge* handelt oder die Belastung *the subject of a notice in the register* ist. Diese Variante betrifft daher Belastungen, die aus dem Register ersichtlich sind.

Ein *registered charge* ist ein im Register eingetragenes Grundpfandrecht. Grundpfandrechte entstehen nach sec. 27(1), (2)(f), (3) *Land Registration Act 2002 at law* erst mit Eintragung im Register. Wie bereits erläutert müssen manche beschränkte dingliche Rechte zweimal in das Register eingetragen werden. Bei Grundpfandrechten ist jedoch nur eine Eintragung erforderlich, und zwar die Eintragung des Grundpfandrechts im *Charges Register* des belasteten Rechts.[281]

The subject of a notice in the register sind solche Rechte, hinsichtlich derer ein Vermerk nach sec. 32 i *Land Registration Act 2002* m Register eingetragen ist. Unter diese Kategorie fallen zwei Sorten von Rechten. Zum einen sind dies beschränkte dingliche Rechte, die keine *registered charges* sind,

281 para. 8, *Schedule 2, Land Registration Act 2002.*

also zum Beispiel *leases*, *easements* und *rentcharges*. Diese Rechte werden erst mit der doppelten Eintragung in das Register gemäß sec. 58(2) i.V.m. *Schedule 2 Land Registration Act 2002 at law* wirksam, wobei sich ihr Rang nach der Eintragung – *notice* – im *Charges Register* des durch das beschränkte dingliche Recht belasteten Rechts bestimmt.

Eine *notice* schützt jedoch nicht nur den Rang einer *registrable disposition*. Auch der Rang von *minor interests* kann durch eine solche Eintragung gewahrt werden. Wie bereits in Kapitel D erläutert, ist *minor interests* ein Auffangbegriff für sonstige dingliche Grundstücksrechte, die weder eine *registrable disposition* noch ein *overriding interest* sind. Diese Rechte benötigen für ihre Wirksamkeit *at law* keine Registereintragung, ihr Rang ist aber nur geschützt, wenn sie im *Charges Register* des dienenden Grundstücks vermerkt sind. Ist der Rang durch eine *notice* im Register gewahrt, führt dies jedoch nicht dazu, dass das Register auch die Wirksamkeit des vermerkten Rechts garantiert, wie in sec. 32(3) *Land Registration Act 2002* klargestellt wird. Die Rechtsentstehung *qua* Eintragung ist ausschließlich bei *registrable dispositions* möglich.

Der Rang einiger besonderer in sec. 33 *Land Registration Act 2002* aufgelisteter *minor interests* kann nicht mit einem Vermerk im Register geschützt werden. Diese werden stattdessen durch eine *restriction* gesichert. Eine *restriction* nach sec. 40 und 41 *Land Registration Act 2002* hat zur Folge, dass Eintragungen im Register nur vorgenommen werden dürfen, wenn bestimmte in der *restriction* genannte Voraussetzungen erfüllt sind. Der Hauptanwendungsbereich für diesen Schutzmechanismus sind *trusts of land*, siehe sec. 33(a)(i) *Land Registration Act 2002*. Statt eines rangwahrenden Vermerks wird für den *trust of land* eine *restriction* eingetragen, die sicherstellt, dass über das Grundstück nur dann verfügt werden kann, wenn die Voraussetzungen des *overreaching* vorliegen.

Overreaching ist eine Form der gesetzlich vorgeschriebenen dinglichen Surrogation, aufgrund derer ein *trust* unter bestimmten Umständen nicht mehr auf dem belasteten Grundstücksrecht lastet, sondern auf den Verkaufserlös übergeht.[282] Sie dient dem Zweck, die Zahl der ein Grundstück belastenden *equitable interests* möglichst gering zu halten, um so die Verkehrsfähigkeit von Grundbesitz zu fördern.[283] Gemäß den *overreaching*-Vorschriften ist unter anderem der Verkauf durch zwei *trustees* oder eine *trust corporation* erforderlich. Der soll die Unterschlagung des Verkaufser-

282 sec. 2 und 27, *Law of Property Act 1925*.

283 *Bridge/Cooke/Dixon*, Megarry&Wade: The Law of Real Property, 9. Aufl. 2019, Rn 4–064.

löses, der den Berechtigten des *trust of land* zusteht, verhindert werden. Mit einer *restriction* wird ein *trust of land* geschützt, indem eine den Rang des *trusts* beeinträchtigende Veräußerung nur dann möglich ist, wenn die Voraussetzungen des *overreaching* vorliegen. Der Mechanismus des *overreaching* wird noch näher im Zusammenhang mit der Sonderkategorie der *overriding interests* dargestellt.

b) Sec. 29(2)(a)(ii) i. V. m. *Schedule 3 Land Registration Act 2002*

Wie bereits erwähnt, kennt das englische Liegenschaftsrecht eine große Zahl von Grundstücksrechten, die auch ohne Eintragung im Register gegenüber dem Erwerber wirksam sind. Diese *overriding interests* werden unten separat behandelt, nachdem zunächst der Wirkungsmechanismus von sec. 29 *Land Registration 2002* dargestellt wurde.

c) Sec. 29(2)(a)(iii) *Land Registration Act 2002*

Sec. 29(2)(a)(iii) *Land Registration Act 2002* bezieht sich auf den bereits erwähnten Sonderfall, dass die Rechtslage bei der Ersteintragung nicht vollständig geklärt werden konnte und folglich die Eintragung im Register nicht die volle Garantiewirkung entfaltet. In einem solchen Fall gelten diejenigen Rechte Dritter, die von der Garantiewirkung des Registers ausgenommen wurden, auch dann als geschützt, wenn sie nicht im Register eingetragen oder vermerkt worden sind.

d) Sec. 29(2)(b) *Land Registration Act 2002*

Sec. 29(2)(b) *Land Registration Act 2002* regelt den Sonderfall einer Verfügung über ein *lease*. Bei Vorliegen eines *leasehold* bestehen grundsätzlich beschränkte dingliche Rechte, wie *rights of entry* oder *restrictive covenants* zugunsten des Berechtigten des *freehold* oder auch höherrangigen *leasehold*, aus welchem dieses *leasehold* gewährt wurde. Wird nun über dieses *leasehold* verfügt, ist der Erwerber auch dann an die bestehenden Beschränkungen gebunden, wenn diese nicht im Register vermerkt sind.

Die Parallelregelung in sec. 30(2)(b) *Land Registration Act 2002* bezieht sich auf die Verfügung über ein Grundpfandrecht an einem *leasehold estate*.

8) Rechtsfolgen

a) Erlöschen oder nur nicht durchsetzbar? Die Bedeutung von „*postpone*"

Der Gesetzeswortlaut ist hinsichtlich der Rechtsfolgen der *special priority rule* nicht eindeutig. Mit dem Vorliegen der vier vorstehend besprochenen Tatbestandsvoraussetzungen von sec. 29(1) *Land Registration Act 2002* treten konkurrierende dingliche Rechte hinter das geschützte Recht zurück: „*has the effect of postponing to the interest under the disposition any interest affecting the estate immediately before the disposition*". Was jedoch genau unter „*postponing*" zu verstehen ist, ergibt sich weder aus dem Wortlaut der Norm noch der Gesetzessystematik.

Letztlich sind drei Auslegungsmöglichkeiten in Erwägung zu ziehen. Nach der schärfsten Interpretation von sec. 29(1) *Land Registration Act 2002* bedeutet das Greifen der *priority*-Regelungen, dass konkurrierende Rechte erlöschen. In diese Richtung scheint das Gericht in der Entscheidung *Halifax v Curry Popeck* zu tendieren, dem zufolge eine Verfügung i. S. v. sec. 29(1) Land Registration Act 2002 dazu führe, dass das übertragene Recht „saubergewischt" würde („*wipe[s] the title clean of any prior unprotected equitable interests*")[284].

Diese Interpretation lässt sich aber nur schwer mit dem Begriff „*postpone*" vereinbaren, der üblicherweise nicht mit „erlöschen", sondern mit „zurücktreten" übersetzt wird. Ein Recht, das lediglich zurücktritt, bleibt grundsätzlich bestehen. Damit wäre die Schutzwirkung der *priority*-Regeln allerdings stark eingeschränkt, da gegenüber nachfolgenden unentgeltlichen Erwerbern wiederum sec. 28 *Land Registration Act* gelten würde. Derjenige, der von einem entgeltlichen Erwerber unentgeltlich erwirbt, wäre demnach wieder dem Risiko ausgesetzt, dass Rechte bestehen, die nicht aus dem Register ersichtlich, aber die aufgrund der Unentgeltlichkeit seines Erwerbs ihm gegenüber dennoch wirksam sind.

Daher werden die Rechtsfolgen von sec. 29(1)/30(1) *Land Registration Act 2002* vor allem dann relevant, wenn nach der *registrable disposition for valuable consideration* eine Verfügung erfolgt, die nicht den Schutzmechanismus der *special priority rule* auslöst. Dies können unentgeltliche Verfügungen sein. Auch entgeltliche Verfügungen, die keine *registrable dispositions* sind, würden hierunter fallen. Denn für diese gelten weiterhin die ursprünglichen Rangregelungen des *Common Law*, also ebenfalls zeitliche Priorität wie in sec. 28 *Land Registration Act 2002*.

---

284 [2008] EWHC 1692 (Ch) Rn 49.

Für diese Sicht der Rechtsfolgen von sec. 29(1) *Land Registration Act 2002* spricht neben dem Wortlaut der Norm auch, dass die Verwendung des Begriffs „*postponing*" eine Neuerung gegenüber dem *Land Registration Act 1925* war, also vom Reformgesetzgeber bewusst gewählt wurde.[285] Wenn die Rechtsfolge von sec. 29(1) *Land Registration Act 2002* ein vollständiges Erlöschen der konkurrierenden Rechte hätte sein sollen, hätte man vermutlich den Begriff „*void*" verwendet, wie dies z.B. in sec. 52(1) *Law of Property Act 1925* geschehen ist.

Der große Nachteil dieser Sichtweise ist jedoch, dass damit das viel beschworene *curtain principle* des englischen Registerrechts eines wichtigen Teils seiner Wirkung beraubt würde. Der Käufer eines *freeholds* wäre zwar durch sec. 29(1) *Land Registration Act 2002* vor unliebsamen Überraschungen geschützt, seine Erben als unentgeltliche Erwerber wären es dagegen nicht.

Einen Mittelweg beschreitet die dritte Interpretationsmöglichkeit, die zudem auch die vom Reformgesetzgeber ursprünglich beabsichtigte Sichtweise ist.[286] Nach dieser von der *Law Commission* mittlerweile auch offiziell bevorzugten Auslegung treten konkurrierende Rechte hinter das durch die Verfügung entstehende oder übertragene Recht zurück. Dieser Rangrücktritt wirkt nicht nur einmalig im Hinblick auf die diese Wirkung auslösende Verfügung, sondern absolut im Hinblick auf das entgeltlich erworbene Recht. Dieses kann dann unentgeltlich übertragen und es kann mit beschränkten dinglichen Rechten belastet werden, ohne dass die zurückgetretenen Belastungen wiederaufleben.[287]

Dementsprechend wirkt der Schutzmechanismus von sec. 29(1) *Land Registration Act 2002* in vielen Fällen so, als ob das zurückgetretene Recht erloschen sei. Tatsächlich ist es aber nur zurückgetreten und kann weiterhin gegenüber Rechten, die nicht von dem ranggeschützten Recht abgeleitet werden, Wirkung entfalten. Das in der Praxis am häufigsten anzutreffende Beispiel ist eine registerfähige *lease*, hinter die andere, nichteingetragene Rechte zunächst zurücktreten. Wenn die *lease* aufgrund Zeitablaufs erlischt, leben die nicht eingetragenen Rechte am *freehold* wieder auf.[288]

---

285 *Dixon*, (2009) LQR 401, 405.

286 *Law Commission*, No. 380, Updating the Land Registration Act 2002, 2018, Rn 8.5.

287 Vgl. die Fallbeispiele bei *Law Commission*, 380, Updating the Land Registration Act 2002, 2018, 8.1ff.

288 *Law Commission*, No. 380, Updating the Land Registration Act 2002, 2018, Rn 8.18; *Goymour/Hickey*, in: Goymour/Watterson/Dixon, New Perspectives on Land Registration, 2017, S. 91/92.

b) *Registration Gap* – Beeinträchtigung durch Belastungen zwischen *disposition* und Antragstellung

Mit dem Stichwort *registration gap* wird in der englischen Literatur das Problem beschrieben, dass nach dem Wortlaut von sec. 29(1) *Land Registration Act 2002* dessen Wirkung erst mit der Registereintragung eintritt („*completion of the disposition by registration has the effect...*"), aber sich der Schutzmechanismus nur auf Rechte auswirkt, die schon vor der *disposition* bestanden („*...of postponing to the interest under disposition any interest affecting the estate immediately before the disposition*"). Sec. 74(2) *Land Registration Act 2002* verlagert die Wirkung der Registereintragung zwar auf den Zeitpunkt der Antragstellung vor; dennoch verbleibt ein Zeitraum zwischen *disposition* und Antragstellung, der von der Schutzwirkung der *priority*-Regeln nicht abgedeckt ist. Ein verantwortungsvoller *conveyancer* wird den Eintragungsantrag daher immer so schnell wie möglich einreichen.

Dennoch ist das Risiko, das durch eine *registration gap* entsteht, geringer, als man auf den ersten Blick annehmen möchte, da dem Erwerber ja schon der *equitable estate* zusteht und dieses gegenüber in der Zwischenperiode entstehenden Rechten *in equity* Vorrang hätte. Zudem steht dem entgeltlichen Erwerber der Schutzmechanismus des *seach with priority* zur Verfügung, der in Kapitel E vorgestellt wurde. Der *search with priority* wirkt nach sec. 72(2) *Land Registration Act 2002* für einen Zeitraum von 30 Tagen wie eine Vormerkung, mit der Folge, dass alle Eintragungen in das Register während dieses Zeitraums hinter die geschützte Verfügung zurücktreten.

Es besteht dennoch das Risiko, dass der Veräußerer selbst schädigende Handlungen vornimmt. In diesem Zusammenhang wird oft die Entscheidung *Brown & Root Technology Ltd v Sun Alliance and London Assurance co Ltd*[289] erwähnt. Hier übertrug der Veräußerer eine *lease* und übte dann vor der Registereintragung ein ihm zustehendes Aufhebungsrecht hinsichtlich der *lease* aus. Damit war die *legal lease* aufgehoben und ihre Übertragung konnte nicht mehr eingetragen werden. Im Rahmen des gegenwärtigen Reformvorhabens hat sich die *Law Commission* auch mit dem Problem der *registration gap* befasst, aber letztlich alle diesbezüglichen Vorschläge abgelehnt und eingeräumt, dass dieses Problem derzeit nicht gelöst werden

289 [2001] Ch 733.

kann.[290] Die erwogene Vorverlegung der Übertragung des *legal title* auf den Zeitpunkt der *disposition* sowie die ebenfalls vorgeschlagene Beschränkung der Verfügungsmacht des Veräußerers nach der *disposition* würden das gesamte Registersystem untergraben.[291] Letztlich setzt der Gesetzgeber seine Hoffnung in ein zukünftig komplett elektronisches Registersystem, bei dem *disposition* und Eintragung zeitlich zusammenfallen.[292]

9) Sec. 29(2)(a)(ii) i. V. m. *Schedule 3 Land Registration Act 2002 (Overriding Interests)*

Gemäß subsec. 29 (2)(a)(ii) *Land Registration Act 2002* ist der Rang derjenigen Rechte geschützt, die unter *Schedule 3* des *Land Registration Act 2002* fallen. Der *Land Registration Act 2002* bezeichnet diese Rechte als *Unregisterd Interests which Override Registered Dispositions*. Hiermit sind diejenigen Rechte gemeint, für die in Literatur und Rechtsprechung weiterhin meist der prägnantere, dem *Land Registration Act 1925* entstammende Begriff *overriding interests* verwendet wird.[293]

Overriding interests sind dingliche Rechte, die den Erwerber binden, obwohl sie nicht in das Register eingetragen und auch sonst nicht aus ihm ersichtlich sind. Im Gegensatz zum deutschen Recht kennt das englische Recht eine große Zahl formlos entstehender dinglicher Rechte an Grundstücken. Viele von ihnen gehen auf die Billigkeitsrechtsprechung der *Equity* zurück, die als Lösung für als unbefriedigend und ungerecht empfundene Ergebnisse oft einen *constructive trust* annahm.[294] Zudem legen die Regeln der *Equity* grundsätzlich sehr wenig Wert auf die Einhaltung von Formvorschriften, wie schon der *Equity*-Grundsatz *Equity regards as done what ought to be done* zeigt. Das englische Liegenschaftsrecht ist

---

290 *Law Commission*, No. 380, Updating the Land Registration Act 2002, 2018, Rn 5.175ff..

291 *Law Commission*, No. 380, Updating the Land Registration Act 2002, 2018, Rn 5.179 – 5.180.

292 *Law Commission*, No. 380, Updating the Land Registration Act 2002, 2018, Rn 5.194.

293 Bspw. von *Smith*, Property Law, 10. Aufl. 2020, S. 262; *Watterson/Goymour*, in: Goymour/Watterson/Dixon, New Perspectives on Land Registration, 2017, S. 371; *Gray/Gray*, Land Law, 7. Aufl. 2011, Rn 2–052.

294 Den Höhepunkt dieser Vorgehensweise hat das englische Recht wohl mit Lord Denning und seinem *new model constructive trust* erlebt. Seit dem Eintreten Lord Dennings in den Ruhestand, wird dieses Rechtsinstitut jedoch wieder restriktiver ausgelegt.

somit durchzogen von einer großen Zahl formlos entstehender dinglicher Rechte an einem Grundstück.[295] Viele dieser informellen *property rights* dienen dem Schutz schwächerer Personen in Konstellationen, in denen es unwahrscheinlich ist, dass deren Rechte im Register eintragen oder vermerkt werden.

Die Existenz formlos entstandener dinglicher Rechte stellt ein erhebliches Problem dar, wenn das Liegenschaftsregister die materielle Rechtslage zutreffend wiedergeben und der Nachforschungsaufwand des Erwerbers geringgehalten werden soll.[296] Darum spricht im Hinblick auf die Rechtssicherheit des Erwerbers viel dafür, nur wenige informelle, gegenüber dem Erwerber wirksame dingliche Rechte anzuerkennen. Jedoch schützen gerade diese Rechte meist Personen, von denen kaum erwartet werden kann, dass sie ihre Rechte formell im Register vermerken lassen.[297] Fänden diese Rechte keine Anerkennung, wären viele Betroffenen ohne Schutz.

Aufgrund dieses Interessenkonflikts wählt das englische Registerrecht einen Kompromiss. Einerseits war es eines der Ziele des *Land Registration Act 2002*, die *overriding interests* so weit wie möglich einzuschränken.[298] Andererseits haben seine Autoren anerkannt, dass eine vollkommene Abschaffung derselben derzeit nicht möglich ist, sodass zahlreiche Fallgruppen weiterhin geschützt werden.[299] Ausdruck dieser Zwischenlösung ist auch, dass *Schedule 3* vor allem solche *overriding interests* aufzählt, die den Erwerber nicht allzu stark belasten, wie beispielsweise die *leases* von sieben Jahren und weniger, oder solche Rechte, die im Regelfall besonders schutzbedürftigen Personengruppen zugutekommenn, wie die *interests of persons in actual occupation*.

Bevor die einzelnen Kategorien der *overriding interests* besprochen werden, soll noch auf die Vorschrift in sec. 29 (3) *Land Registration Act 2002*

---

295 Es ist sogar im Rahmen von *adverse possession* der Fall denkbar, dass mehrere *freeholds* gleichzeitig an demselben Grundstück vorliegen, s. *Law Commission*, No. 254, Land Registration for the Twenty-First Century: A Consultative Document, 1998, Rn 10.27; *Goymour/Hickey*, in: Goymour/Watterson/Dixon, New Perspectives on Land Registration, 2017, S. 65ff..

296 *Law Commission*, No. 271, Land Registration for the Twenty-First Century: A Conveyancing Revolution, 2001, Rn 2.24 und Rn 8.1.

297 Wie beispielsweise Inhabern eines unten noch näher besprochenen *trusts of the family home*, denen im Zweifel nicht bewusst ist, dass sie ein dingliches Recht haben.

298 *Law Commission*, No. 271, Land Registration for the Twenty-First Century: A Conveyancing Revolution, 2001, Rn 2.25.

299 *Law Commission*, No. 271, Land Registration for the Twenty-First Century: A Conveyancing Revolution, 2001, Rn 2.25.

beziehungsweise in sec. 30(3) *Land Registration Act 2002* hingewiesen werden. Diese schließt die Wirkung von sec. 29(2)(a)(ii) *Land Registration Act 2002*, also den Schutz trotz Nichteintragung, für diejenigen Rechte aus, die zwar die Voraussetzungen einer Fallgruppe in *Schedule 3* erfüllen, aber schon einmal im Register vermerkt waren. Dies gilt auch, wenn der Vermerk aufgrund eines Versehens des Registeramts gelöscht wurde.[300]

Diese Regelung beruhte auf dem Bestreben des Gesetzgebers, den Umfang der *overriding interests* möglichst stark einzuschränken und Anreize zu schaffen, Rechte im Register vermerken zu lassen.[301] In ihrem neuesten *Consultation Paper* erwog die *Law Commission*, diese Regelung ersatzlos zu streichen, da sie ihrer Ansicht nach das *„potential to create an unhappy mismatch between what has happened on the register, and the position on the ground"*[302] mit sich bringe. In dem *Consultation Paper* hatte die *Law Commission* jedoch noch keine Empfehlung abgegeben, sondern nur die Frage gestellt, ob sec. 29(3) gestrichen werden sollte.[303] Im darauffolgenden *Report* stellte sie dann fest, dass sie die Argumente für ein Streichen dieser Norm nicht überzeugt haben, sodass sie davon absah, dies in ihren Reformvorschlag aufzunehmen.[304]

a) Para. 1 – *Leasehold estates in land*

Die erste Fallgruppe der *overriding interests* betrifft *legal leases*, die *for a term not exceeding seven years from the date of the grant* gewährt wurden. Die Verwendung des Begriffs *grant* bedeutet, dass nur *legal*, aber keine *equitable leases* geschützt sind.[305] Der zweite Halbsatz enthält noch einige Einschränkungen, die unter anderem darauf abzielen, dass nur solche *legal leases* als *overriding interest* wirken können, deren Wirkung sofort einsetzt.

---

300 *Law Commission*, No. 271, Land Registration for the Twenty-First Century: A Conveyancing Revolution, 2001, Rn 8.95; *Bridge/Cooke/Dixon*, Megarry & Wade, The Law of Real Property, 9. Aufl. 2019, Rn 6–062, Fn 424.

301 *Law Commission*, No. 227, Updating the Land Registration Act 2002: A Consultation Paper, 2016, Rn 11.46; *Bridge/Cooke/Dixon*, Megarry & Wade: The Law of Real Property, 9. Auflage, 2019, Rn 6–101.

302 *Law Commission*, No. 227, Updating the Land Registration Act 2002: A Consultation Paper, 2016, Rn 11.49.

303 *Law Commission*, No. 227, Updating the Land Registration Act 2002: A Consultation Paper, 2016, Rn 11.53.

304 *Law Commission*, No. 380, Updating the Land Registration Act 2002, 2018, Rn 11.63.

305 *City Permanent BS v Miller*, [1952] All ER 621.

Der Siebenjahreszeitraum entspricht der Laufzeit, ab welcher *leases* für ihre Wirksamkeit *at law* nach sec. 27(2) *Land Registration Act 2002* im Register eingetragen werden müssen. Bei der ursprünglich geplanten Herabsetzung der Laufzeit, die das Eintragungserfordernis auslöst, wäre damit gemäß sec. 118(1)(h) *Land Registration Act 2002* auch die Maximallaufzeit für *leases*, die ein *overriding interest* sein können, gesenkt worden. Aus Praktikabilitätsgründen ist von dieser Option jedoch bisher kein Gebrauch gemacht worden.

Diese Fallgruppe betrifft nur *leases*, die ab dem Bestellungszeitpunkt anfangen zu laufen. *Future leases* und *discontinuous leases* gehören zu den *registrable dispositions*, müssen also für die Wirksamkeit *at law* in das Register eingetragen werden. Sie können keine *overriding interests* sein.

Da somit kurze *legal leases* gegenüber einem Erwerber wirken, ohne aus dem Register ersichtlich zu sein, schränkt diese Fallgruppe, genau wie alle *overriding interests*, die negative Publizität des *Land Register* ein. Auf den ersten Blick scheint somit die negative Publizität des englischen Liegenschaftsregisters geringer zu sein als die des deutschen Grundbuchs. Funktionell gesehen sind kurze *leases* mit einer Laufzeit von weniger als acht Jahren jedoch eher mit einem Mietvertrag als mit einem Erbbaurecht oder einem anderen dinglichen Recht vergleichbar. Mietverträge sind aus deutscher Sicht rein schuldrechtlicher Natur und damit ebenfalls nicht für den Erwerber aus dem Grundbuch ersichtlich. Dennoch binden Wohnraummietverträge gemäß § 566 BGB den Erwerber und zwar unabhängig von ihrer Laufzeit und dem Zeitpunkt der Überlassung der Mietsache. Darüber hinaus ist § 566 BGB über zahlreiche Verweisungsnormen auch auf viele andere Mietverträge anwendbar.[306] Daher ist letztlich die Bindungswirkung gegenüber Erwerbern von Wohn- oder Grundstücksüberlassungsvereinbarungen im deutschen Recht wesentlich größer als im englischen Recht. Sie wird aber nicht als Einschränkung der Publizitätswirkung des Grundbuchs gesehen, da Miet- oder Pachtverträge nicht dinglicher Natur sind.

b) Para. 2 – *Interests of persons in actual occupation*

Diese Gruppe der *overriding interests* ist die umstrittenste, führt zu den meisten Gerichtsverfahren, und ist aus rechtsvergleichender Sicht die in-

306 Beispielsweise über § 578 BGB auf Mietverträge über Räume und Grundstücke, über § 581 Abs. 2 BGB auf Pacht- und über § 593b BGB auf Landpachtverträge.

teressanteste. In ihr vereinen sich viele Besonderheiten des englischen Privatrechts, zu denen sich im kontinentaleuropäischen Recht vergleichbare Rechtsinstitute und Rechtsprinzipien nur schwer finden lassen. Aufgrund der Bedeutung dieser Regelung soll sie hier zunächst in ihren für die Zwecke dieser Arbeit relevanten Teilen wiedergegeben werden. Folgende Tatbestandsmerkmale müssen vorliegen, damit ein nichteingetragenes Recht in dieser Fallgruppe gegenüber dem Erwerber wirksam ist:

> „*An interest belonging at the time of the disposition to a person in actual occupation, so far as relating to land of which he is in actual occupation, except for –*
> *(a) an interest under a settlement under the Settled Land Act 1925;*
> *(b) an interest of a person of whom inquiry was made before the disposition and who failed to disclose the right when he could reasonably have been expected to do so;*
> *(c) an interest-*
> *(i) which belongs to a person whose occupation would not have been obvious on a reasonably careful inspection of the land at the time of the disposition, and*
> *(ii) of which the person to whom the disposition is made does not have actual knowledge at the time;*
> *(d) a leasehold estate in land granted to take effect in possession after the end of the period of three months beginning with the date of the grant and which has not taken effect in possession at the time of the disposition.*“

Folgende Voraussetzungen für das Vorliegen dieser Sorte von *overriding interest* können dem Wortlaut entnommen werden: der potentielle Rechtsinhaber muss *in actual occupation* sein, er muss einen *interest* haben und dieser *interest* muss sich auf das Grundstück beziehen – *relating to land of which he is in actual occupation* –, hinsichtlich dessen der Rechtsinhaber *in actual occupation* ist. Zudem darf keiner der vier Ausschlussgründe des zweiten Halbsatzes zutreffen. Drei dieser vier Tatbestandsmerkmale werfen einige interessante Fragen auf, um die es im Folgenden gehen soll.

aa) *Actual occupation*

Das erste Tatbestandsmerkmal ist auch eines der umstrittensten: *actual occupation*. Wann ist jemand *in actual occupation*? Eine Legaldefinition dieses Begriffs existiert nicht. Es ergibt sich auch nicht aus dem Gesetzestext, inwiefern sich *actual occupation* von *possession*[307] unterscheidet. Die Wortbedeutung der beiden Begriffe und die Tatsache, dass *possession* anders als *actual occupation* auch auf der Entgegennahme von Nutzungen – *receipt of rents and profits* – beruhen kann, legt nahe, dass *actual occupation* enger zu fassen ist als *possession*. In der Literatur findet sich nur die wenig hilfreiche Abgrenzung, dass es sich bei der Feststellung von *occupation* um eine Tatsachenfrage – *„question of fact"* – und bei der Annahme von *possession* um eine Frage der Rechtsanwendung – *„conclusion of law"* – handle.[308]

Die *Law Commission* definiert den Begriff in ihrem Report zum *Land Registration Act 2002*: *„a person is to be regarded as in actual occupation of land if he or she, or his or her agent or employee, is physically present there"*[309]. Was genau wiederum unter *physical presence* zu verstehen ist, wird jedoch nicht genauer erläutert. Die *Law Commission* führt nur aus, dass die Anforderungen an die körperliche Anwesenheit von den tatsächlichen Gegebenheiten auf dem Grundstück abhängen und auch mittelbare körperliche Anwesenheit durch einen Vertreter oder Angestellten ausreichen sollte.[310]

Daher muss sich die nähere Begriffsbestimmung aus der Rechtsprechung ergeben. Es können auch Entscheidungen herangezogen werden, die noch auf Grundlage des *Land Registration Act 1925* ergangen sind, weil im Hinblick auf die Definition von *actual occupation* keine Änderung der Rechtslage durch den *Land Registration Act 2002* beabsichtigt war.

Bisher haben auch die Gerichte es vermieden, *actual occupation* abstrakt zu definieren.[311] In *Boland* gab Lord Wilberforce jedoch einige Hinweise darauf, wie der Begriff ausgelegt werden sollte. Er orientierte sich zunächst an der Wortbedeutung von *actual occuption*, wonach vor allem eine *physical presence*, aber kein *entitlement in law* erforderlich sei. Mit der Feststel-

---

307 einem Begriff der unter anderem für die Registerberichtigung in *Schedule 4* von großer Bedeutung ist, vgl. Kapitel H.

308 *Gray/Gray*, Elements of Land Law, 5. Aufl. 2009, Rn 2.1.7.

309 *Law Commission*, No. 271, Land Registration for the Twenty-First Century: A Conveyancing Revolution, 2001, Rn 8.22.

310 *Law Commission*, No. 271, Land Registration for the Twenty-First Century: A Conveyancing Revolution, 2001, Rn 8.22.

311 Im Gegensatz zu deutschen Gerichten sind die englischen Gerichte tendenziell zögerlicher bei der abstrakten Definition von Begriffen in ihren Entscheidungen. Dies liegt vermutlich an den Regeln des *precedent*, wonach niedrigerrangiger Gerichte an die Entscheidungen höherrangiger Gerichte gebunden sind. Um es zu vermeiden, durch eine zu enge oder zu weite Definition den unteren Instanzen zu wenig Handlungsspielraum zu geben, werden meist nur Kriterien oder Faktoren aufgelistet, an denen sich bei der Bestimmung eines bestimmten Begriffs orientiert werden kann.

lung, dass *actual occupation* keine Frage der Berechtigung sei, lehnte Lord Wilberforce die bis dahin noch teilweise vertretene Ansicht ab, dass die alten *Common Law*-Regeln zur *doctrine of notice* auf die Frage der *actual occupation* angewendet werden sollten.[312] Auch in *Abbey National v Cann* betonte Lord Oliver, dass *actual occupation „essentially a question of fact*"[313] sei. Daher kann es nunmehr als gesichert gelten, dass es sich bei der Feststellung von *actual occupation* eine nenneswerte physische Präsenz des Berechtigten auf dem Grundstück erforderlich ist.

Mit dem Abstellen auf die *physical presence* des potentiell Berechtigten deckt sich die Auslegung von Lord Wilberforce mit der späteren Definition der *Law Commission*. Wann genau von *physical presence* im abstrakten Sinne ausgegangen werden kann, ließ jedoch auch Lord Wilberforce unbeantwortet. In seinen weiteren Ausführungen scheint er von einem objektiven und einem subjektiven Element der *actual occupation* auszugehen: *„The house was a matrimonial home, intended to be occupied, and in fact occupied by both spouses, both of whom have an interest in it: it would require some special doctrine of law to avoid the result that each is in occupation.*"[314]. Folglich kann man Lord Wilberforce in *Boland* so verstehen, dass für die Annahme von *actual occupation* eine körperliche Anwesenheit des Berechtigten, getragen von einer Art Besitzwillen, erforderlich ist.

Lord Wilberforce verwarf auch die Argumentation, dass immer nur eine Person *in occupation* sein könne. Die *occupation* einer Person schließe die *occupation* einer anderen Person nicht aus. Zudem lehnte er auch die veraltete Vorstellung aus *Caunce v Caunce*[315] ab, dass die *occupation* der Ehefrau sich aus der *occupation* ihres Ehemannes ableiten würde, mit der Folge, dass die Frau nicht selber *in actual occupation* sei. Anders ist dagegen die Rechtslage bei Minderjährigen. Hier ging das Gericht in *Hypo-Mortgage Services Ltd v Robinson*[316] davon aus, dass diese keine eigene *actual occupation* haben.

In den letzten Jahren wächst in der Rechtsprechung die Bereitschaft, auch dann *actual occupation* anzunehmen, wenn die fragliche Immobilie zwar nicht mehr den Lebensmittelpunkt des Rechtsinhabers darstellt, aber es immer noch dessen *intentions and wishes* entspricht, dass die Immobilie

---

312 *Smith*, Property Law, 10. Aufl. 2020, S. 269.
313 [1991] 1 AC 56, *Lord Oliver* in Abschnitt 93D der Entscheidungsgründe.
314 [1981] AC 487, 505.
315 [1969] 1 WLR 286.
316 [1997] 2 FLR 71.

der Lebensmittelpunkt ist.[317] Demnach werden neben objektiven Anhaltspunkten nun auch stärker subjektive Kriterien für die Frage der *actual occupation* herangezogen. Dies wird besonders in der *Court of Appeal* Entscheidung *Link Lending Ltd v Bustard*[318] deutlich.

Der Entscheidung lag folgender Sachverhalt zugrunde: Die Rechtsinhaberin hatte ursprünglich in der Immobilie gewohnt, war dann aber auf Grundlage des *Mental Health Act 1983* gegen ihren Willen in die geschlossene Psychiatrie eingewiesen worden. Ihre Möbel und anderes Eigentum blieben in dem Haus und die Rechtsinhaberin kam in Begleitung ihres Betreuers regelmäßig vorbei, um ihre Post abzuholen. Dabei war es stets der Wunsch der Rechtsinhaberin, in ihr Haus zurückzukehren und dort zu wohnen.

Mummery LJ entschied für den *Court of Appeal*, dass die Rechtsinhaberin sich trotz ihrer Einweisung in die geschlossene Psychatrie weiterhin *in actual occupation* des Hauses befunden habe. Hierbei stützte er sich unter anderem auf die Tatsache, dass es der subjektive Wunsch und das Ziel der Patientin war, wieder in ihrem Haus zu wohnen. Insgesamt nahm das Gericht hier eine Gesamtbetrachtung der Umstände vor. *Mummery LJ* erachtete folgende Kriterien für relevant: „*the degree of permanence and continuity of presence of the person concerned, the intentions and wishes of that person, the length of absence from the property and the reason for it and the nature of the property and personal circumstances of the person*“.

Die Berücksichtigung der *intentions and wishes* muss sich jedoch nicht immer zugunsten des Rechtsinhabers auswirken. In *Thompson v Foy*[319] überzeugte die Tatsache, dass die Klägerin nicht mehr in das Haus zurückkehren wollte, der *Lewison J* davon, dass sie sich zum fraglichen Zeitpunkt nicht in *actual occupation* befunden hatte. Auch in *Thomas v Clyesdale Bank Plc*[320] und *Hoggett v Hoggett*[321] berücksichtigten die Gerichte die *intentions and wishes* des *occupier* bei der Frage, ob er oder sie *in actual occupation* war.

Dieses Aufweichen des Begriffs *actual occupation* durch die Einbeziehung von subjektiven Elementen und einer tendenziell zur Ausweitung der *overriding interests* führenden Gesamtbetrachtung sind in der Literatur kritisiert worden.[322] Insbesondere wird den Gerichten vorgeworfen, dass sie

---

317 *Bogusz*, (2011) Conv 268; *Bogusz*, (2014) Conv 27; *Bevan*, (2016) Conv 104.
318 [2010] EWCA Civ 424.
319 [2009] EWHC 1076 (Ch).
320 [2010] EWHC 2755.
321 (1980) 39 P&CR 121.
322 *Bevan*, (2016) Conv 104.

mit dieser Auslegung des Begriffes *actual occupation* die Erreichung des erklärten gesetzgeberischen Ziels hinter dem *Land Registration Act 2002*, die *overriding interests* weitestmöglich einzuschränken und das Register somit verlässlicher zu machen, behindern. Des Weiteren leidet die Rechtssicherheit unter einer solchen Gesamtbetrachtung mit im Einzelfall schwer vorherzusagenden Ergebnissen, was ebenfalls dem Sinn und Zweck des *Land Registration Act 2002* zuwiderläuft.

Die gesetzgeberische Absicht hinter dem *Land Registration Act 2002* und dessen Anwendung durch die Gerichte fallen auseinander. Während die *Law Commission* in ihren Berichten immer wieder betont, ein möglichst aussagekräftiges Register schaffen und deshalb im Zweifel eher die Interessen des Erwerbers sichern zu wollen, scheint dies dem *Common Law*-Gerechtigkeitsgefühl der Gerichte zu widersprechen. Deren Interpretation der Gesetze schützt vorwiegend den ursprünglichen Berechtigten beziehungsweise die Person in *actual occupation*, wodurch die Aussagekraft des Registers in erheblichem Maße untergraben wird.[323]

Interessanterweise erwähnen das neue *Consultation Paper* und der darauffolgende *Report* der *Law Commission* diese weite und, wie *Bevan* meint, den Sinn und Zweck des Gesetzes aushöhlende Auslegung,[324] nicht. Folglich sieht die *Law Commission* in der weiten Auslegung der *overriding interest*-Tatbestände durch die Gerichte kein allzu drängendes Problem. Auch sonst rückt sie in ihren letzten beiden Stellungnahmen zum Registerrecht in einigen Punkten von dem strengen Ideal eines möglichst verlässlichen Liegenschaftsregisters ab. So schlägt sie unter anderem vor, die Möglichkeit einer *rectification* trotz einer Weiterveräußerung weitestgehend zuzulassen und die Sicherheit des Erwerbers letztlich auf finanzielle Entschädigungsansprüche zu beschränken.[325]

Des Weiteren stellt sich die Frage, zu welchem Zeitpunkt *actual occupation* vorgelegen haben muss. Zum Zeitpunkt der Erstellung der Übertragungsurkunde, zum Zeitpunkt der Eintragung oder zum Zeitpunkt des Eingangs des Antrags beim *Land Register*? Der Wortlaut des *Land Registration Act 1925* bot keine eindeutige Antwort. In *Cann* entschied das *House of Lords*, dass der fragliche Zeitpunkt derjenige der *completion*, also der Erstellung der Übertragungsurkunde sei, und nicht der Zeitpunkt der Eintragung. Als Begründung trug Lord Wilberforce vor, der Erwerber

323 Eine solche Entwicklung hatte *Dixon* schon 2003 befürchtete, *Dixon,* (2003) Conv, 136, 155.

324 *Bevan*, (2016) Conv 104.

325 s. Kapitel H.

könne im Zeitraum zwischen *completion* und *registration*, das Entstehen von *overriding interests* nicht erkennen oder verhindern. Es wäre daher eine *conveyancing absurdity*, wenn er an einen *overriding interest* gebunden wäre, der zum Zeitpunkt der *completion* noch nicht vorlag und für ihn darum auch nicht erkennbar war. Diese Auslegung wurde durch eine ausdrückliche Regelung im *Land Registration Act 2002* bestätigt. Para. 2, *Schedule 3* erfordert einen *interest belonging at the time of the disposition to a person in actual occupation*.

bb) *Interest in land*

Als zweite Tatbestandsvoraussetzung verlangt *Schedule 3*, dass die Person *in actual occupation* einen *interest* hat. *Interests* sind dingliche Grundstücksrechte,[326] wobei der *interest* sowohl ein *legal interest* als auch ein *equitable interest* sein kann.[327] Die Frage, ob eine bestimmte Rechtsposition ein dingliches Recht darstellt, kann im Detail zu Abgrenzungsschwierigkeiten führen, die dem deutschen Recht eher unbekannt sind. Der *interest* muss nicht der Rechtsgrund für die *actual occupation* sein, muss sich aber auf das Grundstück beziehen.

aaa) *Trusts of the Family Home* und *overreaching*

Besondere praktische Bedeutung haben im Rahmen der *interests of persons in actual occupation* die *constructive trusts of the family home*. Wie bereits in Kapitel C dargestellt, können *trusts* nicht nur durch Rechtsgeschäft entstehen, sondern werden vielfach auch von den Gerichten in bestehende Vereinbarungen hineininterpretiert oder schlicht aus Billigkeitsgründen angenommen. In solchen Fällen wird dann von einem *constructive trust* gesprochen. Gerade im familiären Bereich kommen solche *trusts* häufig vor. Beispielsweise wenn zwei Personen gemeinsam die Mittel zum Erwerb eines Wohnobjekts aufbringen, aber nur eine Person – in den klassischen,

---

326 *Bridge/Cooke/Dixon*, Megarry & Wade: The Law of Real Property, 9. Auflage 2019, Rn 6–097; eine vereinzelte Literaturstimme, *Tee* (1998) 57 CLJ 328, schlug vor der 2002er Reform vor, dass jede Rechtsposition eines *occupiers* gegenüber dem Erwerber wirken sollte. Diese Ansicht hat jedoch weder in der Literatur noch in der Rechtsprechung viel Anklang gefunden und wurde spätestens in *Scott v Southern Pacific* ([2014] UKSC 52) abgelehnt.

327 *Bridges v Mees*, [1957] Ch 475; *Webb v Pullmont*, [1966] Ch 584.

in den 70er Jahren spielenden Fällen oft der Mann – als Eigentümer in das Register eingetragen wird. Die Frau erlangte dann aufgrund ihres Beitrags ein Recht *in equity* an dem Grundbesitz.[328] Ein *constructive trust* wird zudem auch anerkannt, wenn jemand im Vertrauen auf eine *common intention*, er solle einen Anteil an dem Grundstück erhalten, Leistungen erbringt.[329]

Die Voraussetzungen und die genaue Abgrenzung der verschiedenen Fallgruppen dieser *trusts of the family home* und ihre dogmatische Einordnung ist höchst umstritten.[330] Für die Frage der Aussagekraft des englischen Grundstücksregisters sind diese Debatten jedoch nicht von Interesse. Festzuhalten ist für die Zwecke dieser Arbeit lediglich, dass *constructive trusts of the family home* grundsätzlich dann entstehen, wenn die Beiträge einer Person zum Erwerb eines Grundstücks sich nicht in der Rechtslage *at law* widerspiegeln.

Da *constructive trusts* von den Formvorschriften in sec. 53(1) des *Law of Property Act 1925* für die Gewährung von *trusts* an Grundstücken ausdrücklich ausgenommen wurden,[331] entstehen sie zudem formlos. Dies hat zur Folge, dass das Eigentum an privat genutzten Immobilien oft von zahlreichen formlos entstandenen dinglichen Grundstücksrechten belastet ist, deren Existenz den Berechtigten in vielen Fällen selbst nicht bewusst ist. Im häufigen Fall, dass der Berechtigte die belastete Immobilie auch selbst bewohnt, wirken diese Rechte seit der *House of Lords* Entscheidung *William & Glyn's Bank v Boland*[332] als *overriding interest* auch zulasten des Erwerbers, ohne dass sie aus dem Liegenschaftsregister ersichtlich wären.

Vor dem Urteil in *Boland* ging die englische Rechtswissenschaft davon aus, dass *constructive trusts of the family home* als *trusts for sale* keine Grundstücksrechte seien, sondern den Mobiliarrechten, *personalty*, zuzuordnen wären. Denn ursprünglich bildeten *trusts for sale* das dogmatische Gegenstück zu den *settlements*. Während *settlements* dem Erhalt von Familiengroßgrundbesitz dienten, waren *trusts for sale* für kommerzielle Zwecke

328 *Gissing v Gissing*, [1971] AC 886, vgl. zur Entwicklung dieses Rechtsinstituts *Etherton*, (2008) CLJ 265.

329 *Lloyd's Bank v Rosset*, [1991] 1 AC 107; *Stack v Dowden*, [2007] 2 AC 432; *Jones v Kernott*, [2012] 1 AC 776.

330 s. *Bridge/Cooke/Dixon*, Megarry & Wade: The Law of Real Property, 9. Auflage 2019, Kapitel 10, und *Smith*, Property Law, 10. Aufl. 2020, S. 187–216, für einen Überblick über die aktuellen Debatten.

331 Sec. 53(2) *Law of Property Act 1925*.

332 [1984] AC 487.

gedacht, in denen es letztlich um den Verkaufserlös ging.[333] Aus diesem Grund wurde der *trust for sale* nicht als ein Recht an Grundeigentum, sondern als ein Recht an einem noch zu realisierenden Verkaufserlös betrachtet. Aufgrund dieser Einordnung als Fahrnis konnten sie auch keine *overriding interests* im Sinne von sec. 70 (1)(g) *Land Registration Act 1925*, dem Vorgänger von *Schedule 3, paragraph 2*, sein.[334]

Im Laufe der Jahrzehnte änderte sich das gesellschaftliche Gefüge in England erheblich und die Zahl der Hauseigentümer stieg.[335] Wenn auch andere Personen zu dem Erwerb des Hauses einen finanziellen Beitrag geleistet hatten, wurde von den Gerichten zu ihren Gunsten ein *constructive trust of the family home* angenommen. Auch dieser *trust* war dogmatisch gesehen ein *trust for sale*, obwohl gar keine Veräußerung vorgesehen war. Demzufolge war auch die Begründung, mit der diese *trusts* als *personalty* kategorisiert wurden, nicht mehr passend. Die Berechtigten waren gerade nicht nur an dem Veräußerungserlös interessiert waren. Logisch konsequent entschied darum das *House of Lords* in *Boland*, dass solche *trusts overriding interests* im Sinne von sec.70 (1) (g) *Land Registration Act 1925* sein können.[336] Die Reklassifizierung der *trusts for sale* wurde 1996 vom Gesetzgeber mit dem *Trusts and Appointment of Trustees Act 1996* anerkannt. Gemäß sec. 1(1)(a) sind alle *trusts* im Zusammenhang mit einem Grundstück, inklusive der *trusts for sale* gemäß sec. 1(1)(b), als *trust of land* anzusehen.

Die Entscheidung in *Boland* stellte eine Zäsur dar und sorgte in der Praxis für erheblichen Aufruhr, weil sie die Position des Erwerbers und

---

333 *Cooke*, The New Law of Land Registration, 2003, S. 93.

334 *Doctrine of Conversion* (nicht zu verwechseln mit dem *Tort of Conversion*); *Cooke*, The New Law of Land Registration, 2003, S. 93. Die *doctrine of conversion* beruhte auf der Verpflichtung der *trustees*, das Land zu verkaufen, und der Maxime *equity looks upon as done that which ought to be done*. Daher wurde im Rahmen der *doctrine of conversion* das Land als schon verkauft angesehen, sodass sich die Rechte der Inhaber des *trusts* nur noch auf den Verkaufserlös bezogen. Dementsprechend wurden solche *trusts for sale* im Rahmen der *doctrine of conversion* schon vorher als *personalty* eingeordnet.

335 *Law Commission*, No. 188, Transfers of Land, Overreaching: Beneficiaries in Occupation, 1989, Rn 3.1 – 3.3.

336 Die Unterscheidung zwischen *settlements*, *trusts for sale* und *bare trusts* wurde mit dem *Trusts of Land and Appointment of Trustees Act 1996* aufgehoben. Gemäß sec. 1 dieses Gesetzes stellen nun alle drei Kategorien *trusts of land* dar. Des Weiteren wurde durch sec. 3 auch die *doctrine of conversion*, aufgrund derer *trusts for sale* keine Grundstücksrechte waren, abgeschafft, sodass die Rechtsfortentwicklung durch *Boland* in diesem Zusammenhang auch auf Gesetzesebene anerkannt wurde.

der Grundpfandrechtsgläubiger erheblich schwächte. Ein Darlehensgeber konnte nicht mehr sicher sein, ob sein Grundpfandrecht nicht gegenüber einem *trust* eines Bewohners nachrangig war. Die Aufregung ging soweit, dass die *Law Commission* 1982 sogar einen Bericht nur zu den Auswirkungen dieser Entscheidung veröffentlichte.[337]

Nachfolgende Entscheidungen haben die Wirkung von *Boland* eingeschränkt, ohne allerdings von seiner Grundaussage zum Charakter der *trusts of the family home* und ihrer möglichen Bindungswirkung gegenüber dem Erwerber abzurücken.[338] Besonders bedeutsam für Banken, die den Erwerb eines Grundstücks finanzieren, ist die Entscheidung des *House of Lords* in *Abbey National v Cann*[339]. Hier legte das *House of Lords* den Erwerb eines Grundstücks und die Bestellung des Finanzierungsgrundpfandrechts als einen einzigen Verfügungsakt aus. Demzufolge erwirbt der Käufer zu keinem Zeitpunkt lastenfrei, sodass auch kein lastenfreier *overriding interest* zugunsten der Ehefrau entstehen kann. Die Folge des Prinzips aus *Cann* ist, dass das Risiko von *overriding interests* von *in equity* miterwerbenden Ehepartnern zumindest bei der Finanzierung des Erwerbs dienenden Grundpfandrechten nicht mehr besteht, da das Recht an dem Grundstück dem Erwerber zu keinem Zeitpunkt lastenfrei zusteht.

Des Weiteren stellte das *House of Lords* in *City of London Building Society v Flegg*[340] klar, dass *trusts for sale* – oder nach heutiger Terminologie *trusts of land* – zwar *overriding interests* sein können, dies aber nicht bedeute, dass die Regeln des *overreaching* für sie nicht mehr gelten. Das bereits vorgestellte Rechtsinstitut des *overreaching* wurde im Rahmen der 1925er Reformen gesetzlich geregelt.[341] Wie bereits erwähnt, war eines der Ziele der Reformen, das unübersichtliche englische Grundstücksrecht zu vereinfachen und insbesondere die Zahl der *equitable interests* einzudämmen, mit denen ein *legal title* belastet sein konnte.[342] Eines der wichtigsten Instrumente war das *overreaching*. Sofern bestimmte Voraussetzungen vorlagen, sollten die Belastungen bei einer Veräußerung (wozu auch andere Verfügungen

---

337 *Law Commission*, No. 158, Property Law: The implications of William and Glyn's Bank Ltd v Boland, 1982.

338 Diese Aussage wurde dann auch vom Gesetzgeber im *Trusts of Land and Appointment of Trustees Act 1996* bestätigt, in welchem unter anderem *trusts for sale* als *trusts of land* neu eingeordnet wurden.

339 [1991] AC 56.

340 [1988] AC 54.

341 Vgl. zur historischen Entwicklung des *overreaching*: *Owen*, (2017) Conv 26.

342 Vgl. sec. 1 und 4 *Law of Property Act 1925*.

wie Belastungen gezählt werden[343]) sich nicht mehr auf den veräußerten *title*, sondern auf den Erlös, die *proceeds of sale*, beziehen. Das *overreaching* ist also ein Fall einer dinglichen Surrogation, wie sie in Deutschland zum Beispiel im Bezug auf den Erlös einer Zwangsversteigerung zu finden ist.

Overreaching findet gemäß sec. 2 und 27 des *Law of Property Act 1925* unter anderem dann statt, wenn die Verfügung von mindestens zwei *trustees* oder einer *trust corporation* vorgenommen wird und die *proceeds of sale* an diese zwei *trustees* oder an die *trust corporation* gezahlt werden. Somit kann jeder Erwerber sicherstellen, dass er den *title* frei von *trusts of land* erhält, indem er von mehr als einer Person oder von einer *trust corporation* erwirbt. Dementsprechend empfiehlt die praxisorientierte Literatur in unsicheren Fällen die Veräußerung durch zwei Personen, damit ggf. zwei *trustees* veräußert haben und somit der *overreaching*-Mechanismus greift.[344]

Wie die Entscheidung in *Boland* zeigt, sind die *overreaching*-Regeln nicht anwendbar, wenn man von einer Einzelperson erwirbt. Daher sind die Inhaber von *trusts*, bei denen nur ein Eigentümer im Register eingetragen ist, vor dem Verlust ihrer Recht durch *overreaching* relativ sicher. Bei zwei eingetragenen Eigentümern, die dann gleichzeitig die veräußernden *trustees* aus sec. 2 und 27 *Law of Property Act 1925* sein können, besteht dagegen das Risiko, dass diese veräußern und der Erwerber lastenfrei erwirbt.

Insgesamt liegen mit der Entscheidung in *Boland* und der gleichzeitigen Beibehaltung des *overreaching*-Mechanismus ein logischer Bruch im System des englischen Liegenschaftsrechts vor, da dem *overreaching* der Gedanke zugrunde liegt, dass es dem Berechtigten letztlich nicht um das Grundstück, sondern den Verkaufserlös geht. Gerade diese Vorstellung wurde in *Boland* aufgegeben. Die Ausweitung der *powers* der *trustees* in sec. 6 des *Trusts of Land and Appointment of Trustees Act 1996* und sec. 26 des *Land Registration Act 2002* haben den Widerspruch im System dann sogar noch gesetzgeberisch bestätigt.

Die Reklassifizierung der *trusts for sale* als Grundstücksrechte wurde damit begründet, dass seit den 70er Jahren im Gegensatz zum Beginn des 20. Jahrhunderts viele *beneficiaries* eines *trust for sale* nicht nur ein rein kommerzielles Interesse an dem Grundstück hatten, sondern vielmehr

343 Vgl. sec. 205(1)(xxi) *Law of Property Act 1925*, mit der Folge, dass beispielsweise auch durch die Bestellung einer Dienstbarkeit der *overreaching*-Mechanismus ausgelöst werden kann, s. *Baker v Craggs*, [2016] EWHC 3250, *Dixon* sieht diese erweiterte Anwendung des Rechtsinstituts kritisch, s. *Dixon*, (2017) Conv 1, 4.

344 *Abbey/Richards*, A Practical Approach to Conveyancing, 21. Aufl. 2019, Rn. 5.91 ff.

darin wohnten, sodass die dogmatische Begründung der *doctrine of conversion* nicht mehr haltbar war. Auch wenn man die *doctrine of conversion* nunmehr nicht als dogmatischen Kern des *overreaching* ansieht, sondern diesen in den *powers* der *trustees* verortet,[345] lässt sich nicht leugnen, dass beide auf einer ähnlichen Überlegung beruhen. Letztlich geht es um ein kommerzielles Interesse am Verkaufserlös und nicht um das Land selber.

Genauso wie die Begründung der Klassifizierung von *trusts of sale* schon 1980 nicht mehr zutraf, ist sie auch hinsichtlich des *overreaching*-Mechanismus nicht mehr überzeugend. Diese logische Inkonsistenz war auch der *Law Commission* aufgefallen, die 1989 vorschlug, dass die Rechte von Personen, die im Besitz des Grundstücks waren, nicht mehr *overreached* werden sollten.[346] Ihren Vorschlag lehnte die Regierung jedoch ab.[347]

bbb) Sec. 116 *Land Registration Act 2002*

Neben den zuvor beschriebenen *trusts of the family home* kann auch jedes andere dingliche Grundstücksrecht ein *overriding interest* sein. Eine Einschränkung der Rechte, die als *interests of persons in actual occupation* auch gegenüber dem Erwerber wirksam sein können, enthält der *Land Registration Act 2002* nicht. Dies führt zu Abgrenzungsschwierigkeiten. Das deutsche Recht trennt nicht systematisch, sondern auch sprachlich streng zwischen der schuldrechtlichen und der dinglichen Ebene. Das englische Recht ist dagegen auf das Zweipersonenverhältnis konzentriert. Deshalb bleibt es hinsichtlich mancher Rechtsinstitute unklar, ob sie lediglich persönlicher Natur sind oder auch gegenüber Dritten wirken können, also ein dingliches Recht darstellen.[348] So beschreibt *Tee* die Einordnung von

345 Z.B. *McFarlane/Hopkins/Nield*, Land Law: Text, Cases and Materials, 3. Auflage 2015, S. 647, 661.

346 *Law Commission*, Transfers of Land, Overreaching: Beneficiaries in Occupation, No. 188, 1989, Rn 4.3.

347 *McFarlane/Hopkins/Nield*, Land Law: Text, Cases and Materials, 3. Auflage 2015, S. 669.

348 Hinzu kommt, dass der Typenzwang im englischen Recht weniger streng eingehalten wird und auch ganz grundsätzlich in der Lehre noch diskutiert wird, inwiefern neue dingliche Rechte anerkannt werden dürfen, s. *Swadling*, in: *Burrows*, English Private Law, 3. Aufl. 2013, Chapter 4: Property Law, Rn 4.12, zu *National Provincial Bank Ltd v Ainsworth*.

Rechten als schuldrechtlicher oder dinglicher Natur als „*illogical and... fraught with ambiguity*"[349].

Darüber hinaus kann sich die Rechtsnatur eines Rechts auch wandeln. Zunächst nur als persönlicher Anspruch anerkannte Rechte können nach und nach von der Rechtsprechung als dingliche Rechte anerkannt werden. Dies war zum Beispiel bei der Rechtsfigur des *trusts* der Fall. Dieser war ursprünglich nur eine Treuhandabrede zwischen zwei Personen, seine Bindungswirkung wurde aber von den für die *Equity* zuständigen *Chancery*-Gerichten auf immer größere Personengruppen ausgedehnt, bis die einzigen Personen, gegenüber denen ein *trust* nicht wirksam war, die entgeltlichen gutgläubigen Erwerber waren. Damit hat sich der *trust* von einer rein schuldrechtlichen Treuhandabrede im Laufe der Jahrhunderte zu einem dinglichen Recht entwickelt. Während die Bindungswirkung des *trust* gegenüber Dritten anerkannt ist,[350] existieren Rechtsinstitute, deren Grenzen und dogmatische Einordnung bis heute ungeklärt sind. Dies ist für die Beurteilung der Aussagekraft des Liegenschaftsregisters problematisch, weil die Gruppe der den Erwerber potentiell bindenden, dinglichen Rechte nicht sicher abgegrenzt werden kann.

Zur Einordnung mancher Rechtsinstitute mit ungeklärter Rechtsnatur enthält der *Land Registration Act 2002* mit sec. 115 *Land Registration Act 2002* und sec. 116 *Land Registration Act 2002* Regelungen, die ihnen zumindest im Hinblick auf registrierte Grundstücke dinglichen Charakter zusprechen. Dadurch kann sich die Rechtsnatur mancher Rechtsinstitute im englischen Recht unterscheiden, je nachdem, ob sie sich auf registrierte oder nicht-registrierte Grundstücke beziehen. Die größere Bedeutung fällt sec. 116 *Land Registration Act 2002* zu, der sich mit der Rechtsnatur von *equities by estoppel* und *mere equities* befasst, und lautet:

> *It is hereby declared for the avoidance of doubt that, in relation to registered land each of the following-*
> *(a) an equity by estoppel, and*
> *(b) a mere equity,*
> *has effect from the time the equity arises as an interest capable of binding successors in title (subject to the rules about the effect of dispositions on priority).*

Diese beiden Fallgruppen werden in der Lehre unterschiedlich voneinander abgegrenzt, was jedoch nicht übermäßig problematisch ist, da sec. 116

349 *Tee*, (1998) 57 CLJ 328, 351.

350 Auch wenn seine genaue Rechtsnatur weiterhin umstritten ist, s. Kapitel C.

Land Registration Act 2002 für beide Fallgruppen die gleichen Rechtsfolgen vorsieht.

Sec. 116(a) *Land Registration Act 2002* befasst sich mit der *equity by estoppel*. *Estoppel* ist ein der Verwirkung ähnliches, in verschiedenen Formen[351] im englischen Privatrecht zu findendes Rechtsinstitut. Wie der *trust* beruht *estoppel* auf der Billigkeitsrechtsprechung der *Chancery*-Gerichte und seine dogmatischen Grenzen und sein Verhältnis zu ähnlichen Rechtsinstituten wie dem *constructive trust* sind bis heute ungeklärt.

Grundsätzlich ist der *proprietary estoppel* die Möglichkeit, eine Ermessensentscheidung eines Gerichts herbeizuführen, die den Inhaber eines Grundstücksrechts daran hindert, sich rechtsmissbräuchlich auf eine Rechtsposition zu berufen. Die Rechtsposition muss der Antragsgegener erlangt haben, weil der Antragsteller im Vertrauen auf Zusagen des Rechtsinhabers zu seinem eigenen Nachteil gehandelt hat. Den Gerichten kommt ein weites Ermessen zu, sodass der genaue Inhalt des *estoppel* erst nach der Ermessenentscheidung des Gerichts feststeht.

Bis zur Entscheidung des Gerichts besteht nur ein *equitable* Recht auf eine Ermessensentscheidung des Gerichts. Die Rechtsnatur dieses Rechts war vor dem *Land Registration Act 2002* umstritten.[352] Indem sec. 116(a) *Land Registration Act 2002* festlegt, dass eine *equity by estoppel* auch gegenüber Rechtsnachfolgern wirksam ist, verleiht diese Vorschrift diesem Rechtsinstitut auch vor der gerichtlichen Ermessensentscheidung einen dinglichen Charakter. Dies ist dogmatisch problematisch, da bis zu der Ermessensentscheidung des Gerichts nicht klar ist, was der Inhalt des Rechts ist.[353] Trotzdem können solche Rechte nun einen *interest* im Sinne von *Schedule 3* darstellen, der auch gegenüber einem entgeltlichen Erwerber wirkt.

Noch unklarer als die Rechtsnatur eines *estoppel*-Rechts war die dogmatische Einordnung der *mere equities*. *Mere equities* sind aus der Billigkeitsrechtsprechung der *Equity* entstammende Rechtspositionen, die nicht zu einem vollwertigen *equitable interest* erstarkt sind.

Sie werden in der Literatur unterschiedlich definiert. So beschreibt *Cooke mere equities* als *„right to apply for equitable relief, for example for rectification of a document for mistake, for rescission of a transaction for un-*

351 *Promissory estoppel* und *proprietary estoppel*.

352 *Bridge/Cooke/Dixon*, Megarry & Wade: The Law of Real Property, 9. Aufl. 2019, Rn 15–030 m.w.N.

353 *McFarlane*, (2003) CLJ 661, 689, 693.

due influence, or for relief against forfeiture of a lease“[354]. Ihre Definition nach sind *mere equities* das Recht, unter bestimmten Voraussetzungen eine Entscheidung des Gerichts zu erwirken. *Smith*[355] dagegen erwähnt zwei verschiedene Gruppen von *equities*. Die erste „*is based on certain equitable remedies...These equities operate so as to defeat or modify otherwise valid transactions*“[356]. In die deutsche Terminologie übersetzt wären *mere equities* der ersten Gruppe auf *Equity*-Regeln basierende Einreden. Die zweite Gruppe ist nach *Smith* „*a lesser form of equitable interest for which the court is not prepared to use the equitable interest terminology*“[357]. *Mere equities* der zweiten Kategorie sind also eine untergeordnete Auffangkategorie von Rechten, die aus der *Equity* stammen, aber dennoch keinen echten *equitable interest* darstellen. Diese schwammigen Definitionsversuche verdeutlichen, dass der Begriff der *mere equity* letztlich nicht klar abgegrent ist. Ebenso unklar war die Frage seiner Wirkung gegenüber Dritten.

In *National Provincial Bank Ltd v Ainsworth* hatte das *House of Lords* noch entschieden, dass die *deserted wife's equity* als *mere equtiy* kein *overriding interest* sei. Mittlerweile hat jedoch sec. 116(b) geregelt, dass auch *mere equities* dingliche Rechte darstellen. Dies wirft die Frage auf, ob *Ainsworth* im Rahmen des *Land Registration Act 2002* anders entschieden worden wäre und insbesondere, ob alle von der Billigkeitsrechtsprechung des *equity* anerkannten *remedies* nun im Hinblick auf registriertes Land dinglicher Natur sind. Wie *Smith* richtig feststellt, wäre dies ein *significant change in the law, the ramifications of which could be very wide*.[358]

Da seit dem 19. Jahrhundert die beiden Gerichtszweige zusammengelegt wurden, ist es zudem denkbar, dass bei der einen oder anderen *remedy* nicht ganz klar ist, ob sie nun aus der *Equity* stammt oder nicht, zumal in der englischen Jurisprudenz weniger Wert auf klare begriffliche Unterscheidungen und eine einheitliche Terminologie gelegt wird. Daher hat *Smith* recht, wenn er darauf hinweist, dass ein so tiefgreifender Eingriff in die englische Privatrechtsdogmatik wohl kaum in einer eher versteckt platzierten und nur als Klarstellungsnorm bezeichneten Regelung vorgenommen würde. Zudem ging die *Law Commission* selbst davon aus, dass sec.

354 *Cooke*, The New Law of Land Registration, 2003, S. 75–76.
355 *Smith*, Property Law, 10. Auflage 2020, S. 35.
356 *Smith*, Property Law, 10. Auflage 2020, S. 35.
357 *Smith*, Property Law, 10. Auflage 2020, S. 36.
358 *Smith*, Property Law, 10. Auflage 2020, S. 36.

116 *Land Registration Act 2002* keine Änderung der bestehenden Rechtslage bewirke.[359]

Im Zusammenspiel mit *Schedule 3* stellt die Verdinglichung der *equities by estoppel* und der *mere equities* jedenfalls eine bedeutende Einschränkung der Aussagekraft des englischen Grundstücksregisters dar, weil sämtliche dieser *equities* als *overriding interest* gegenüber einem Erwerber wirksam sein können.

Immerhin hat der *Court of Appeal* jüngst in *Mortgage Express v Lambert*[360] entschieden, dass die *overreaching*-Regelungen auch zur Überwindung von Rechten nach sec. 116 angewendet werden können. Diese von der Literatur begrüßte[361] Auslegung der sec. 2(1)(ii) *Law of Property Act 1925* bedeutet, dass zumindest Erwerber, die von zwei Miteigentümern erwerben, vor potentiellen sie bindenden *equities* sicher sein sollten.

ccc) Sec. 115 *Land Registration Act 2002*

Das *right of pre-emption*, welches einem Vorkaufsrecht entspricht, ist durch den *Land Registration Act 2002* im Hinblick auf registrierte Grundstücke zu einem dinglichen Recht erklärt worden.[362] Mit sec. 115 *Land Registration Act 2002* wies der Gesetzgeber anderslautende *obiter* Bemerkungen des *Court of Appeal* in *Pritchard v Briggs*[363] zurück.[364]

ddd) *Statutory right to rectify*

Ein weiteres umstrittenes Rechtsinstitut, das in Literatur und Rechtsprechung als potentieller *interest* behandelt wurde, ist das *statutory right to rectify*. Das *statutory right to rectify* bezeichnet die Rechtsposition desjenigen, der ein Recht auf Registerberichtigung nach *Schedule 4* hat. Ein solcher

---

359 *Law Commission*, No. 271, Land Registration for the Twenty-First Century: A Conveyancing Revolution, 2001, Rn 5.36.

360 [2016] EWCA Civ 555.

361 *Dixon*, (2017) LQR 173, 176; *Lees*, (2017) Conv 71, kritisch *Televantos*, (2016) CLJ 458.

362 Sec. 115(1) *Land Registration Act 2002*.

363 [1980] Ch 338.

364 *Law Commission*, No. 271, Land Registration for the Twenty-First Century: A Conveyancing Revolution, 2001, Rn 5.26 ff.

Anspruch auf Registerberichtigung entsteht zum Beispiel, wenn aufgrund eines Irrtums falsche Eintragungen vorgenommen wurden.

Der *Court of Appeal* in der Entscheidung *Malory Ltd v Cheshire Homes* nahm an, dass dieser Anspruch dingliche Wirkung haben und damit ein *overriding interest* sein könne. Zwar wurde die Präzedenzwirkung von *Malory* in *Swift1st* im Hinblick auf seine Analyse der Wirkung einer Eintragung aufgehoben, nicht jedoch im Hinblick auf die Aussagen des Gerichts zur Rechtsnatur des *statutory right to rectify*. Diese Entscheidung wurde von der Literatur mehrheitlich kritisiert,[365] von einigen Stimmen aber auch begrüßt.[366] Die *Law Commission* vertritt die Meinung, das *statutory right to rectify* könne kein dingliches Recht darstellen, da es immer im Ermessen des Gerichts oder des Registerbeamten stehe.[367] Dieses Argument könnte man aber auch gegen die dingliche Natur von *equities bei estoppel* anbringen, was den Gesetzgeber jedoch nicht daran gehindert hat, diesem Rechtsinstitut mit sec. 116 des *Land Registration Act 2002* dingliche Wirkung zu verleihen.

eee) *Estate contracts*– Reformdebatte

Wie bereits erläutert führt der Abschluss des Kaufvertrages im englischen Recht dazu, dass der Käufer aufgrund des *Equity*-Prinzips *equity regards as done what ought to be done* bereits den *title* auf der *Equity*-Ebene in Form des *estate contract* erhält. Im Rahmen des aktuellen Reformvorhabens wurde von der *Law Commission* die Frage aufgeworfen, ob auch ein *estate contract* ein bindendes Recht eines Grundstücksinhabers sein könne.[368] Die Frage beruhte auf der allgemeinen Überlegung, dass nur solche Rechte den Schutz von *Schedule 3* erhalten sollten, bei denen eine Registrierung nicht erwartet werden kann, insbesondere also informell entstandene Rechte wie den *trusts of the family home*.[369]

---

365 *Milne*, (2015) Conv 356; *Lees*, (2015) LQR 515; *Smith*, (2015) CLJ 401; *Dixon*, (2016) Conv 382.

366 *Sheehan*, (2003) LQR 31.

367 *Law Commission*, No. 227, Updating the Land Registration Act 2002: A Consultation Paper, 2016, Rn 13.83 – 13.87.

368 *Law Commission*, No. 227, Updating the Land Registration Act 2002: A Consultation Paper, 2016, Rn 11.13 ff..

369 *Law Commission*, No 227, Updating the Land Registration Act 2002: A Consultation Paper, 2016, Rn 11.21 ff..

Ein *estate contract* entsteht dagegen durch den Abschluss eines formellen Kaufvertrages, sodass auf ihn die Argumentation bezüglich informell entstandener Rechte nur bedingt übertragen werden kann. Darüber hinaus wäre auch ein Erweber eines unregistrierten Grundstücks nur dann an einen *estate contract* gebunden, wenn er im *Land Charges Register* eingetragen worden wäre.[370]

Dennoch kam die *Law Commission* zu dem Schluss, dass auch *estate contracts* bzw. formell bestellte Belastungen ebenfalls weiterhin *overriding interests* darstellen können, wenn der Rechtsinhaber gleichzeitig der *actual occupier* ist. Dies wurde unter anderem damit begründet, dass so auch ein erwerbender Grundstücksinhaber geschützt würde, dessen Eintragungsantrag aufgrund von Formfehlern zunächst zurückgewiesen worden ist. Auch im Hinblick auf *estate contracts* erschien es der *Law Commission* für den Verkehrsschutz ausreichend, dass jedem Erwerber die Möglichkeit offen steht, Nachforschungen hinsichtlich möglicher Grundstücksinhaber und derer Rechte anzustellen und somit in den Genuss der Ausschlussgründe von para. 2 zu kommen.[371] Darüber hinaus seien punktuelle Vergleiche mit der Rechtslage im Hinblick auf unregistrierte Grundstücke nicht zielführend.[372] Aus diesen Gründen entschied sich die *Law Commission* im Hinblick auf *estate contracts* oder andere ausdrücklich bestellte Rechte, keine Änderung der derzeit geltenden Rechtslage vorzuschlagen.[373]

Dem Rechtsvergleicher zeigt diese Debatte und der Entschluss der *Law Commission*, ausdrücklich bestellte Rechte nicht aus dem Kreis der potentiellen *overriding interests* auszuschließen, dass sie offiziell zwar ein möglichst aussagekräftiges Liegenschaftsregister anstrebt, im Detail jedoch davor zurückgeschreckt, die hierfür erforderlichen Konsequenzen zu ziehen, weil diese zu Ungerechtigkeiten im Einzelfall führen können.

---

370 Vgl. *Law Commission*, No. 227, Updating the Land Registration Act 2002: A Consultation Paper, 2016, Rn 11.27.

371 *Law Commission*, No. 227, Updating the Land Registration Act 2002: A Consultation Paper, 2016, Rn 11.28 – 11.29.

372 *Law Commission*, No. 227, Updating the Land Registration Act 2002: A Consultation Paper, 2016, Rn 11.27.

373 *Law Commission*, No. 380, Updating the Land Registration Act 2002, 2018, Rn 11.11 ff..

cc) Ausschlussgründe

Da das englische Recht zumindest auf dem Gebiet der *Equity* schnell bereit ist, ein dingliches Recht anzunehmen, stellen die *interests of persons in actual occupation* eine erhebliche Einschränkung der Aussagekraft des Registers dar. Es kommt hinzu, dass diese Gruppe von *overriding interests* nicht über den Inhalt der Rechte definiert ist, sondern durch den Rechtsinhaber. Demnach ist diese Gruppe von *overriding interests* nicht inhaltlich beschränkt, da ein *interest* einer *person in actual occupation* alles Mögliche zum Inhalt haben kann und viel weiter reichen kann, als beispielsweise eine *lease* im Sinne der ersten Fallgruppe von *overriding interests* nach para. 1 *Schedule 3*. Eine *lease* im Sinne von para. 1 hat eine Höchstdauer von sieben Jahren. Wenn dagegen der Inhaber einer nichtregistrierten *equitable lease* das Grundstück *in actual occupation* hat, kann seine *lease*, auch wenn sie erheblich länger läuft als sieben Jahre, als *overriding interest* nach para. 2 *Schedule 3* den Erwerber binden.

Den Ausschlussgründen in para. 2 kommt eine besondere Bedeutung zu, weil die Zahl der potentiellen *overriding interests qua actual occupation* sehr hoch ist. Para. 2 sieht vier Ausnahmen vor:

An interest under a settlement under the Settled Land Act 1925

Diese Ausnahme fand sich auch schon im *Land Registration Act 1925*. Sie geht auf den schon mehrfach erwähnten Zweck der 1925er Reformen zurück, das System der Immobiliarsachenrechte zu vereinfachen und insbesondere die Zahl der *equitable* Bindungen zu reduzieren. Nach der Vorstellung der Autoren des *Land Registration Act 1925* sollten sich Erwerber möglichst keine Gedanken mehr über das Grundstück betreffende *equitable interests* machen müssen. *Settlements* wurden schon damals als Grundstücksrechte angesehen. Um Erwerber vor ihnen zu schützen, konnten sie nicht als *overriding interests* den Erwerber binden. Da wie dargestellt auch die andere Kategorie von *trusts relating to land*, *trusts for sale* nach dem ursprünglich vorgesehenen System den Erwerber nicht binden konnte, war ein lastenfreier Erwerb im Jahre 1925 erheblich einfacher sicherzustellen als heute.

Mittlerweile haben die Gerichte auf tiefgreifende gesellschaftliche Veränderungen reagiert und *trusts for sale* als *overriding interest* anerkannt. *Settlements* dagegen sind nahezu obsolet geworden und seit dem *Trusts of Land and Appointment of Trustees Act 1996* können auch keine neuen *settlements* mehr geschaffen werden.[374]

In ihrem *Consultation Paper* zur Vorbereitung des *Land Registration Act 2002* hatte die *Law Commission* empfohlen, auch den *settlements* den Status eines *overriding interest* zu gewähren.[375] Dies erscheint im Hinblick auf die Karriere der *trusts for sale* nur konsequent. Der Vorschlag stieß in der Literatur jedoch auf Ablehnung, sodass die *Law Commission* in ihrem auf das *Consultation Paper* folgenden *Report* die Überlegung ohne ausführliche Auseinandersetzung mit den Argumenten fallen ließ.[376]

An interest of a person of whom inquiry was made before the disposition and who failed to disclose the right when he could reasonably have been expected to do so

Dieser Ausschlussgrund verlangt, dass tatsächlich Erkundungen hinsichtlich potentiell bestehender Rechte Dritter eingeholt wurden und der Rechtsinhaber nicht auf sein Recht hingewiesen hat, obwohl dies ihm zumutbar war. Die *Law Commission* sieht diese Einschränkung als eine Form des *estoppel*.[377] Eine *inquiry* im Sinne dieses Ausnahmetatbestands ist das wichtigste Instrument eines Erwerbers oder Darlehensgebers, um das Risiko eines ihn bindenden *overriding interest* einzudämmen. In ungewöhnlich erwerberfreundlicher Manier sah das Gericht in *Mortgage Express v Lambert* die Voraussetzungen für diesen Ausschlussgrund als auch dann erfüllt an, wenn nicht der Erweber bzw. der Darlehensgeber selbst, sondern ein nicht damit beauftragter Dritter die *inquiry* vorgenommen hatte. Ob andere Gerichte dieser *„generous pro-purchaser interpretation of the 2002 Act"*[378] folgen werden, ist fraglich.

---

374 sec. 2(1) *Trusts of Land and Appointment of Trustees Act 1996.*

375 *Law Commission*, No. 254, Land Registration for the Twenty-First Century: A Consultative Document, 1998, Rn 5.63.

376 *Law Commission*, No. 271, Land Registration for the Twenty-First Century: A Conveyancing Revolution, 2001, Rn 8.17, 8.59.

377 *Law Commission*, Land Registration for the Twenty-First Century: A Conveyancing Revolution, No. 271, 2001, Rn 8.60.

378 *Dixon*, (2017) LQR 173, 176.

An interest –

(i) which belongs to a person whose occupation would not have been obvious on a reasonably careful inspection of the land at the time of the disposition, and

(ii) of which the person to whom the disposition is made does not have actual knowledge at that time;

Im Gegensatz zu der vorstehend besprochenen Einschränkung erfordert dieser Ausschlussgrund nicht, dass tatsächlich eine *inspection* stattgefunden hat. Vielmehr reicht es aus, dass die *actual occupation* des Dritten bei einer Besichtigung des Grundstücks nicht offensichtlich gewesen wäre und der Erwerber auch keine positive Kenntnis hatte.

Bisher ist nur eine Gerichtsentscheidung bekannt geworden, die sich mit der Auslegung dieses Ausschlussgrundes befasst. In der *High Court* Entscheidung *Thomas v Clydesdale Bank Plc*[379] ist das Gericht der Ansicht, dass die *actual occupation* dann offensichtlich ist, wenn sichtbare, leicht zu erkennende Anzeichen hierfür vorliegen würden.

Dieser Ausschlussgrund wurde erst mit dem *Land Registration Act 2002* eingeführt.[380] Das gesetzgeberische Ziel war es, den Rechtsverkehr vor versteckten Rechten Dritter zu schützen.[381] Erwerber sollen nicht an Rechte von Dritten gebunden sein, deren *actual occupation* nur schwer erkennbar war. Die Tatbestandvoraussetzung der „Erkennbarkeit“ erinnert an § 932 Abs. 2 2. Alt. BGB. Der maßgebliche Unterschied besteht jedoch darin, dass die deutsche Vorschrift zum gutgläubigen Erwerb von beweglichen Sachen die Beweislast demjenigen auferlegt, der sich auf die fehlende Gutgläubigkeit des Erwebers beruft. Hier muss dagegen der Erwerber nachweisen, dass die *actual occupation* nicht erkennbar war. Die Nähe dieses Ausschlussgrundes zu Gutgläubigkeitserwägungen ist auch der englischen Literatur nicht entgangen, die befürchtet das mit Hilfe dieses Ausschlussgrundes die *doctrine of noctice* wiederbelebt werden könnte.[382]

---

379 [2010] EWHC 2755 (QB).

380 *Law Commission*, Land Registration for the Twenty-First Century: A Conveyancing Revolution, No. 271, 2001, Rn 8.61. *Jackson*, (2003) 119 LQR 660 betrachtet die Einführung dieses Ausschlussgrundes als unlogisch und systemwidrig.

381 *Law Commission*, Land Registration for the Twenty-First Century: A Conveyancing Revolution, No. 271, 2001, Rn 8.62.

382 *Dixon*, (2003) Conv 136, 148.

A leasehold estate in land granted to take effect in possession after the end of the period of three months beginning with the date of the grant and which has not taken effect in possession at the time of the disposition

Dieser Ausschlussgrund betrifft *leases*, die frühestens drei Monate nach ihrer Gewährung zu laufen beginnen und die zum Zeitpunkt der *completion* noch nicht zu laufen begonnen haben.

Auch dieser Ausschlussgrund soll, den Erwerber vor Rechten Dritter schützen, die er nicht ohne übermäßigen Aufwand in Erfahrung bringen kann.

dd) Rechtsfolgen des Vorliegens eines *interest of a person in actual occupation*

Die Rechtsfolge des Vorliegens eines *overriding interest of a person in actual occupation* ist, dass dieses Recht eines Dritten auch gegenüber dem Erwerber wirksam ist, allerdings nur im Hinblick auf das *land of which he* [der Dritte] *is in actual occupation*. Nach allgemeiner Ansicht ist diese Formulierung eine Abkehr von der *Court of Appeal* Entscheidung *Ferrishurst Ltd v Wallcite Ltd*[383]. Hier hatte das Gericht dem Berechtigten einen *overriding interest* an dem gesamten Grundstück zugesprochen, obwohl er lediglich *in actual occupation* eines Grundstücksteils war. Dies soll nun nicht mehr gelten. Der *overriding interest* besteht immer nur hinsichtlich des Teils des Grundstücks, das sich auch tatsächlich im Gewahrsam des Berechtigten befindet.

ee) Zwischenergebnis

Die *overriding interests* und insbesondere die Rechte der Personen in *actual occupation* sind von besonderem Interesse für den deutschen Sachenrechtsvergleicher, weil sie aus deutscher Sicht den Anforderungen an ein aussagekräftiges Grundbuch widersprechen.

Tatsächlich sind diese Rechte in der englischen Praxis eines der größten Risiken für den Erwerber. So schreiben *Abbey* und *Richards* in *A Practical Approach to Conveyancing*: „*Practicioners should always be on their guard against the danger of an undisclosed occupier…The property should be physically*

383 [1999] Ch 355.

inspected and enquiries made about occupiers. This is really a matter of common sense. If the property is meant to be empty but there are signs of occupation, then further enquiries must be made of the seller. Similarly, if the seller is meant to be single but again there are signs of another person living at the property, further enquiries must be directed to the seller.“[384]

Daher kann sich ein Erwerber in England anders als in Deutschland hinsichtlich der Lastenfreiheit des Grundstücks nicht auf den Grundbuchstand verlassen, sondern muss zusätzlich zu der Grundbucheinsicht gegebenenfalls umfangreiche Nachforschungen anstellen, die auch die Besichtigung des Objekts umfassen sollten. Selbst dann kann der Erwerber bzw. der Darlehensgeber nicht sicher sein, dass nicht doch ein ihn bindendes dingliches Recht besteht.

Die Publizität des Liegenschaftsregisters wird zudem dadurch weiter eingeschränkt, dass dem durch einen *overriding interest* gebundenen Erwerber keine Entschädigungszahlung nach *Schedule 8* zusteht.[385]

c) Para. 3 – *Easements and profits à prendre*

Legal easements und *profits à prendre*, von denen der Erwerber keine positive Kenntnis hatte und die auch nicht bei einer Besichtigung des Grundstücks offensichtlich gewesen wären, können ebenfalls *overriding interests* sein. Dies gilt nicht, wenn das mit dem *easement* oder dem *profit à prendre* verbundene Recht nicht innerhalb der der Verfügung vorausgehenden zwölf Monate ausgeübt wurde.

d) Para. 4 und 5 – *Customary and public rights*

Gewohnheitsrechte und öffentliche Rechte können ebenfalls *overriding interests* sein. Laut der *Law Commission* ist der Begriff *customary rights* so zu verstehen: „*rights which were enjoyed by all or some inhabitants of a particular locality, many of which still survive*“.[386]

---

384 *Abbey/Richards*, A Practical Approach to Conveyancing, 21. Aufl. 2019, Rn. 1.80.

385 *Re Chowood's Registered Land* [1933] Ch 574; s. auch *Law Commission*, No. 271, Land Registration for the Twenty-First Century: A Conveyancing Revolution, Rn 13.54 ff..

386 *Law Commission*, Land Registration for the Twenty-First Century: A Conveyancing Revolution, No. 271, 2001, Rn 8.27.

Hinsichtlich der öffentlichen Rechte übernahm die *Law Commission* die Definition des *Court of Appeal* in *Overseas Investment Services Ltd v Simcobuild Construction Ltd*[387]: *rights „exercisable by anyone, whether he owns land or not, merely by virtue of the general law"* und *„rights presently exercisable but not ones that might become exercisable in future"*.

e) Para. 6 – *Local land charges*

Dieser Tatbestand bezieht sich auf öffentlich-rechtliche Lasten, die unter den *Local Land Charges Act 1975* fallen. Für diese Lasten existiert ein eigenes Registersystem. Es wird hinsichtlich in London befindlicher Grundstücke bei dem zuständigen *London Borough* und ansonsten bei dem zuständigen *District Council* geführt.

f) Para. 7 bis 9 – *Mines and minerals*

Diese Tatbestände schützen bestimmte Bergbaurechte, die auch schon unter dem *Land Registration Act 1925* als *overriding interests* geschützt waren. Es ist aufgrund der Komplexität der Rechte und ihres teilweise sehr langen Bestehens kaum möglich, sie unter vertretbaren Verfahrenskosten in einem Register eintragen zu lassen.[388]

g) Para. 10 bis 14 – *Miscellaneous*

Die exotisch anmutenden *overriding interests* in den Paragraphen 10 bis 14 sind Relikte einer vergangenen Zeit. Im Rahmen der Bodenrechtsreform in den 20er Jahren wurden unter anderem die sogenannten unfreien Lehnsbesitzrechte, die *unfree tenures*, abgeschafft und in *freehold* umgewandelt. Diese sogenannten unfreien Lehnsbesitzrechte nannten sich *copyhold*. Mit ihnen gingen zahlreiche Pflichten des *tenant* einher, die auch noch in den 20er Jahren wirksam waren. Mit der Umwandlung des *copyhold* in *freehold* wurden die meisten dieser Verpflichtungen abgeschafft.

---

387 (1995) 70 P&CR 322.

388 *Law Commission*, Land Registration for the Twenty-First Century: A Conveyancing Revolution, No. 271, 2001, Rn 8.31 ff..

Eine Ausnahme stellen jedoch die exotischen Pflichten des Landbesitzers in *Schedule 3* Paragraphen 10 bis 14 dar. Diese bestanden weiterhin in der Form von *overriding interests*, mussten aber gemäß sec. 117 *Land Registration Act 2002* bis zum 13. Oktober 2013 registriert werden, da sie sonst ihre Bindungwirkung gegenüber Erwerbern verloren. Wo diese exotischen Rechte vorliegen, bestand hinsichtlich des betroffenen Grundstücks vor dem *Law of Property Act 1922* ein *copyhold*. Diese Rechte stellen heutzutage oft die einzige Möglichkeit dar, Rückschlüsse darüber zu ziehen, ob ein Grundstück ursprünglich mal Gegenstand eines *copyhold* war. Sie geben demnach Hinweise auf die historischen feudalen Strukturen einer Gegend.[389]

III) Rang eines minor interest

Das Register schützt den Rang von *minor interests* nur gegenüber *registrable dispositions* wie sich aus sec. 29(2)(i) *Land Registration Act 2002* ergibt. Eine sec. 29(1) *Land Registration Act 2002* vergleichbare Regelung existiert für *minor interests* nicht, sodass in diesen Fällen zeitliche Priorität über den Rang der *minor interests* entscheidet. Folglich geht einem zeitlich späteren, aber im Register geschützten, *estate contract* ein zeitlich früherer, nicht im Register geschützter *estate contract* vor. Gegenüber einer zeitlich späteren *legal mortgage* dagegen wäre nur der im Register geschützte *estate contract* geschützt und würde dieser vorgehen.

IV) Zwischenergebnis

Im Ergebnis hat das englische Liegenschaftsregister lediglich eine partielle negative Publizität. Zwar spricht einiges dafür, dass einmal gelöschte *registrable estates* und *registrable charges* zumindest auf der *Law*-Ebene nicht mehr bestehen, dies bedeutet aber nicht, dass sie auch auf der *Equity*-Ebene erloschen sind. Eine noch größere Einschränkung der negativen Publizitätswirkung bilden die *overriding interests* und insbesondere die zahlreichen Rechte der *persons in actual occupation*. Auch wenn es das Ziel des Gesetzgebers war und ist, diese Kategorie so weit wie möglich einzuschränken, scheint die tatsächliche Entwicklung eher in die andere Richtung zu lau-

389 *Bridge/Cooke/Dixon*, Megarry & Wade: The Law of Real Property, 9. Auflage, 2019, Rn 2–029.

fen. Nachdem die Anerkennung der *trusts for sale* in *Boland* diese zu einem Risiko für potentielle Darlehnsgeber machte, haben nun auch sämtliche *mere equities* durch sec. 116 *Land Registration Act 2002* Karriere gemacht und können gegenüber Erwerbern wirksam sein. Darüber hinaus existieren sowohl in der Rechtsprechung als auch der Literatur Stimmen, die auch das *statutory right to rectify* als dingliches Recht anerkennen möchten.

H) Garantiewirkung und Registerberichtigung

I) Qualified indefeasibility

In den beiden vorstehenden Kapiteln wurde die positive und negative Publizitätswirkung des englische Liegenschaftsregisters dargestellt. Die in Kapitel G besprochene negative Publizität des Liegenschaftsregisters besteht primär in der rangschützenden Wirkung von sec. 29 bzw. sec. 30 *Land Registration Act 2002*. Danach wirkt eine Belastung grundsätzlich nur dann gegenüber einem Erwerber, wenn sie im Register eingetragen oder ein trotz Nichteintragung geschützter *overriding interest* ist. Eine umfassende gesetzliche Vermutung i. S. v. § 891 Abs. 2 BGB sowie einen korrespondierenden Verkehrsschutz i.S.d. §§ 892, 893 BGB enthält der *Land Registration Act 2002* dagegen nicht. Die Kategorie der *overriding interests* ist zudem ausgesprochen umfangreich, sodass insgesamt nur von einer partiellen negativen Publizität des englischen Liegenschaftsregisters gesprochen werden kann.

Wie in Kapitel F erörtert, ist das Grundstücksregister in England und Wales anders als in Deutschland nicht lediglich ein Träger öffentlichen Glaubens. Eintragungen im Register gestalten vielmehr nach dem *conclusiveness*-Prinzip aus sec. 58(1) *Land Registration Act 2002* die materielle Rechtslage unmittelbar, ohne dass weitere Voraussetzungen wie eine wirksame Einigung oder die dingliche Berechtigung des Verfügenden erfüllt sein müssen. Daher stellt sich eine der Zentralfragen des deutschen Grundstücksrechts, nämlich unter welchen Umständen von einem eingetragenen Nichtberechtigten erworben werden kann, nicht. Der Eingetragene ist automatisch auch der Berechtigte. Nach sec. 58(1) *Land Registration Act 2002* entspricht die materielle Rechtslage der Registerlage mit der Folge, dass das Register im Hinblick auf eingetragene Rechte und Berechtigte nicht falsch im Sinne von § 894 BGB sein kann und somit ein entsprechender Grundbuchberichtigungsanspruch zur Entfernung eines fälschlicherweise eingetragenen Nichtberechtigten im englischen Recht grundsätzlich logisch nicht möglich ist.[390] Demnach hat das englische Liegenschaftsre-

---

390 a. A. *Wagemann*, Funktion und Bedeutung von Grundstücksregistern, 2002, S. 60, die der Vorgängernorm von sec. 58 *Land Registration Act 2002* lediglich

gister zumindest auf den ersten Blick eine umfassende positive und eine eingeschränkte negative Publizitätswirkung.

Trotz der Gestaltungswirkung des Registers sind jedoch auch im englischen Registerrecht Konstellationen denkbar, in denen das Register berichtigt werden muss, beispielsweise wenn der eingetragene Berechtigte mittlerweile verstorben ist. Daher sind Registerberichtigungsansprüche auch im englischen Registersystem erforderlich und werden in sec. *65 Land Registration Act 2002* in Verbindung mit *Schedule 4, Land Registration Act 2002* geregelt. Während die grundsätzliche Notwendigkeit eines Registerberichtigungsmechanismus einleuchtet, stellt seine genaue Ausgestaltung das englische Grundstücksrecht vor Schwierigkeiten. Problematisch ist insbesondere, dass es an einem offensichtlichen Kriterium für die Zulässigkeit von Registerkorrekturen fehlt, weil eine Abweichung von der materiellen Rechtslage als Tatbestandsvoraussetzung für Registerkorrekturen grundsätzlich ausscheidet.[391] Vielmehr bewirkt die Registerkorrektur in vielen Fällen erst den Rechtsverlust des – nun nicht mehr – eingetragenen Berechtigten, sodass weitreichende Registerkorrekturmöglichkeiten automatisch eine Einschränkung, wenn nicht gar Aushöhlung, der Garantiewirkung des Registers mit sich bringen.

Die Fragen der Registerkorrektur und deren Auswirkung auf die Aussagekraft des Liegenschaftsregisters werden in der englischen Literatur unter dem Schlagwort *indefeasibility* – Unanfechtbarkeit – diskutiert. Der Begriff *indefeasibility* stammt aus den australischen, neuseeländischen und kanadischen Liegenschaftsregistersystemen, den sogenannten *Torrens*-Systemen, und wird dort in den Varianten *immediate indefeasibilty* und *deferred indefeasibility* verwendet. *Immediate indefeasibilty* bedeutet, dass grundsätzlich das Register zu Lasten eines einmal eingetragenen, gutgläubigen Ersterwerbers nicht mehr berichtigt werden kann, während *deferred indefeasibility* erst dem Zweiterwerber zugutekommt, der von diesem Ersterwerber erwirbt. Nach der Vorstellung der Autoren des *Land Registration Act 2002* verkörpert das englische System keine der beiden Varianten von Unanfechtbarkeit, sondern arbeitet mit einer dritten Spielart, der sogenannten *qualified indefeasibility*, in der der Buchberechtigte in besonderem

---

Rechtsscheinwirkung mit der Möglichkeit des Erwerbs vom Nichtberechtigten zuspricht.

391 So auch *Cooper*, (2013) CLJ 341, 347; *Gardner*, (2014) MLR 763, 773.

Maße vor Registerkorrekturen geschützt wird, sofern er auch Besitzers des Grundstücks ist.[392]

Über das generelle Bekenntnis zur *qualified indefeasibility* hinaus ist bis heute nicht abschließend geklärt, unter welchen Voraussetzungen ein Anspruch auf Registerberichtigung besteht. Der Wortlaut von *Schedule 4* und die Gesetzgebungsmaterialien helfen nur in begrenztem Maße weiter. Außerdem ist ihre Reichweite seit Jahren kontrovers[393] und ist mittlerweile auch Gegenstand einiger bedeutsamer, wenn auch nicht höchstrichterlicher Gerichtsentscheidungen[394] gewesen. Besonders brisant sind Sachverhalte, in denen seit der fehlerhaften Eintragung weitere Verfügungen vorgenommen und im Register vollzogen wurden. Aufgrund der mit dieser Frage verbundenen Rechtsunsicherheit und der nachteiligen Auswirkungen auf den Verkehrsschutz hat die *Law Commission* im laufenden Reformverfahren vorgeschlagen, die Korrekturansprüche zeitlich auf einen Zeitraum von zehn Jahren zu begrenzen, wenn der Eingetragene nicht zur Fehlerhaftigkeit des Registers beigetragen hat.[395]

Da die Korrekturmöglichkeiten in *Schedule 4* die Garantiewirkung der Registereintragung schmälern, bietet *Schedule 8* demjenigen, der aufgrund

---

392 *Law Commission*, No. 271, Land Registration for the Twenty-Frist Centry: A Conveyancing Revolution, 2001, Rn 10.13.

393 *Cooke*, (2004) Conv 482; *Fox*, in Cooke, Modern Studies in Property Law, Volume 3, 2005, S. 25; *Nair*, in Bright, Modern Studies in Property Law, Volume 6, 2011, S. 263; *Cooke*, (2013) Conv 344; *Cooper*, (2013) CLJ 341; *Dixon*, (2013) LQR 320; *Dixon*, (2013) Conv 463; *Goymour*, (2013) CLJ 617; *Lees*, (2013) MLR 62; *Lees*, (2013) MLR 924; *Gardner*, (2013) Conv 530; *Gardner*, (2014) MLR 763; *Cooke*, (2014) Conv 444; *Cooper*, (2015) LQR 108; *Dixon*, (2015) LQR 207; *Lees*, (2015) MLR 361; *Lees*, (2015) LQR 515; *Smith*, (2015) CLJ 10; *McFarlane/Hopkings/Nield*, Land Law: Text, Cases and Materials, 3. Aufl. 2015, S. 495 ff; *Dixon*, (2016) Conv 423; *Cooper*, in: Wudarski, Das Grundbuch im Europa des 21. Jahrhunderts, 2016, S. 129; *Lees*, in: Das Grundbuch im Europa des 21. Jahrhundert, 2016, S. 371; *Lees*, in: Goymour/Watterson/Dixon, New Perspectives on Land Registration, 2017, S. 97; *Lees*, (2017) Conv 71; *Lees*, (2018) Conv 76; *Lees*, (2018) Conv 91; *McFarlane/Hopkins/Nield*, Land Law, 2. Aufl. 2020, Rn 4.66 ff..

394 Insb. *Barclays Bank v Guy*, [2008] EWHC 893 (Ch); *Knights Construction v Roberto Mac*, HM Adjudicator, REF/2009/1459; *Ajibade v Bank of Scotland & Endeavor Personal Finance*, REF/2006/0163/0174; *Odogwu v Vastguide*, [2009] EWHC 3565 (Ch); *Stewart v Lancashir Mortgage Corp*, HM Adjudicator, REF/2009/0086; *Baxtor v Mannion*, [2011] EWCA Civ 120; *Gold Harp Properties v McLeod & Others*, [2014] EWCA Civ 1084; *NRAM Ltd v Evans*, [2017] EWCA Civ 1013; *Antoine v Barclays Bank plc*, [2018] EWHC 395 (Ch).

395 *Law Commission*, No. 227, Updating the Land Registration Act 2002: A Consultation Paper, 2016, Rn 13.126; *Law Commission*, No. 380, Updating the Land Registration Act 2002, 2018, Rn 13.84.

einer Registerkorrektur einen Verlust erleidet, einen Entschädigungsanspruch gegenüber dem Register. Dieser Entschädigungsanspruch greift jedoch nicht in allen Fällen. Insbesondere besteht nach herrschender Meinung kein Entschädigungsanspruch nach *Schedule 8*, wenn ein Berechtigter zu Unrecht aufgrund einer fälschlichen Eintragung seine Rechte verloren hat, das Register aber nicht berichtigt wird. Dies motiviert die Gerichte, die Korrekturnormen in *Schedule 4* weit auszulegen.[396] Auch hinsichtlich der Entschädigungsregelungen hat die *Law Commission* verschiedene Reformoptionen diskutiert, unter anderem die Einführung einer Obergrenze für Entschädigungszahlungen.[397]

II) Schedule 4 – *Registerberichtigung*

1) *Alteration* und *rectification*

Schedule 4 des *Land Registration Act 2002* sieht zwei Arten der Registeränderung vor, die allgemeinere *alteration* und die speziellere *rectification*. Die sprachliche Unterscheidung zwischen der allgemeinen Registeränderung, *alteration*, und der spezielleren Registerberichtigung, *rectification*, wurde erst durch den *Land Registration Act 2002* eingeführt. Während die Vorgängerregelung zu *Schedule 4*, sec. 82 des *Land Registration Act 1925* jede Form der Registeränderung als *rectification* bezeichnete, ist der Oberbegriff im *Land Registration Act 2002* nunmehr *alteration*; *rectification* bezeichnet nur noch Registerberichtigungen, die zulasten des eingetragenen Berechtigten wirken. Dies ist insbesondere bei der Lektüre älterer Gerichtsentscheidungen zu beachten, die noch zum *Land Registration Act 1925* ergingen.

Beide Arten der Registeränderung können entweder von einem Gericht angeordnet oder von einem Registerbeamten vorgenommen werden[398]. Da die materielle Rechtslage *at law* aufgrund der Gestaltungswirkung des Registers gemäß sec. 58(1) *Land Registration Act 2002* grundsätzlich der Registerlage entspricht, führt eine Änderung des Registers automatisch zu einer Änderung der materiellen Rechtslage. Demnach bewirken eine *alteration* oder *rectification* eine Rechtsänderung kraft Hoheitsaktes.

---

396 *Goymour*, (2013) CLJ 617; *Lees*, (2013) MLR 62, 75.

397 *Law Commission*, No. 227, Updating the Land Registration Act 2002: A Consultation Paper, 2016, Rn 14.52 ff.; *Law Commission*, No. 380, Updating the Land Registration Act 2002, 2018, Rn 14.15 ff..

398 para. 2 und para. 5 *Schedule 4 Land Registration Act 2002*.

Schedule 4 sieht in para.2 drei Änderungsgründe vor:

(a) correcting a mistake,

(b) bringing the register up to date, or

(c) giving effect to any estate, right or interest excepted from the effect of registration[399]

Varianten (a), (b) und (c) können alle der Grund für eine *alteration* sein. Eine *rectification* liegt nach para. 1, *Schedule 4* nur dann vor, wenn entsprechend para. 2(a) ein Fehler korrigiert wird und sich diese Korrektur nachteilig auf die Position des Eingetragenen auswirkt.

2) Registerberichtigung – *rectification*

Diese Variante der Registeränderungsansprüche ist für die Rechtsvergleichung die interessanteste. Zwar wird die Änderung des Registers mit dem Wort *may* in para. 2 und 5 grundsätzlich in das Ermessen des Gerichts bzw. des Registerbeamten gestellt. Für Fälle der *rectification* wird in para. 3(3) und 6(3) jedoch klargestellt, dass bei Vorliegen der Änderungsgründe eine Änderung vorgenommen bzw. angeordnet werden muss. Anders verhält es sich nur, wenn *exceptional circumstances* vorliegen, die es rechtfertigen, eine solche Anordnung nicht vorzunehmen.

Einen besonderen Schutz gegen *rectification* genießt im System von *Schedule 4* der *proprietor in possession*. Zu seinen Lasten kann ohne seine Zustimmung keine Registeränderung vorgenommen werden es sei denn, dass er selbst durch Täuschung oder fehlende Sorgfalt zu der Fehlerhaftigkeit des Registers beigetragen hat oder es aus einem anderen Grunde unbillig wäre, das Register nicht zu korrigieren.

Schedule 4 des *Land Registration Act 2002* sieht demnach folgendes Prüfungsschema für die Zulässigkeit einer *rectification* vor:

1. *Mistake* – die Registereintragung muss fehlerhaft sein
2. Es darf kein Fall des besonderen Besitzerschutzes vorliegen. Ein Fall des besonderen Besitzerschutzes liegt vor, wenn
   a) der eingetragene Berechtigte auch der Besitzer des Grundstücks ist,
   b) er der Registerberichtigung nicht zugestimmt hat,
   c) er auch nicht durch unredliches oder unsorgfältiges Verhalten zu dem Fehler beigetragen hat, und
   d) eine Registerberichtigung auch nicht aus allgemeinen Billigkeitserwägungen geboten ist.

399 para. 2(5) *Schedule 4 Land Registration Act 2002.*

Sind diese beiden Voraussetzungen (*mistake* und kein besonderer Besitzerschutz) gegeben, dann sind die Voraussetzungen für eine Registerkorrektur erfüllt. Rechtsfolge ist, dass das Register berichtigt werden kann und derjenige, zu dessen Lasten dies geschieht, zum Ausgleich einen verschuldensunabhängigen Entschädigungsanspruch gegen den Staat gemäß *Schedule 8* erhält.

3) *Mistake*

Dies führt zu der Frage, was unter einem *mistake* i. S. v. *Schedule 4* zu verstehen ist. Da die materielle Rechtslage sich gemäß sec. 58(1) *Land Registration Act 2002* nach der formellen Registerlage richtet, kann ein Registerfehler nicht wie im deutschen Recht nach § 894 BGB dann vorliegen, wenn die materielle Rechtslage von der Registerlage abweicht. Eine solche Abweichung ist nach den Prinzipien des englischen Registersystems nicht möglich, sodass die Definition eines Fehlers außerhalb des Registerrechts gesucht werden muss.[400] Dies birgt jedoch das Risiko, dass wieder auf die traditionellen Prinzipien zurückgegriffen und das Registersystem unterlaufen wird.

Der Begriff „*mistake*" ist weder im *Land Registration Act 2002* legaldefiniert, noch enthalten die vorbereitenden Berichte der *Law Commission* zur Reform von 2002 eine Definition eines Fehlers im Register. Dagegen hat die Literatur einige Begriffsbestimmungsversuche unternommen. Die Definitionsvorschläge in den Standardwerken *Ruoff&Roper*[401] sowie *Megarry&Wade*[402] orientieren sich an der Sicht des Registerbeamten. Demnach liegt nach Ansicht dieser Autoren ein *mistake* vor, wenn der Registerbeamte die Eintragung bzw. Löschung bei Kenntnis aller Umstände nicht vorgenommen hätte. Die *Law Commission* lehnt es in ihrem 2016er Bericht

---

400 Vgl. *Cooper*, (2013) CLJ 341, 347; *Gardner*, (2014) MLR 763, 773.

401 „*there will be a mistake whenever the Registrar (i) makes an entry in the register that he would not have made; (ii) makes an entry in the register that would not have been made in the form in which it was made; (iii) fails to make an entry in the register which he would otherwise have made; or (iv) deletes an entry which he would not have deleted; had he known the true state of affairs at the time of the entry or the deletion.*", Ruoff/Roper, Registered Conveyancing, September 2019, Rn 46.009.

402 „*there will be a mistake whenever the registrar would have done something different had he known the true facts at the time at which he made or deleted the relevant entry in the register.*", *Bridge/Cooke/Dixon*, Megarry&Wade: The Law of Real Estate, 9. Aufl. 2019, Rn 6.133.

ausdrücklich ab, den Fehlerbegriff im Gesetzestext zu definieren.[403] Gleichzeitig erkennt sie wohl die in der Literatur vorgeschlagene Orientierung an der Sicht der Registerbeamten als richtig an.[404] Auch von der Rechtsprechung wurde diese Definition mittlerweile ausdrücklich gutgeheißen.[405] *Cooper* hat zudem einen Fehlerbegriff entwickelt, der nicht von der Sicht des Registerbeamten, sondern der Sicht des Verfügenden ausgeht. Nach seiner *mandate theory* liegt immer dann ein Registerfehler vor, wenn die Registerveränderung vorgenommen wurde, ohne dass die hierfür notwendige materiell-rechtliche Berechtigung vorlag.[406] In den meisten Fällen sollten dieser Ansatz und die herrschende Meinung zu dem gleichen Ergebnis kommen, da ein Registerbeamter auch nur dann eine Eintragung oder Löschung im Register vornehmen würde, wenn dies von dem materiell-rechtlich tatsächlich Berechtigten beantragt würde.

Alle diese Ansätze kommen in Zweipersonenkonstellationen zu dem Ergebnis, dass die Eintragung einer nichtigen Verfügung einen Fehler darstellt. Streit besteht jedoch hinsichtlich Situationen, in denen die Übertragung zum Zeitpunkt ihrer Registrierung anfechtbar – *voidable* – aber nicht nichtig – *void* – war. Wie im deutschen Recht führt auch im englischen Recht eine arglistige Täuschung – *fraud* – nur zur Anfechtbarkeit, während eine gefälschte Übertragungsurkunde – *forgery* – gar keine rechtliche Wirksamkeit entfaltet, also nichtig ist. Demnach ist eine aufgrund einer arglistigen Täuschung vorgenommene Übertragung, die aber noch nicht angefochten worden ist, nach den allgemeinen *Common Law*-Regeln zum Eintragungszeitpunkt wirksam.[407]

Hinsichtlich der Berichtigungsmöglichkeiten stellt sich nun die Frage, ob entsprechend der traditionellen Grundsätze auch eine im Rahmen einer anfechtbaren Verfügung vorgenommene Registereintragung ein *mistake* ist.[408] In der Literatur wurde vereinzelt die Ansicht vertreten, dass

---

403 *Law Commission*, No. 227, Updating the Land Registration Act 2002: A Consultation Paper, 2016, Rn 13.81.

404 *Law Commission*, No. 227, Updating the Land Registration Act 2002: A Consultation Paper, 2016, Rn 13.67.

405 *NRAM Ltd v Evans*, [2017] EWCA Civ 1013, der sich auf die Definition in der 8. Auflage von Megarry&Wade bezieht.

406 *Cooper*. (2013) CLJ 341, 355ff.

407 *Chen-Wishart*, Contract Law, 6. Aufl. 2018, S. 260; *Smith*, in: Goymour/Watterson/Dixon, New Perspectives on Land Registration, 2017, S. 137.

408 Vgl. zur Debatte in der Literatur *Lees*, (2013) MLR 62, 71; *Smith*, in: Goymour/Watterson/Dixon, New Perspectives on Land Registration, 2017, S. 136–139; *Watterson/Goymour*, in: Goymour/Watterson/Dixon, New Perspectives on Land Registration, 2017, S. 301–305; *Lees*, (2018) Conv 91.

die Unterscheidung zwischen anfechtbaren und nichtigen Verfügungen keinen Platz im englischen Registerrecht hätte und auch Eintragungen im Rahmen von anfechtbaren Verfügungen Fehler i. S. v. *Schedule 4* seien.[409]

Zudem deutet auch das Registerschiedsgericht in *Stewart v Lancashire Mortgage Corp*[410] an, dass nicht zwischen anfechtbaren und nichtigen Verfügungen unterschieden werden sollte. In dem Sachverhalt war es jedoch bereits zu einer Weiterverfügung gekommen, sodass die Äußerungen des Schiedsgerichts auch so verstanden werden könnten, dass die Unterscheidung irrelevant sei, wenn schon eine Folgeverfügung vorgenommen wurde. Die Mehrheit in der Lehre sah dagegen in der Eintragung einer *voidable disposition* keinen *mistake*.[411]

Mittlerweile hatte der *Court of Appeal* die Möglichkeit, sich zu dieser Frage zu äußern, und entschied systematisch konsequent, dass eine lediglich anfechtbare, aber zum Zeitpunkt der Eintragung eben noch wirksame Registereintragung nicht fehlerhaft sei.[412] Demzufolge ist eine Registerkorrektur nach der Anfechtung auch keine *rectification*, sondern lediglich eine *alteration* zur Aktualisierung des Registers.[413] Dies hat unter anderem zur Folge, dass dem – nun nicht mehr – Eingetragenen nach einer solchen *alteration* auch keine Entschädigungszahlungen nach *Schedule 8* zustehen. Im Hinblick auf die Wirkung einer Anfechtung wäre noch anzumerken, dass auch[414] in diesem Zusammenhang Rechtsprechung und Literatur – ohne dies näher zu erörtern -davon ausgehen, dass die Aufgabe oder der Verlust einer Rechtsposition nicht zwingend auch die Löschung im oder Korrektur des Registers erfordert. Nur in einem solchen Fall, würde die Registeränderung dann tatsächlich auch keinen Rechtsverlust mit sich

---

409 Emmet/Farrand, Oktober 2019, Rn. 9.028; zustimmend wohl auch *Smith*, in: Goymour/Watterson/Dixon, New Perspectives on Land Registration, 2017, S. 139.

410 HM Adjudicator, REF/2009/0086, vgl. Abschnitt 29 der Entscheidungsgründe.

411 *Cooke*, The New Law of Land Registration, 2003, S. 127; *Harpum/Bridge/Dixon*, Megarry&Wade: The Law of Real Property, 8.Aufl. 2012, Rn 7.133; *Lees*, (2013) MLR 62, 71ff; Ruoff/Roper, Registered Conveyancing, September 2019, Rn 46.009.

412 *NRAM Ltd v Evans*, [2017] EWCA Civ 1013.

413 *Cooke*, (2004) Conv 482, Fn 8; *Watterson/Goymour*, in: Goymour/Watterson/Dixon, New Perspectives on Land Registration, 2017, S. 301; *Lees*, (2018) Conv 76, 81.

414 vgl. hierzu die *Law Commission* zur Frage der Änderung oder Aufgabe von *easements* ohne entsprechende Löschung im Register, *Law Commission*, No 327, Making Land Work: Easements, Covenants and Profits á Prendre, 2011, Rn 4.54.

bringen, da das Recht schon durch die Anfechtung verlorengegangen ist, und wäre tatsächlich als *alteration* und nicht als *rectification* einzuordnen.

4) Das Problem der Folgeverfügungen

Eine der umstrittensten Fragen des englischen Registerrechts ist die Frage, ob das Register auch dann noch berichtigt werden kann, wenn nach einer fehlerhaften Eintragung bereits eine Folgeverfügung vorgenommen wurde. Dieses Problem ist in England von großer praktischer Relevanz, da es im englischen Registersystem in den letzten Jahren vermehrt zu Fällen des sogenannten *identity fraud*, also Identitätsbetrugs, gekommen ist.[415] Die aufgrund von Urkundenfälschungen (*forgery*) vorgetäuschte Übertragung auf den Betrüger ist unzweifelhaft nichtig und dessen Eintragung demnach unproblematisch ein *mistake*. Umstritten sind jedoch die Fälle, in denen der eingetragene Betrüger schon eine Folgeverfügung vorgenommen hat und nunmehr ein unschuldiger Zweiterwerber im Grundbuch eingetragen ist. Der *Land Registration Act 2002* beantwortet die Frage nicht ausdrücklich, ob auch in dieser Konstellation das Register noch zugunsten des ursprünglichen Berechtigten korrigiert werden kann.[416]

Aus diesem Grunde haben die Gerichte sehr unterschiedliche Auffassungen dazu vertreten, wann ein Fehler vorliegt und wie er gemäß *Schedule 4* korrigiert werden kann. Die ersten Entscheidungen zu dem Thema und die älteren Literaturbeiträge[417] beantworteten diese Frage, streng am Wortlaut und dem System des *Land Registration Act 2002* orientiert, zunächst mit „Nein". Das Gericht in der *High Court* Entscheidung *Barclays Bank v Guy*[418] betonte die materiell-rechtliche Wirkung einer Registereintragung.

415 Vgl. nur den Bericht von *Pownall/Hill*, in: Goymour/Watterson/Dixon, New Perspectives on Land Registration, 2017, S. 7, 12ff. Der Umstand, dass dieses Problem in Kontinentaleuropa quasi unbekannt ist, hat wohl verfahrenstechnische Gründe, wie sogar die *Law Commission*, No. 227, Updating the Land Registration Act 2002: A Consultation Paper, 2016, Rn 2.6., überraschenderweise einräumt: *„The civil law jurisdictions of cotinental Europe and elsewhere have a notarial system; the identity of the parties to a transaction and the validity of their documentation are checked by the notary, and the risk of forgery is therefore far lower than in England and Wales."*

416 Auch die zwei Berichte der *Law Commission* schweigen zu dieser Kernfrage.

417 *Cooke*, The New Law of Land Registration, 2003, S. 125–127; Cooke, (2004) Conv 482, 485; *Fox*, in Cooke, Modern Studies in Property Law, Volume 3, 2005, S. 25; *Lees*, (2013) MLR 62; *Cooke*, (2013) Conv 344, 348.

418 [2008] EWHC 893 (Ch).

Gemäß sec. 58(1) *Land Registration Act 2002* werde der Eingetragene mit Eintragung in das Register zum Berechtigten, selbst wenn die Voraussetzungen für eine Verfügung nicht vorlagen. Gemäß sec. 24(1) *Land Registration Act 2002* und sec. 23 *Land Registration Act 2002* hat der eingetragene Berechtigte die Befugnis, über das Grundstück zu verfügen. Demnach könne eine Eintragung, die aufgrund einer solchen Verfügung erfolgt, nicht fehlerhaft sein, weswegen kein Fehler im Sinne von *Schedule 4* vorläge. Demzufolge könne das Register nach einer Weiterverfügung auch nicht mehr berichtigt werden, da es nicht mehr fehlerhaft sei.[419]

Wenn man der Argumentation des *High Court* in *Barclays Bank v Guy* und der zustimmenden Literaturmeinung folgt, hat das englische Liegenschaftsregister eine sehr starke Garantiewirkung. Sobald nach einer fehlerhaften Eintragung weiterverfügt wurde und diese Verfügung ebenfalls in das Register eingetragen worden ist, kann dieses nicht mehr zugunsten des ursprünglichen Berechtigten korrigiert werden. Denn die Weiterverfügung stellt keinen Fehler dar und die Korrektur des ursprünglichen Fehlers kann nicht die Beeinträchtigung des Zweiterwerbers umfassen.

Damit ginge nach dieser Auslegung des *Land Registration Act 2002* das englische Immobilienrecht weiter als das deutsche. In England könnte auch ein bösgläubiger Folgeerwerber von einem fälschlicherweise eingetragenen Berechtigten erwerben und die Eintragung des Folgeerwerbers nach *Schedule 4* nicht mehr korrigiert werden. Die Gut- oder Bösgläubigkeit eines Erwerbers spielt in *Schedule 4* auf der Ebene der Gegenausnahmen zum besonderen Besitzerschutz in para. 3(2) und para. 6(2) eine Rolle. Wenn jedoch die Eintragung eines Folgeerwerbers kein korrigierbarer Fehler ist, liegt schon das erste Tatbestandsmerkmal der Registerberichtigung nicht vor, sodass nach *Schedule 4* das Register unabhängig von einer potentiellen Gut- oder Bösgläubigkeit des Folgeerwerbers grundsätzlich nicht korrigiert werden kann. Dem ursprünglich Berechtigten blieben gegenüber dem Folgeerwerber nur die allgemeinen deliktischen und ggf. vertragsrechtlichen Ansprüche. Zudem könnte auch ein *constructive trust* zugunsten des ursprünglichen Erwerbers bestehen, sofern die über bloße Bösgläubigkeit hinausgehenden Tatsbestandsmerkmale einer der Fallgruppen eines *constructive trust* erfüllt wären.

Diese anfängliche, stark an der Systematik und inneren Logik des *Land Registration Act 2002* orientierte Sichtweise ist in jüngster Zeit in der Lite-

419 Siehe insbesondere Abschnitte 17 und 18 der Urteilsbegründung; ähnlich entschied der *Court of Appeal* in *Norwich & Peterborough BS v Steed*, [1993] Ch 116, zum *Land Registration Act 1925*.

ratur immer stärker in die Kritik geraten.[420] Parallel zu dieser Entwicklung in der Literatur neigen die Gerichte mittlerweile zu einer weiten Auslegung der gesetzlich vorgesehenen Korrekturmöglichkeiten. So entschied der *Court of Appeal* in *Gold Harp Properties v McLeod & Others*[421], dass eine fälschlicherweise gelöschte *lease* wieder an ihrer ursprünglichen Rangstelle in das Register einzutragen sei, obwohl mittlerweile weitere Belastungen eingetragen worden waren, die damit eine schlechtere Rangstelle erhielten. Das Gericht stützte sich insbesondere auf para. 8 von *Schedule 4*, der ausdrücklich eine Änderung der Rangverhältnisse zu den zulässigen Registerkorrekturen zählt.

Eigentlich wären auf den zur Entscheidung stehenden Sachverhalt wohl die Rangregelungen aus sec. 28 ff. *Land Registration Act 2002* anwendbar gewesen. Weil die Folgeverfügungen unentgeltlich waren, hätte der Rang der gelöschten *lease* als bloße *alteration* wiederhergestellt werden können.[422] Dies hatten die Parteien jedoch nicht vorgetragen. Das Gericht ist in England grundsätzlich an den Rechtsvortrag der Parteien gebunden und war deshalb gezwungen seine Entscheidung anhand von *Schedule 4* zu treffen.

Nachdem es sich sehr ausführlich mit den Präzedenzfällen zum 1925er Akt befasst hatte, kam es zu dem Ergebnis, dass *Schedule 4* auch eine rangändernde Registerkorrektur ermöglicht, wenn nach dem Registerfehler bereits eine Folgeverfügung erfolgt ist, denn bei Nichtberichtigung des Registers stehe dem ursprünglichen Berechtigten keine Entschädigung zu.[423]

Darüber hinaus erschien es dem *Court of Appeal* systemwidrig, wenn dem ursprünglich Berechtigten nur ein Korrekturanspruch zustünde, wenn ein Betrüger mit gefälschten Urkunden die direkte Eintragung eines Dritten erwirke, während er keinen solchen Anspruch hätte, wenn der Betrüger zunächst sich selbst eintragen ließe und dann an den Dritten weiterveräußerte.[424] Aus Sicht eines deutschen Juristen ist dies nicht systemwidrig, weil es sich um zwei vollkommen verschiedene Sachverhalte handelt und nur in einem der Sachverhalte der Dritte auf die Berechtigung des Voreingetragenen vertraut. Für *Underhill LJ* war dies gerade einer der

---

420 *Nair*, in Bright, Modern Studies in Property Law, Volume 6, 2011, S. 263; *Cooper*, (2015) LQR 108; *Dixon*, (2016) Conv 423.

421 [2014] EWCA Civ 1084.

422 Vgl. die Bemerkungen von Underhill LJ in *Gold Harp Properties v McLeod & Others* in Abschnitt 34 der Entscheidungsgründe, s. Kapitel G.

423 Vgl. Abschnitt 80 der Entscheidungsgründe.

424 Vgl. Abschnitt 80(5) der Entscheidungsgründe.

Hauptgründe, eine rangändernde Korrektur der Folgeverfügung zuzulassen.

Ähnlich entschied das Registerschiedsgericht in *Knights Construction (March) Ltd v Roberto Mac Ltd.*[425] Dort war die Heilsarmee fälschlicherweise als Eigentümer in das Register eingetragen worden, obwohl das Grundstück eigentlich *Knights Construction Ltd* gehörte. Bevor der Fehler bemerkte wurde, veräußerte die Heilsarmee das Grundstück an *Roberto Mac Ltd*, die im Register als neuer Eigentümer eingetragen wurde. Das Registerschiedsgericht entschied, das Register könne zugunsten des ursprünglichen Eigentümers berichtigt werden. Es führte zwei alternative Begründungen an, hielt es aber nicht für erforderlich, sich ausdrücklich für einen der beiden Wege zu entscheiden.[426]

Zum einen erwog es die Möglichkeit, dass die Wiedereintragung des ursprünglichen Berechtigten und die damit verbundene Löschung des Folgeerwerbers noch eine Korrektur des ursprünglichen Registerfehlers sei. Alternativ wurde überlegt auch die Eintragung des Folgeerwerbers als eigenständigen Fehler zu bewerten, der durch die Wiedereintragung des ursprünglichen Berechtigten korrigiert würde. Zu einem ähnlichen Ergebnis kam das Schiedsgericht auch in der Entscheidung *Ajibade v Bank of Scotland plc*[427], in der es – entsprechend der ersten Begründungsalternative in *Knights Construction (March) Ltd v Roberto Mac Ltd* – die Löschung eines Folgeerwerbers als von der Korrektur des ursprünglichen Registerfehlers umfasst ansah.[428]

Knights Construction (March) Ltd v Roberto Mac Ltd. und *Ajibade v Bank of Scotland plc* haben keine Präzendenzwirkung, weil es sich lediglich um Entscheidungen des *Land Registry Adjudicator* handelt. Jedoch wurde ihre Essenz, dass auch gegenüber einem eingetragenen Folgeerwerber das Register berichtigt werden kann, von der *Law Commission* in ihrem 2016er Bericht ausdrücklich befürwortet.[429] Diese Billigung ist bemerkenswert, denn es spricht viel dafür, dass dies nicht die Gesetzesanwendung ist, die die Autoren des *Land Registration Act 2002* ursprünglich beabsichtigten. So betont der damals zuständige *Law Commissioner*, *Charles Harpum*, in einer neueren Publikation, dass die rückwirkende Berichtigungsmöglich-

---

425 HM Adjudicator, REF/2009/1459.

426 Vgl. Abschnitt 131 der Entscheidungsgründe.

427 REF/2006/0163/0174.

428 Vgl. Abschnitte 12 bis 13 der Entscheidungsgründe.

429 *Law Commission*, No. 227, Updating the Land Registration Act 2002: A Consultation Paper, 2016, Rn 13.72 – 13.73.

keit nicht eröffnet werden sollte und *Gold Harp Properties v McLeod & Others* aus seiner Sicht falsch entschieden wurde.[430]

Da das Gericht in *Gold Harp Properties v Mc Leod & Others* sich in seinen Entscheidungsgründen maßgeblich auf para. 8, *Schedule 4* stützte, der Registerkorrekturen durch Rangänderungen behandelt, könnte das Rechtsproblem in dieser Entscheidung als wesensverschieden von der Problematik einer einfachen Weiterveräußerung gesehen werden. Die Reaktionen in der Literatur gingen jedoch davon aus, dass die Kernfrage in beiden Konstellationen dieselbe ist: kann das Register auch nach einer Folgeverfügung noch nach *Schedule 4* berichtigt werden?[431]

Diese Sichtweise erscheint korrekt. Wie bereits erwähnt meinte *Underhill LJ*, dass der Sachverhalt eigentlich über sec. 28 *Land Registration Act 2002* hätte gelöst werden können.[432] Dem ist insofern zuzustimmen, als sec. 28 *Land Registration Act 2002* hier anwendbar gewesen wäre und demnach die versehentlich gelöschte *lease* wohl auf *Equity*-Ebene noch bestanden hätte. Unentgeltliche Folgeerwerber waren nach den Regeln des lastenfreien Erwerbs der sec. 28 ff. *Land Registration Act 2002* demzufolge an diese *lease* gebunden.

Die Anwendbarkeit der sec. 28 ff. *Land Registration Act 2002* bedeutet jedoch nicht, dass die Korrekturnormen aus *Schedule 4* nicht ebenfalls einschlägig waren. Die unberechtigte Löschung der *lease* war ein *mistake*, sodass zunächst der Anwendungsbereich von *Schedule 4* eröffnet war. Da jedoch bereits eine weitere *lease* eingetragen worden, also eine Folgeverfügung vorgenommen worden war, stellte sich die Frage, ob und inwiefern die Löschung der ursprünglichen *lease* noch berichtigt werden konnte. Somit ging es hier um dieselbe Frage wie bei der Weiterveräußerung durch einen fäschlicherweise eingetragenen Berechtigten. Hier kamen die Prioritätsregeln und die Korrekturregeln zum gleichen Ergebnis, da die zweite *lease* unentgeltlich erworben wurde und somit der ersten *lease* im Rang nachging.

Wäre dagegen der Erwerb der zweiten *lease* entgeltlich erfolgt, hätten sec. 29(1) *Land Registration Act* und *Schedule 4* unterschiedliche Rechtsfolgen ergeben. Die zweite *lease* wäre nach sec. 29(1) *Land Registration Act 2002* lastenfrei erworben worden, aber dennoch hätte nach *Schedule 4* – zumindest nach der weiten Auslegung in *GoldHarp* – die erste *lease* im

430 *Harpum*, in: Goymour/Watterson/Dixon, New Perspectives on Land Registration, 2017, S. 117.

431 *Goymour*, (2015) Conv 253; *Lees*, (2015) MLR 361; *Smith*, (2015) CLJ 10, 11.

432 Zustimmend auch Dixon, (2015) LQR 207, 209.

Rang vor der zweiten *lease* wieder in das Register eingetragen werden können. *Schedule 4* ist somit eine Einschränkung sowohl der positiven Publizitätswirkung des Registers nach sec. 58 *Land Registration Act 2002*, als auch von dessen negativer Publizitätswirkung entsprechend sec. 29 ff. *Land Registration Act 2002*.

In beiden Fällen gewährt das Registerrecht unter bestimmten Umständen eine Rechtsposition: Erwerb des *legal title* durch sec. 58 *Land Registration Act 2002* bzw. lastenfreier Erwerb durch sec. 29 ff. *Land Registration Act 2002*. Die Rechtsposition kann der Erwerber jedoch im Rahmen einer Registerkorrektur nach *Schedule 4* auch wieder verlieren. Dementsprechend ist es für die Garantiewirkung des Registers sowohl in positiver als auch in negativer Hinsicht entscheidend, ob nach einer Folgeverfügung eine Registerkorrektur nach *Schedule 4* noch möglich ist.

Auch wenn es zu der Frage der Behandlung von Folgeverfügungen bisher keine höchstrichterliche Stellungnahme des *Supreme Court* gibt, lassen die beiden Entscheidungen des Schiedsgerichts zusammen mit den Äußerungen des *Court of Appeal* in *Gold Harp Properties v McLeod & Others* eine klare Tendenz erkennen. Die Gerichte streben weg von der systematisch rigiden Gesetzesanwendung in *Barclays Bank v Guy* und hin zu einer weiten Auslegung der Berichtigungsmöglichkeiten, die auch dann eine Modifikation des Registers ermöglicht, wenn der fälschlicherweise eingetragene Ersterwerber bereits Folgeverfügungen vorgenommen hat.

Zwei Punkte scheinen für diese Entwicklung maßgeblich gewesen zu sein. Das oben geschilderte Ergebnis, dass nach einer Weiterverfügung das Register nicht mehr zugunsten des ursprünglich Berechtigten korrigiert werden kann, verletzt die traditionellen Grundsätze des englischen Sachenrechts. Wie in Kapitel C dargelegt, gibt es in England kein generelles Prinzip des gutgläubigen Erwerbs des *legal estate* vom Nichtberechtigten, sondern es gilt die *nemo dat*-Regel. Die Interpretation von *Schedule 4*, die der *High Court* in *Guy* wählte, bedeutet nicht nur, dass der Folgeerwerber wirksam von einer fälschlicherweise eingetragenen Person erwerben kann, sondern darüber hinaus auch, dass der Folgeerwerber hierfür noch nicht einmal gutgläubig sein muss.[433]

---

433 Die Ausnahmen in para. 3(2) bzw. 6(2) *Schedule 4*, in denen die Bösgläubigkeit des Erwerbers eine Rolle spielt, wären nicht einschlägig, da mangels *mistake* der Anwendungsbereich von *Schedule 4* insgesamt nicht eröffnet wäre. Die Ausnahmen in para. 3(2) bzw. 6(2) stellen vielmehr eine Gegenausnahme hinsichtlich des Schutzes des *proprietors in possession* dar. Dementsprechend bliebe nur die allgemeine vertragliche und deliktische Haftung des Erwerbers, sowie die Mög-

Dieses Ergebnis verstößt so vehement gegen die althergebrachten Regeln des englischen Sachenrechts, dass sich viele Richter und Stimmen der Literatur schwer damit getan haben, es zu akzeptieren. Vielmehr scheinen die traditionellen *land law*-Prinzipien weiterhin im kollektiven juristischen Unterbewusstsein zu wirken, *Lees* beschreibt dies sehr treffend als „*general preference for the ‚off-Register' position*"[434], die sich auch in folgender Bemerkung der *Supreme Court*-Richterin *Lady Hale* wiederspiegelt: „*the system of land registration is merely conveyancing machinery. The underlying law relating to the creation of estates and interests in land remains the same*"[435]. Solange auch die Vorsitzende des *Supreme Court* das Registerrecht als bloßes Verfahrensrecht sieht, erscheint es wenig verwunderlich, dass die Rechtsprechung zu einer Anwendung des *Land Registration Act 2002* neigt, die den Ergebnissen des traditionellen englischen *land law* möglichst nahekommt

Hinzukommt, dass im *Land Registration Act 2002 Schedule 4* und *Schedule 8* unglücklich miteinander verknüpft sind.[436] In *Schedule 8* ist die Möglichkeit eines verschuldensunabhängigen Staatshaftungsanspruchs geregelt. Dieser Anspruch entsteht, wenn jemand einen Verlust erleidet, weil das Register zu seinen Ungunsten berichtigt wird. Da der Schadensersatzanspruch an das Tatbestandsmerkmal einer Registerberichtigung anknüpft, besteht nach herrschender Meinung kein Entschädigungsanspruch, wenn keine Registerberichtigung vorgenommen wird.[437] Der ursprüngliche Eigentümer, der aufgrund einer fehlerhaften Eintragung sein Recht verloren hat, würde für diesen Verlust keine Entschädigung nach *Schedule 8* erhalten, da das Register nicht zu seinen Lasten korrigiert wurde. Nimmt das Gericht dagegen eine Berichtigungsmöglichkeit des Registers an, würde der ursprüngliche Eigenümer sein Grundstück zurückerhalten und der Folgeerwerber zwar das Grundstück verlieren, aber immerhin einen finanziellen Entschädigungsanspruch aus *Schedule 8* erhalten. Folglich bedeutet eine Korrektur des Registers, dass im Zweifel keine von

---

lichkeit eines *constructive trusts*, sofern die über Bösgläubigkeit hinausgehenden Tatbestandsvoraussetzungen eines solchen erfüllt wären.

434 *Lees*, in: Goymour/Watterson/Dixon, New Perspectives on Land Registration, 2017, S. 103.

435 *Scott v Southern Pacific Mortgage Ltd*, [2014] UKSC 52, Abschnitt 96 der Entscheidungsgründe.

436 s. die Ausführungen von *Lees*, (2013) MLR 62, 63, und *Mr. Mark*, *Deputy Adjudicator* des Registergerichts, in *Knights Construction (March) Ltd v Roberto Mac Ltd* REF/2006/1459.

437 So beispielsweise *Underhill LJ* in Abschnitt 80 der Entscheidungsgründe von *Gold Harp Properties v McLeod & Others*.

zwei unschuldigen Parteien vollkommen schutzlos gestellt ist, da derjenige, zu dessen Ungunsten berichtigt wird, wenigstens Anspruch auf eine Geldentschädigung durch den Staat hat. Dies schafft einen starken Anreiz für die Gerichte, eine Fehlerkorrektur zuzusprechen. Wenn eine Registerberichtigung vorgenommen wird, profitiert die andere Partei zumindest im Rahmen von Entschädigungszahlungen von dem Garantiesystem des *Land Registration Act 2002*.

Es wäre hingegen auch vertretbar, einen solchen Fall unter para. 1(1)(b) von *Schedule 8* zu subsumieren. Diese Norm sieht eine Entschädigung vor für Verluste *„by reason of a mistake whose correction would involve rectification of the register"*, also in Sachverhalten, in denen ein Verlust durch einen grundsätzlich unter die Korrekturvorschriften fallenden Registerfehler verursacht wurde. Bei einer Folgeverfügung lag ursprünglich ein Registerfehler vor, der auch im Rahmen von *Schedule 4* hätte korrigiert werden können, wenn es nicht zu der Folgeverfügung gekommen wäre. Demnach könnten diese Fälle unter Variante (b) gefasst werden, was von einer vereinzelten Stimme in der Literatur auch angeregt wurde.[438] Die Mehrheit in der Literatur geht jedoch davon aus, dass eine Entschädigung eine Fehlerkorrektur voraussetzt, also dass eine enge Auslegung der Korrekturmöglichkeiten automatisch auch die Möglichkeit beschränkt, eine staatliche Entschädigungszahlung zu erhalten.[439]

5) Folgeverfügungen nach lediglich anfechtbaren Verfügungen

Anders ist dagegen die Rechtslage bei Folgeverfügungen nach lediglich anfechtbaren Geschäften. Hier hatte der *Court of Appeal* schon zum *Land Registration Act 1925* geurteilt, dass eine Folgeverfügung nach einer anfechtbaren Verfügung nicht als fehlerhafte Eintragung zu korrigieren ist.[440] Nachdem der Court of Appeal in *NRAM Ltd v Evans* nun entschieden hat, dass die Eintragung aufgrund einer anfechtbaren Verfügung keinen

---

438 *Lees*, (2013) MLR 62, 75, die ihren eigenen Vorschlag als nicht besonders attraktiv kritisiert. Für diese überraschende Selbstkritik führt sie jedoch keine weitere Begründung an. Dies überrrasch, da die von *Lees* vorgeschlagene Auslegung nicht nur dem Wortlaut entspricht, sondern auch eines der Hauptprobleme des Zusammenspiels von *Schedule 4* und *Schedule 8* lösen würde.

439 *Smith*, Property Law, 10. Aufl. 2020, S. 290; *Cooper*, (2015) LQR 108, 111; *Smith*, in: Goymour/Watterson/Dixon, New Perspectives on Land Registration, 2017, S. 150.

440 *Norwich and Peterborough Building Society v Steed*, [1993] Ch 116.

Fehler darstellt, ist zu erwarten, dass die Gerichte auch die Eintragung von Folgeverfügungen nicht als Fehler betrachten werden.[441]

6) Besitzerschutz – der *proprietor in possession*

Selbst im Zweipersonen-Verhältnis, also wenn der fälschlicherweise eingetragene Ersterwerber noch Eigentümer des Grundstücks ist, ist nicht in jedem Falle eine Berichtigung des Registers möglich, da der eingetragene Besitzer – der *proprietor in possession* – im englischen Registerrecht gemäß para. 3(2) und para. 6(2) von *Schedule 4* besonders geschützt wird. Eine Registerkorrektur ist gegen den Willen des *proprietor in possession* nur dann möglich, wenn dieser durch *fraud or lack of proper care* zu dem *mistake* (also seiner eigenen fälschlichen Eintragung) beigetragen hat oder es aus einem anderen Grunde *unjust* wäre, das Register nicht zu berichtigen.

Diese Regelung veranschaulicht mehrere Besonderheiten des englischen *property law*: die besondere Stellung des Besitzers und den wesentlich größeren Ermessensspielraum der Gerichte im englischen Sachenrecht. Anders als im deutschen Immobilienrecht führt alleine der Besitz zu einer stärkeren Rechtsposition; es gilt als selbstverständlich, dass der Besitzer eines Grundstücks besonders schützenswert ist.[442] Dies beruht auf dem Umstand, dass der Besitz an einem Grundstück nach den traditionellen *Common Law*-Regeln die Grundlage für Ansprüche auf dieses bildete. Auch heute wird bei nichtregistrierten Grundstücken der Besitz weiterhin als „*the root of title*"[443] betrachtet.

Der Begriff des *proprietor in possession wird in* sec. 131 *Land Registration Act 2002* folgendermaßen legaldefiniert: „*For the purposes of this Act, land is in the possession of the proprietor of a registered estate in land if it is physically in his possession, or in that of the person entitled to be registered as the proprietor of the registered estate.*" Zwei Informationen können dieser Legaldefinition

441 So auch schon *Cooke*, The New Law of Land Registration, 2003, S. 114–115; *Nair*, in: Bright, Modern Studies in Property Law, Volume 6, 2011, S. 269.

442 Vgl. *Law Commission*, No. 271, Land Registration for the Twenty-First Century: A Conveyancing Revolution, 2001, Rn 10.13ff.; *Cooke*, The New Law of Land Registration, 2003, S. 130; *O'Connor*, in Cooke, Modern Studies in Property Law, Volume 3, 2005, S. 62; *Smith*, Property Law, 10. Aufl. 2020, S. 284; *Cooper*, (2015) LQR 108; *Law Commission*, No. 227, Updating the Land Registration Act 2002: A Consultation Paper, 2016, Rn 13.30.

443 *Gray/Gray*, Elements of Land Law, 5. Aufl. 2009, Rn 2.1.28; *Jordan*, in: Wudarski, Das Grundbuch im Europa des 21. Jahrhunderts, 2016, S. 222.

entnommen werden. Zum einen, dass als Besitz i. S. v. sec. 131(1) *Land Registration Act 2002* grundsätzlich der unmittelbare, physische Besitz an dem Grundstück gilt, und zum anderen, dass der besondere Besitzerschutz auch schon gegenüber demjenigen wirkt, der noch nicht selbst im Register eingetragen ist, aber bereits einen Eintragungsanspruch hat.

In den Gesetzgebungsmaterialien wird als Beispiel für die zweite Variante der Fall genannt, dass der Besitzer des Grundstücks dieses kraft Gesetzes erwirbt oder lediglich einen *equitable interest* hat.[444] Eine denkbare Konstellation, in der ein lediglich Eintragungsberechtigter in Genuss des besonderen Besitzerschutzes von para.3(2) bzw. 6(2) kommt, wäre demnach, wenn der eingetragene Berechtigte verstirbt und der dann kraft Gesetzes erwerbende *personal representative* dem Inhaber eines Berichtigungsanspruchs weiterhin den besonderen Besitzerschutz entgegenhalten kann, obwohl der *personal representative* noch nicht im Register eingetragen worden ist.

Darüber hinaus erweitert das Gesetz jedoch den Schutzbereich von para. 3(2) und 6(2) und dehnt die Definition des *proprietor in possession* in sec. 131(2) auch auf einige mittelbare Besitzer aus. So sind beispielsweise nach sec. 131(2)(a) und (c) auch der Vermieter und nach sec. 131(2)(d) auch der *trustee* von dem besonderen Besitzerschutz umfasst. Der Grundpfandrechtsnehmer kommt dagegen nicht in den Genuss des besonderen Besitzerschutzes nach para.3(2) und 6(2), weil seine Interessen lediglich finanzieller Natur sind.[445]

Ansonsten wird der Begriff *possession* in den Gesetzesmaterialien nicht weiter erläutert. Insbesondere bleibt unklar, inwiefern sich jemand in *possession* von jemandem *in actual occupation* unterscheidet. Wie die *Law Commission* in ihrem Report aus dem Jahre 2016 selbst einräumt, gibt es auch wenig *case law* zu dieser Frage.[446]

Der besondere Besitzerschutz greift jedoch nur, wenn der eingetragene Besitzer nicht selbst durch Betrug oder fehlende Sorgfalt zu dem zu berichtigenden Registerfehler beigetragen hat oder es aus anderen Gründen ungerecht wäre, das Register nicht zu berichtigen. Den Gerichten und den Registerbeamten wird durch die Verwendung von unbestimmten Rechtsbegriffen wie *unjust* oder *lack of proper care* in para. 3(2) und para.

---

444 *Law Commission*, No. 271, Land Registration for the Twenty-First Century: A Conveyancing Revolution, 2001, Rn 10.17.

445 *Cooke*, The New Law of Land Registration, 2003, S. 130.

446 *Law Commission*, No. 227, Updating the Land Registration Act 2002: A Consultation Paper, 2016, Rn 13.30, Fn 32.

6(2) ein erheblicher Ermessensspielraum eingeräumt, dessen Grenzen bisher unklar geblieben sind. Vergleichbare Spielräume kennt das stark auf Rechtssicherheit ausgerichtete deutsche Immobiliarsachenrecht dagegen nicht.

Es ist nicht klar, welchen Sorgfaltspflichten der Besitzer nachgekommen sein muss, damit ihm kein *lack of proper care* vorgeworfen werden kann. In *Odogwu v Vastguide Ltd* sah das Schiedsgericht die Sorgfaltspflichten des Besitzers dadurch verletzt, dass er eine Grundstücksveräußerung weitergeführt hatte, obwohl er zu diesem Zeitpunkt positive Kenntnis von der Fehlerhaftigkeit des Registers hatte.[447] Darüber hinaus ist bisher gerichtlich nicht geklärt, inwiefern der Erwerber sich versichern muss, dass die Registerlage fehlerfrei ist.[448]

Des Weiteren muss der Besitzer, um den besonderen Besitzerschutz in *Schedule 4* zu verlieren, durch seine Sorgfaltspflichtverletzung zu dem Registerfehler beigetragen haben. Hier stellt sich erneut die Frage, wie der Begriff *„mistake“* im Sinne dieser Norm zu verstehen ist. Sofern der Fehlerbegriff auf die ursprüngliche fälschliche Eintragung oder Löschung beschränkt wäre, wäre der Anwendungsbereich dieses Ausnahmetatbestandes begrenzt, da ein Folgeerwerber nur sehr selten den ursprünglichen Registerfehler mitverursacht haben wird.

Würde dagegen entsprechend einer der zwei Alternativbegründungen, die das Schiedsgericht in *Knights Construction (March) Ltd v Roberto Mac Ltd* erwogen hatte, auch die Folgeverfügung als eigenständiger Fehler betrachtet, könnte auch das Verhalten jedes Folgeerwerbers als mitursächlich im Sinne des Ausnahmetatbestandes sein. Dazu neigte der High Court in *Odogwu v Vastguide Ltd*, als er dem Erwerber vorwarf, durch die Folgeverfügungen einen Betrug verschlimmert und deshalb in Verletzung seiner Sorgfaltspflichten gehandelt zu haben.[449] Durch eine solche weite Auslegung des Ausnahmetatbestands könnte letztlich die *doctrine of notice*, deren Abschaffung eines der Ziele des Registerrechts ist, durch die Hintertür wieder eingeführt werde. Die Garantiewirkung des Registers würde so weiter ausgehöhlt.

447 *Odogwu v Vastguide*, [2009] EWHC 3565 (Ch).

448 *Cooper*, in: Goymour/Watterson/Dixon, New Perspectives on Land Registration, 2017, S. 182–184.

449 Vgl. Abschnitt 68 der Entscheidungsgründe.

7) Registerberichtigung – *alteration*

Neben der spezielleren *recification* bietet *Schedule 4* auch die allgemeinere *alteration*, die anders als eine *rectification* keine Verschlechterung der Rechtsposition des Eingetragenen mit sich bringt. Beispiele für eine *alteration* sind die Eintragung des *personal representative* nach dem Tod des eingetragenen Berechtigten[450] und die Eintragung von Rechten, die als *overriding interests* nach *Schedule 3* bereits vor der Registeränderung gegenüber dem eingetragenen Berechtigten wirksam sind[451]. Da eine *alteration* keine Rechtsänderung zu Ungunsten des Eingetragenen mit sich bringt, lässt sie auch keinen Entschädigungsanspruch nach *Schedule 8* entstehen.[452]

8) Reformvorschläge der *Law Commission – long stop*?

Die Tendenz der Gerichte, die Registerberichtigungsregeln weit auszulegen, hat nicht nur das ursprünglich vom Gesetzgeber vorgesehene Registersystem, sondern letztlich auch die Garantiewirkung des Registers an sich beeinträchtigt.[453] Die Verwässerung des eigentlich beabsichtigten Garantiesystems hat die *Law Commission* offenbar im Grundsatz akzeptiert. Jedenfalls heißt sie 2016 die Entscheidungen des *Land Registry Adjudicator* in *Knights Construction (March) Ltd v Roberto Mac Ltd* und *Ajibade v Bank of Scotland plc* gut, in denen eine Registerberichtigung nach einer Folgeverfügung angenommen wurde.[454]

Dennoch sieht auch die *Law Commission* die unbegrenzten Korrekturmöglichkeiten aus *Schedule 4*, die als potentielles Damoklesschwert über

450 Das englische Erbrecht kennt keine direkte Universalsukzession der Erben. Der Nachlass geht stattdessen auf einen im Testament bestimmten oder vom Gericht bestellten *personal representative* über. Dieser *personal representative* begleicht dann die Nachlassschulden, erfüllt Vermächtnisse und verteilt ggf. das Erbe an die Begünstigten.

451 *Bridge/Cooke/Dixon*, Megarry&Wade: The Law of Real Estate, 9. Aufl. 2019, Rn 6.133.

452 *Re Chowood's Registered Land*, [1933] Ch 574; *Smith*, in: Goymour/Watterson/Dixon, New Perspectives on Land Registration, 2017, S. 131; *Gray/Gray*, Elements of Land Law, 5. Aufl. 2009, Rn 2.2.63.

453 Vgl. *Lees*, (2013) 76 MLR 62; *Harpum*, in: Goymour/Watterson/Dixon, New Perspectives on Land Registration, 2017, S. 117.

454 *Law Commission*, No. 227, Updating the Land Registration Act 2002: A Consultation Paper, 2016, Rn 13.72 – 13.73.

jedem eingetragenen Berechtigten schweben, als Problem an.[455] Aus diesem Grunde schlägt die Reformkommission einen sogenannten *ten-year longstop* vor, also die Registerberichtigungsmöglichkeiten zeitlich auf zehn Jahre zu begrenzen.[456]

Die Gegenausnahme hinsichtlich der Korrektur gegenüber einem als Berechtigter eingetragenen Besitzer in para. 3(2) in *Schedule 4* soll nunmehr wie folgt lauten:

> *„No alteration or order may be made under paragraph 2 unless –*
> *(a)t he registered proprietor consents to the alteration,*
> *(b) the registered proprietor by fraud oder lack of proper care caused or substantially contributed to the mistake, or*
> *(c) the application to alte the register was made, or the proceedings were commenced, before the end oft he period of 10 years beginning with the relevant date and it would be unjust fort he alteration not to be made.“*[457]

Die korrespondierende Gegenausnahme in allen anderen Fällen, also wenn der eingetragene Berechtigte nicht im Besitz des Grundstücks ist, soll wie folgt lauten:

> *„The registrar or the court may not exercise the power to alter the register if the appliction was made, or the proceedings were commenced, after the period of 10 years beginning with the relevant date unless the registered proprietor whose title would be prejudicially affected-*
> *(a) consents to the alteration, or*
> *(b) by fraud or lack of proper care caused or substantially contributed to the mistake.“*

Demzufolge ist die beabsichtigte Einschränkung der Korrekturmöglichkeiten keine umfassende zeitliche Beschränkung der Registerberichtigung auf zehn Jahre. Hinsichtlich der Registerkorrektur zulasten des Besitzers eines Grundstücks begrenzt der Reformvorschlag lediglich die Gegenausnahme *unless it would be for any other reason be unjust for the alteration not to be made* auf einen Zeitraum von 10 Jahren. In Fällen, in denen der eingetra-

455 *Law Commission*, No. 380, Updating the Land Registration Act 2002, 2018, Rn 13.52, 13.83.

456 *Law Commission*, No. 227, Updating the Land Registration Act 2002: A Consultation Paper, 2016, Rn 13.126; *Law Commission*, No. 380, Updating the Land Registration Act 2002, 2018, Rn 13.84.

457 *Land Registration (Amendment) Bill*, S. 12, im Anhang zu *Law Commission*, No 380, Updating the Land Registration Act 2002, 2018.

gene Berechtigte nicht im Besitz des Grundstücks ist, wird die Registerkorrektur zwar allgemein auf einen Zeitraum von zehn Jahren beschränkt, aber auch hier werden wieder Gegenausnahmen gemacht, nämlich die bereits bekannten Fallgruppen der Zustimmung des Eingetragenen und des Betrugs oder Mitverschulden des Eingetragenen.

Angesichts der Tendenz der Gerichte, die Korrekturmöglichkeiten im Dienst der Einzelfallgerechtigkeit eher weit auszulegen, erscheint es daher fraglich, ob durch diese Modifikationen eine nennenswerte Steigerung der Garantiewirkung des Registers erreicht wird. Die sehr flexible Formulierung "*unless... the registered proprietor by fraud oder lack of proper care caused or substantially contributed to the mistake*" bietet jedenfalls ausreichend Spielraum, um in vielen Fällen auch nach zehn Jahren noch eine Registerkorrektur zu erreichen.[458]

In der Literatur wurde der Vorschlag der *Law Commission* nicht ausnahmslos begrüßt. So bemängelt *Dixon*, dass durch die Einführung der Zehn-Jahre-Frist das Konzept der *indefeasibility* in das englische Registerrecht eingeführt würde, das dort allerdings ein Fremdkörper sei.[459] Diese pauschale Kritik vermag jedoch schon deshalb nicht zu überzeugen, weil das englische Registersystem nach dem Gesamtkonzept der *Law Commission* zum *Land Registration Act 2002* schon immer ein System der *qualified indefeasibility* war.[460]

III) Schedule 8 – *Entschädigungsansprüche bei Registerberichtigung*

Der *Land Registration Act 2002* kennt zahlreiche Gründe für das Entstehen eines Entschädigungsanspruchs. Diese umfassen unter anderem „(a) *a rectification of the register*" und „(b) *a mistake whose correction would involve rectification of the register*". Demnach hat der eingetragene Berechtigte nach para. 1(1)(a) einen Entschädigungsanspruch gegenüber dem Registeramt, wenn das Register zu seinen Ungunsten berichtigt wird. Keine Entschädigung würde dagegen nach herrschender Meinung dem ursprünglichen Berechtigten zustehen, der aufgrund der fehlerhaften Eintragung eines an-

---

458 Diese Kritik wurde interessanterweise auch von Vertretern des Liegenschaftsregisters in einer nichtveröffentlichten Reaktion auf die Vorschläge der *Law Commission* vorgebracht, vgl. *Law Commission*, No. 380, Updating the Land Registration Act 2002, 2018, Rn 13.91 – 13.93.

459 *Dixon*, (2016) Conv 423, 426.

460 *Law Commission*, No. 271, Land Registration for the Twenty-First Century: A Conveyancing Revolution, 2001, Rn 10.13.

deren sein Recht verloren hat, wenn das Register nicht berichtigt wird.[461] Wie bereits erwähnt ist dies einer der Gründe, warum die Gerichte die Berichtigungsregelungen in *Schedule 4* weit auslegen, um somit Einzelfallgerechtigkeit in der Form zu bewirken, dass der ursprüngliche Berechtigte sein Grundstück zurückerhält und der eingetragene Erwerber nach *Schedule 8* entschädigt wird.

In einer solchen Fallkonstellation könnte man zwar vertreten, dass hier Variante (b) einschlägig ist, da es sich um einen Fehler handelt, dessen Berichtigung eine Registerberichtigung mit sich bringen würde. Dies würde auch in den besonders brisanten Fällen von Folgeverfügungen die Möglichkeit eröffnen, das Register zu berichtigen und trotzdem dem ursprünglichen Berechtigten eine Entschädigung zu zahlen. Diese Interpretation wurde 2013 von *Lees* vorgeschlagen und würde die problematische Verzahnung von Registerberichtigung und Entschädigungsansprüchen elegant lösen.[462] Allerdings hat ihr Vorschlag in Literatur und Rechtsprechung bisher keine stärkere Beachtung gefunden.

Parallel zu den Ausnahmen zum Berichtigungsanspruch in *Schedule 4* enthält auch *Schedule 8* in para. 5 dem Antragsteller die Entschädigungszahlung vor, wenn er den Schaden durch Betrug oder fehlende Sorgfalt verursacht hat.

Die Höhe der Entschädigungszahlung wird durch para. 6 begrenzt. In den Fällen einer Registerberichtigung erhält der Berichtigungsgegner maximal den Wert des Rechts zum Zeitpunkt der Berichtigung.[463] Im Falle einer hypothetischen Registerberichtigung nach para. 1(1)(b) erhält er maximal den Wert des Rechts zum Zeitpunkt der fehlerhaften Eintragung.[464]

Nach para. 10(1)(a) stehen dem Registeramt Regressansprüche gegenüber Personen zu, die den Schaden durch Betrug verursacht haben. Darüber hinaus gehen potentielle Ansprüche des Entschädigungsempfängers nach para. 10(1)(b),(2) auf das Registeramt über.

Auch hinsichtlich der Entschädigungszahlungen hat die *Law Commission* einige Reformdiskussionen in ihre beiden aktuellen *paper* aufgenommen.[465] Zunächst beschäftigt sie sich ausführlich mit der Frage, ob eine

---

461 *Smith*, Property Law, 10. Aufl. 2020, S. 290; *Cooper*, (2015) LQR 108, 111; *Smith*, in Goymour/Watterson/Dixon, New Perspectives on Land Registration, 2017, S. 150.

462 *Lees*, (2013) MLR 62, 75.

463 Para 6(a).

464 Para 6(b).

465 Vgl. hierzu *Hopkins*, in: Goymour/Watterson/Dixon, New Perspectives on Land Registration, 2017, S. 205 ff..

generelle, summenmäßige Begrenzung der Entschädigungszahlungen eingeführt werden soll.[466] Hintergrund war die Überlegung, ob das Registeramt vor außergewöhnlich hohen Entschädigungsforderungen geschützt werden müsse. Dieser Vorstoß traf im Rahmen der Anhörungen wohl auf erhebliche Kritik, sodass die Kommission sich entschied, den Vorschlag fallen zu lassen.[467] Hauptkritikpunkt war die damit verbundene weitere Einschränkung der Garantiewirkung des Registers.

Darüber hinaus erwog die *Law Commission*, ob nicht zumindest Grundpfandrechtgläubiger in ihren Möglichkeiten, Entschädigungszahlung vom Registeramt zu erhalten, eingeschränkt werden sollten.[468] Auch diese Überlegungen wurden jedoch im 2018er Report nicht weiterverfolgt.[469]

Dagegen machte die *Law Commission* einige Vorschläge zur Einführung von Sorgfaltspflichten der Verfügungsempfänger bzw. der für sie handelnden Juristen.[470] Hintergrund dieser Anregungen ist, dass die Regressmöglichkeiten des Registeramts bisher nur fragmentarisch sind. Einen eigenen Anspruch hat das Registeramt nur in Betrugsfällen. Die Inanspruchnahme des Betrügers scheitert jedoch häufig an dessen mangelnder Zahlungsfähigkeit. Gegen die meist solventeren Parteivertreter kann das Registeramt dagegen nur vorgehen, wenn auch die beteiligten Parteien einen Anspruch gehabt hätten. Hier besteht oft das Problem, dass die geschädigte Partei mit dem fahrlässig handelnden Vertreter der anderen Partei in keinem Vertragsverhältnis stand. Es existiert also kein Anspruch, der auf das Registeramt übergeleitet werden könnte.[471]

In ihrem *Consultation Paper* hatte die Kommission drei verschiedene Wege erwogen, die sich alle auf deliktische Ansprüche des Registeramtes gestützt hätten. Sie hatte in Betracht gezogen, die Beteiligtenvertreter zu verpflichten im Rahmen ihrer Registeranmeldungen zu versichern, dass sie

466 *Law Commission*, No. 380, Updating the Land Registration Act 2002, 2018, Rn 14.15 ff..

467 *Law Commission*, No. 380, Updating the Land Registration Act 2002, 2018, Rn 14.21.

468 *Law Commission*, No. 380, Updating the Land Registration Act 2002, 2018, Rn 14.22 ff..

469 *Law Commission*, No. 380, Updating the Land Registration Act 2002, 2018, Rn 14.33.

470 *Law Commission*, No. 380, Updating the Land Registration Act 2002, 2018, Rn 14.34. ff..

471 *Law Commission*, No. 380, Updating the Land Registration Act 2002, 2018, Rn 14.36.

sich von der Echtheit aller eingereichten Dokumente überzeugt haben.[472] Sollten die Beteiligtenvertreter entgegen ihrer Versicherung nicht alle Urkunden mit der notwendigen Sorgfalt überprüft haben, würden sie dann gegenüber dem Registeramt im Rahmen des *tort of negligent misstatement* haften. Da das Hauptproblem im Zusammenhang mit betrügerisch erwirkten Registereintragungen der Identitätsbetrug zu sein scheint, wurde als Alternative überlegt, einen speziellen Deliktstatbestand hinsichtlich der Pflicht zur Identitätsprüfung zu schaffen.[473]

Zudem hatte die Kommission die Einführung einer allgemeineren deliktischen Haftung von Beteiligtenvertretern gegenüber dem Registeramt erwogen.[474] Sie orientierte sich an der schottischen Parallelvorschrift: sec. 111 *Land Registration etc. (Scotland) Act 2012*. Von einem allgemeinen Deliktstatbestand nahm die *Law Commission* im 2018er Bericht wieder Abstand, aber an den beiden anderen Vorstößen hielt sie fest.[475] Im Hinblick auf die Versicherung, dass alle Urkunden geprüft worden seien, betonte sie allerdings, dass gleichzeitig auch von staatlicher Seite näher dargelegt werden sollte, welche Verfahrensschritte eingehalten werden müssten.[476]

Insgesamt ist in den aktuellsten Ausführungen der *Law Commission* zur Reform der Entschädigungsvorschriften der Wunsch erkennbar, die vom Registeramt zu zahlenden Entschädigungssummen möglichst gering zu halten. Auch in diesem Bericht beschränkt sie sich im Ergebnis auf die Verschärfung der Sorgfaltspflichten der am Verfahren beteiligten Juristen. Dennoch kann nicht ignoriert werden, dass sie auch die summenmäßige Begrenzung der Entschädigungszahlung für bestimmte Berechtigte oder sogar für alle Berechtigte zumindest ernsthaft in Erwägung gezogen hat. Dementsprechend scheint eine solche Einschränkung der Entschädigungszahlungen kein Tabu zu sein, sodass nicht ausgeschlossen werden kann, dass zu einem späteren Zeitpunkt, ggf. unter dem Eindruck eines außer-

---

472 *Law Commission*, No. 227, Updating the Land Registration Act 2002: A Consultation Paper, 2016, Rn 14.70 ff.; *Law Commission*, No. 380, Updating the Land Registration Act 2002, 2018, Rn 14.41.

473 *Law Commission*, No. 227, Updating the Land Registration Act 2002: A Consultation Paper, 2016, Rn 14.81 ff.; *Law Commission*, No. 380, Updating the Land Registration Act 2002, 2018, Rn 14.42.

474 *Law Commission*, No. 227, Updating the Land Registration Act 2002: A Consultation Paper, 2016, Rn 14.73 ff.; *Law Commission*, No. 380, Updating the Land Registration Act 2002, 2018, Rn 14.41.

475 *Law Commission*, No. 227, Updating the Land Registration Act 2002, 2018, Rn 14.49, 14. 60, 14.64 ff..

476 *Law Commission*, No. 380, Updating the Land Registration Act 2002, 2018, Rn 14.52.

gewöhnlichen Haftungsfalls, einmal eine solche Begrenzung eingeführt wird.

Eine solche Entwicklung könnte sogar noch wahrscheinlicher werden in dem Falle, dass das Liegenschaftsregister doch noch privatisiert werden sollte. Diese Pläne scheinen zwar vorerst auf Eis gelegt worden zu sein. Eine Privatisierung wurde aber diskutiert und ist nicht vollkommen fernliegend.

Aus der Perspektive des Verkehrsschutzes sind solche Vorstöße ausgesprochen fragwürdig. Die Antwort auf Kritik an den weitreichenden Registerberichtigungsmöglichkeiten zugunsten gutgläubiger Erwerber ist letztlich immer der Verweis auf die zumindest monetäre Garantiefunktion des Registers. Wer schon den „*mud*“ nicht erhalte, bekäme wenigstens „*money*“.[477] Dies ist der aktuelle Kern der Garantie des englischen Liegenschaftsregisters. Wenn nun erwogen wird, auch diese Garantie zu beschränken, wird damit der noch verbleibende Verkehrsschutz des Registers weiter reduziert.[478]

Es könnte zwar eingewandt werden, dass die Begrenzung immer nur außergewöhnlich hohe Verluste betreffen würde, gegen die sich die betreffenden, meist gewerblich handelnden Beteiligten dann immer versichern müssten.[479] Dennoch rückt dieser Tabubruch der ausdrücklichen Erwähnung von Versicherungsmöglichkeiten das englische Liegenschaftsregister in die Richtung von US-amerikanischer *title insurance*, also einem System, das überhaupt kein Liegenschaftsregister kennt.

IV) Zwischenergebnis

Im Ergebnis lässt sich feststellen, dass das englische Liegenschaftsregister eine wesentlich geringere Garantiewirkung hat, als sec. 58(1) *Land Registration Act 2002* und das Prinzip des *title by registration* sowie die Prioritätsregeln der sec. 29(1)/30(1) *Land Registration Act 2002* auf den ersten Blick vermuten lassen. Aufgrund der Tendenz der Gerichte, die Berichtigungsnormen weit auszulegen und insbesondere das Register nach Folgeverfü-

---

477 Die *Mud-Money*-Metapher stammt von *Mapp*, Torrens‘ Elusive Title: Basic Legal Principles of an Efficient Torrens System, 1978.

478

479 *Hopkins*, in: Goymour/Watterson/Dixon, New Perspectives on Land Registration, 2017, S. 224–225.

gungen noch zu berichtigen, wird die Garantie des Registers weitgehend eingeschränkt.

Letztlich kann der Erwerber zwar sicher sein, dass er mit der Eintragung der materiell-rechtlich Berechtigte wird, aber er kann nicht sicher sein, dass er dies bleibt. Darüber hinaus kann er sich der Lastenfreiheit des von ihm erworbenen Rechts nicht gewiss sein, da ihm die sec. 29 ff. *Land Registration Act 2002* zwar grundsätzlich die Lastenfreiheit seines Erwerbs garantieren, aber hier ebenfalls – wie die Entscheidung in *GoldHarp* zeigt – eine nachträgliche Registerberichtigung möglich ist. Geschützt ist er nur, wenn er gleichzeitig als *proprietor in possession* das Grundstücks besitzt. Aber auch in diesem Falle kann er nicht ausschließen, dass nicht eine der Gegenausnahmen aus para. 3(2) und para. 6(2) *Schedule 4* von den Gerichten herangezogen würde.

Darüber hinaus kommt der besondere Besitzerschutz Grundpfandrechtsnehmern nicht zugute. Oft wird in diesem Zusammenhang auf den Entschädigungsanspruch aus *Schedule 8* verwiesen und tatsächlich ist die Garantie des englischen Liegenschaftsregisters aufgrund der weitreichenden Berichtigungsmöglichkeiten letzten Endes nur finanzieller Natur. Eine solche bloße finanzielle Absicherung ist einem wirklichen Erwerberschutz nicht gleichwertig, zumal sie auch das Prozessrisiko auf den Erwerber verlagert, der nun seine Verluste gegenüber dem Registeramt geltend machen muss.

Darüber hinaus steht die Tatsache, dass das englische *Land Register* nur eine finanzielle Garantie des *Land Registry* verkörpert, im Widerspruch zu den Grundsätzen des englischen Privatrechts. Anders als das deutsche Zivilrecht gewährt das englische Vertragsrecht prinzipiell keine Naturalrestitution, sondern lediglich einen Anspruch auf monetären Schadensersatz. Von diesem Grundsatz macht die *Equity* eine Ausnahme und gewährt doch *specific performance*, wenn bloßer Schadensersatz in Geld nicht adäquat erscheint. Das Standardbeispiel hierfür sind Grundstückskaufverträge. Im Falle der Verletzung der Hauptleistungspflichten von Grundstückskaufverträgen wird eine Entschädigung in Geld aufgrund der einmaligen Natur von Grundstücken als nicht ausreichend betrachtet, sodass der Erwerber hier ein Recht auf *specific performance* hat.[480] Wie bereits erläutert, sind diese Überlegungen das dogmatische Fundament dafür, dass der Erwerber bereits mit Abschluss des Kaufvertrages ein dingliches Recht, den *estate contract*, erhält. Vor diesem Hintergrund ist es ein Bruch im System,

480 *Bridge/Cooke/Dixon*, Megarry&Wade: The Law of Real Property, 9. Aufl. 2019, Rn 14–113 ff..

dass das Liegenschaftsregistersystem dem Erwerber schlussendlich nur eine finanzielle Garantie bietet.

I) Ergebnis: Nur Geld, kein Schlamm

Auf den ersten Blick ähneln die Liegenschaftsregister von England und Deutschland einander sehr. Beide Grundbücher haben drei Abteilungen und sind vereinfacht gesprochen nach dem Berechtigungsgegenstand organisiert. Sie verzeichnen den jeweiligen Berechtigten und die Grundstücksbelastungen. Sowohl dem englischen als auch dem deutschen Liegenschaftsregister wird eine starke Publizitätswirkung zugesprochen, die einen vereinfachten Handel mit Immobilien ermögliche.

Diese Arbeit hat jedoch gezeigt, dass sich das englische und das deutsche Grundbuch wesentlich stärker unterscheiden, als ihre äußeren Ähnlichkeiten es vermuten lassen.

Das deutsche Grundbuch enthält Informationen über den Eigentümer des Grundstücks bzw. grundstücksgleichen Rechts sowie die bestehenden dinglichen Belastungen und einige besondere Vermerke. Die Eintragung bzw. Löschung eines Rechts im Grundbuch ist eine Tatbestandsvoraussetzung für das Entstehen bzw. Erlöschen des Rechts. Aus diesem Grunde ist die Entstehung von Grundstücksrechten außerhalb des Grundbuchs im deutschen Recht grundsätzlich nicht möglich. Der enge Zusammenhang zwischen Buchlage und materieller Rechtslage ermöglicht eine starke negative und positive Publizitätswirkung des deutschen Grundbuchs. Gemäß § 891 BGB wird vermutet, dass im Grundbuch eingetragene Berechtigte auch tatsächlich die Berechtigten sind und im Grundbuch gelöschte Rechte nicht mehr bestehen.

Eintragungen im *Land Register* dagegen haben eine ganz andere Wirkung und Aussagekraft für den Rechtsverkehr. Eine Eintragung im englischen Liegenschaftsregister wirkt schon an sich konstitutiv. Weitere Tatbestandsvoraussetzungen wie eine dingliche Einigung oder Verfügungsberechtigung des Veräußerers sind für die rechtsgestaltende Wirkung der Registereintragung nicht erforderlich. Bemerkenswerterweise ist nicht geklärt, ob eine Löschung eines Rechts aus dem Register eine ähnliche konstitutive Wirkung hat. Das *obiter dictum* von *Underhill LJ* in *Goldharp* deutet an, dass das gelöschte Recht zumindest *at law* erlischt, aber *in equity* weiter Bestand hat. Die Aufhebung eines eingetragenen Rechts erfordert dagegen nicht, dass dieses auch im Liegenschaftsregister gelöscht wird.

In negativer Hinsicht garantiert das englische Liegenschaftsregister nur den lastenfreien Erwerb von entgeltlich erworbenen Grundstücken. Der unentgeltliche Erwerber bleibt dagegen ungeschützt. Darüber hinaus besteht auch für den entgeltlichen Erwerber das Risiko, dass ein aus dem Register nicht ersichtlicher *overriding interest* ihm gegenüber wirksam ist. Für die Praxis bedeutet dies, dass vor einem Grundstücksgeschäft eine umfassende Besichtigung des Grundstücks vorgenommen werden muss, um das Risiko des Bestehens eines *overriding interest* zu reduzieren.

Dennoch bietet das englische Liegenschaftsregister zunächst einen nennenswerten Verkehrsschutz. Der entgeltliche Erwerber weiß, dass er das Grundstücksrecht kraft der Eintragung tatsächlich erwirbt und dieses nur mit den im Grundbuch eingetragenen dinglichen Rechten und eventuellen *overriding interests* belastet sein wird. Die Gutgläubigkeit des Erwerbers spielt anders als im deutschen Registerrecht dabei nur eine untergeordnete Rolle.

Die Garantiewirkung dieses Systems wird jedoch ganz erheblich dadurch eingeschränkt, dass das Register jederzeit mit rechtsgestaltender Wirkung berichtigt werden kann. Das Register bietet zwar durch die Eintragung zunächst in positiver Hinsicht die von der *Law Commission* gewünschte „*complete and accurate reflection of the state of title of the land*", aber keine in die Zukunft gerichtete Garantie, dass die Berechtigten ihre Rechte auch behalten dürfen. Aus der Perspektive eines deutschen Sachenrechtsvergleichers ist bemerkenswert, dass eine Registerberichtigung auch noch nach Folgeverfügungen an einen gutgläubigen Erwerber möglich ist. Kompensiert wird diese starke Einschränkung der Aussagekraft des Liegenschaftsregisters durch Entschädigungsansprüche des Erwerbers gegen den Staat.

Der Unterschied der Garantiewirkung des deutschen und des englischen Liegenschaftsregisters kann in einem Satz zusammengefasst werden: das deutsche Grundbuch garantiert dem Rechtsverkehr den „*mud*", das englische *Land Register* garantiert nur „*money*".

Literaturverzeichnis

Abbey, R./Richards, M., A Practical Approach to Conveyancing, 21. Aufl., Oxford 2019.

Battersby, G., Informal Transactions in Land, Estoppel and Registration, in: (1995) 58 MLR 637–657.

Bauer, H.-J./Schaub, B. (Hrsg.), Grundbuchordnung: GBO, 4. Aufl., München 2018 (zitiert Bauer/Schaub/*Bearbeiter*).

Baur, J./Stürner, R., Sachenrecht, 18. Aufl., München 2009.

Baker, J., Introduction to English Legal History, 5. Aufl., Oxford 2019.

Beck'scher Online-Großkommentar zum Bürgerlichen Gesetzbuch, Hrsg.: *B. Gsell/W. Krüger/S. Lorenz/ C. Reymann*, München 2020 (zitiert BeckOGK-BGB/*Bearbeiter*).

Beck'scher Online-Kommentar zur Grundbuchordnung, Hrsg.: *S. Hügel*, München 2020 (zitiert BeckOK-GBO/*Bearbeiter*).

Bell, J, Kapitel 1: Sources of Law, in: *A. Burrows*, English Private Law, 3. Aufl., Oxford 2013.

Bevan, C., Land Law, 2. Aufl., Oxford 2020.

Bevan, C., Overriding and over-extended? Actual occupation: a call to orthodoxy, in: (2016) Conv 104–117.

Böhringer, W./Dressler-Berlin, A./Schneider, W., Meikel, GBV- Grundbuchverfügung mit WGV und GG, 11. Aufl., Köln 2019 (zitiert Meikel/*Bearbeiter*, GBV).

Böttcher, R. (Hrsg.), Meikel, Grundbuchordnung: GBO, 12. Aufl., Köln 2021 (zitiert Meikel/*Bearbeiter*, GBO).

Bogusz, B./Sexton, R., Complete Land Law, 6. Aufl., Oxford 2019.

Bogusz, B., Defining the scope of actucal occupation under the LRA 2002: a recent judicial clarification, in: (2011) Conv 268–284.

Bogusz, B., The relevance of the „intentions and wishes" to determine actual occupation: a sea change in judicial thinking?, in: (2014) Conv 27–39.

Bridge, S./Cooke, E./Dixon, M., Megarry&Wade: The Law of Real Property, 9. Aufl.: London 2019.

Bright, S., The Third Party's Conscience in Land Law, in: (2000) Conv 398–419.

Cavill, D./Wheeler, S./Dixon, M./Rees, D./Timothy, P., Ruoff/Roper, The Law and Practice of Registered Conveyancing, London, Loseblatt (zitiert Ruoff/Roper, The Law and Practice of Registered Conveyancing).

Chen-Wishart, M., Contract Law, 6. Aufl., Oxford 2018.

Clarke, A./Farrand, J., Emmet and Farrand on Title, London, Loseblatt (zitiert Emmet/Farrand).

Cooke, E., The New Law of Land Registration, Oxford 2003.

Cooke, E., Land Registration: Void and Voidable Titles – a Discussion of the Scottish Law Commission's Paper, in: (2004) Conv 482–495.

Cooke, E., The Register's Guarantee of Title, in: (2013) Conv 344–351.

Cooke, E., Chickens Coming Home to Roost, in: (2014) Conv 444–449.

Cooke, E./O'Connor, P., Purchaser Liability to Third Parties in the English Land Registration System: A Comparative Perspective, in: (2004) 120 LQR 640–666.

Cooper, S., Regulating Fallibility in Registered Land Titles, in: (2013) 72 CLJ 341–368.

Cooper, S., Resolving Title Conflicts in Registered Land, in: (2015) 131 LQR 108–132.

Cooper, S., Removing Title Blemishes as a Function of Registration, in: *A. Wudarski*, Das Grundbuch im Europa des 21. Jahrhunderts, Berlin 2016, S. 129–151.

Cooper, S., Lack of Proper Care, in: Goymour/Watterson/Dixon, New Perspektives on Land Registration, Oxford 2017.

Cousins, E. F., The Land Registration Act 2002: the Registration of Franchises and Manorial Rights, in: (2013) Conv 129–139.

Crane, F. R., Note on Peffer v Rigg, in: (1977) 41 Conv 207–210.

Demharter, J., Grundbuchordnung, 32. Aufl. München 2021.

Dixon, M., The Reform of Property Law and the Land Registration Act 2002: a Risk Assessment, in: (2003) Conv 136–156.

Dixon, M., Priorities under the Land Registration Act 2002, in: (2009) LQR 401–408.

Dixon, M., A Not So Conclusive Title Register?, in: (2013) 129 LQR 320–325.

Dixon, M., The Past, the Present, and the Future of Land Registration, in: (2013) Conv 463–467.

Dixon, M., Rectification and Priority: Further Skirmishes in the Land Registration War, in: (2015) 131 LQR 207–213.

Dixon, M., Rectifying the Register under the LRA 2002: the Malory 2 Non-Problem, in: (2016) Conv 382–386.

Dixon, M., Updating the Land Registration Act 2002: Title Guarantee, Rectification and Indefeasibility, in: (2016) Conv 423–426.

Dixon, M., The Registration Gap and Overreaching, in: (2017) Conv 1–5.

Dixon, M., Priortiy, overreaching and surprises under the Land Registration Act 2002, in: (2017) 133 LQR 173–177.

Fox, D., Relativity of Title at Law and in Equity, in: (2006) 65 CLJ 330–365.

Fox, D., Forgery and Alteration of the Register under the Land Registration Act 2002, in: *E. Cooke*, Modern Studies in Property Law, Volume 3, Oxford 2005, S. 25–43.

Gardner, S., Alteration of the Register: an Alternative View, in: (2013) 6 Conv 530–538.

Gardner, S., The Land Registration Act 2002 – the Show on the Road, in: (2014) 77 MLR 763–779.

George, M./Layard, A., Thompson's Modern Land Law, 7. Aufl., Oxford 2019.

Glister, J./Lee, J., Hanbury&Martin: Modern Equity, 21. Aufl., London 2018.

Goymour, A., Mistaken Registrations of Land Exploding the Myth of „Title by Registration", in: (2013) 72 CLJ 617–650.

Goymour, A., Resolving the Tension between the Land Registration Act 2002's „Priority" and „Alteration" Provisions, in: (2015) Conv 253–266.

Goymour, A./Hickey, R., The Continuing Relevance of Relativity of Title Under the Land Registration Act 2002, in: *A. Goymour/S. Watterson/M. Dixon*, New Perspektives on Land Registration, Oxford 2017.

Gray, K./Gray, S. F., Elements of Land Law, 5. Aufl., Oxford 2009.

Gray, K./Gray, S. F., Land Law, 7. Aufl., Oxford 2011.

Häcker, B., Das Trennungs- und Abstraktionsprinzip im englischen Recht – dargestellt anhand der Übereignung, ZEuP 2011, 335–365.

Hargreaves, A. D., Modern Real Property, in: (1956) 19 MLR 14–25.

Harpum, C., Can Rectification be Retrospective, in: *A. Goymour/S. Watterson/M. Dixon*, New Perspektives on Land Registration, Oxford 2017.

Harris, J. W., Property and Justice, Oxford 1996.

Hill-Smith, A., Forgery and Land Registration: the Decision in Malory Investments v Cheshire Homes, in: (2009) Conv 127–140.

Hügel, S. (Hrsg.), Grundbuchordnung: GBO, 4. Aufl., München 2020 (zitiert Hügel/*Bearbeiter*, GBO).

Honoré, A. M., Ownership, in: *A. G. Guest*, Oxford Essays in Jurisprudence, First Series, Oxford 1968.

Hopkins, N., Acquiring Property Rights from Uncompleted Sales of Land, in: (1998) 61 MLR 486–498.

Hopkins, N., Reforming the Indemnity Scheme, in: *A. Goymour/S. Watterson/M. Dixon*, New Perspektives on Land Registration, Oxford 2017.

Jackson, D., Security of Title in Registered Land, in: (1978) 94 LQR 239–254.

Jackson, N., Title by Registration and Concealed Overriding Interests: the Cause and Effect of Antipathy to Documentary Proof, in: (2003) 119 LQR 660–691.

Jordan, M., Limits to the Grundbuch Model for the English Register: The Role of Possession, in: *A. Wudarski*, Das Grundbuch im Europa des 21. Jahrhunderts, Berlin 2016, S. 221–237.

Keller, U./Munzig, J. (Hrsg.), Grundbuchrecht, 8. Aufl., Bonn 2019 (zitiert KEHE/*Bearbeiter*, Grundbuchrecht).

Land Registry, Annual Report and Accounts 2020/21, London 2021.

Law Commission, No. 158, Property Law: The Implication of William and Glyn's Bank Ltd v Boland, London 1982.

Law Commission, No. 164, Transfers of Land: Formalities for Contracts of Sale etc. of Land, London 1987.

Law Commission, No. 188, Transfers of Land, Overreaching: Beneficiaries in Occupation, London 1989.

Law Commission, No. 204, Land Mortgages, London 1991.

Law Commission, No. 254, Land Registration for the Twenty-Frist Century: A Consultative Document, London 1998.

Law Commission, No. 271, Land Registration for the Twenty-First Century: A Conveyancing Revolution, London 2001.

Law Commission, No. 327, Making Land Work: Easements, Covenants and Profits à Prendre, London 2011.

Law Commission, No. 227, Updating the Land Registration Act 2002: A Consultation Paper, London 2016.

Law Commission, No. 380, Updating the Land Registration Act 2002, London 2018.

Lee, J., Constructing and Limiting Liability in Equity, in: (2015) 131 LQR 39–43.

Lees, E., Title by Registration: Rectification, Indemnity and Mistake and the Land Registration Act 2002, in: (2013) 76 MLR 62–82.

Lees, E., Richall Holdings v Fitzwilliam: Malory v Cheshire Homes and the LRA 2003, in: (2013) 76 MLR 924–934.

Lees, E., Rectification of the Register – Prospective or Retrospective?, in: (2015) 78 MLR 361–371.

Lees, E., Registration Make-Believe and Forgery – Swift 1st Ltd v Chief Land Registrar, in: (2015) 131 LQR 515–519.

Lees, E., The Public Face of the Register: Confidence in the Land Registration Act 2002, in: *A. Wudarski*, Das Grundbuch im Europa des 21. Jahrhunderts, Berlin 2016, S. 371–393.

Lees, E., Guaranteed Title: No Title, Guaranteed, in: *A. Goymour/S. Watterson/M. Dixon*, New Perspektives on Land Registration, Oxford 2017.

Lees, E., Overreaching Mere Equities: Mortgage Express v Lambert, in: (2017) Conv 71–82.

Lees, K., NRAM v Evans: there are Mistakes and Mistakes…, in: (2018) Conv 91–98.

Lees, E., Agency, Knowledge and Good Faith in Land Registration: Knightsbridge Property Development Corporation (UK) v South Chelsea Properties Limited, in: (2018) Conv 76–84.

Lüke, W., Sachenrecht, 4. Aufl., München 2018.

Maitland, F. W./Montague, F. C., A Sketch of English Legal History, London 1915.

Mapp, T. W., Torrens' Elusive Title: Basic Legal Principles of an Efficient Torrens System, Alberta 1978.

Martin, J., Constructive Trusts of Registered Land, in: (1978) 42 Conv 52–59.

Matthews, P., Registered Land, Fraud and Human Rights, in: (2008) 224 LQR 351–355.

McFarlane, B., Proprietary Estoppel and Third Parties After the Land Registration Act 2002, in: (2003) 62 CLJ 661–696.

McFarlane, B., Constructive Trusts Arising on a Receipt of Property Sub Conditione, in: (2004) 120 LQR 667–695.

McFarlane, B., The Structure of Property Law, London 2008.

McFarlane, B./Hopkins, N./Nield, S., Land Law, 2. Aufl., Oxford 2020.

McFarlane, B./Hopkins, N./Nield, S., Land Law: Text, Cases and Materials, 3. Aufl., Oxford 2015.,

McFarlane, B./Hopkins, N./Nield, S., Land Law: Text, Cases and Materials, 5. Aufl., Oxford 2021.

Mee, J., Presumed Resulting Trusts, Intention and Declaration, in: (2014) 73 CLJ 86–112.

Merryman, J. H., Ownership and Estate, in: (1974) 48 Tulane Law Review 916–945.

Milne, P., Guarantee of Title and Void Dispositions: Work in Progress, in: (2015) Conv 356–365.

Münchener Kommentar zum Bürgerlichen Gesetzbuch, Hrsg.: *J. Säcker/R. Rixecker/H. Oetker/B. Limperg*, Band 8, §§ 854–1296 BGB, WEG, ErbbauRG, 8. Aufl., München 2020 (zitiert MükoBGB/*Bearbeiter*).

Murphy, T./Roberts, W. T./Flessas, S., Understanding Property Law, London 2003.

Nair, A., Interpreting Section 58 of the Land Registration Act 2002: the Limits of „Statutory Magic“, in: (2013) 72 CLJ 257–260.

Nair, A., Morality and the Mirror: The Normative Limits of the „Principles of Land Registration“, in: *S. Bright*, Modern Studies in Property Law, Volume 6, Oxford 2011, S. 263–283.

Nolan, D./Davies, J., Kapitel 17: Tort and Equitable Wrongs, in: *A. Burrows*, English Private Law, 3. Aufl., Oxford 2013.

Nossek, V., Das Konzept „Grundbuch“, Tübingen 2019.

Nugee, E., The Feudal System and the Land Registration Acts, in: (2008) 124 LQR 586–607.

O'Connor, P., Registration of Title in England and Australia: A Theoretical and Comparative Analysis, in: *E. Cooke*, Modern Studies in Property Law, Volume 2, Oxford 2005, S. 81–99.

Owen, G., Overreaching – Getting the Right Balance, in: (2017) Conv 26–44.

Palandt, O., BGB, 79. Aufl., München 2020 (zitiert Palandt/*Bearbeiter*).

Peel, E., Treitel: The Law of Contract, 15. Aufl., Oxford 2020.

Pownall, J./Hill, R., The Land Registry's Perspective: The Practical Challenges of Land Registration, in: *A. Goymour/S. Watterson/M. Dixon*, New Perspektives on Land Registration, Oxford 2017.

Rademacher, L., Verkehrsschutz im englischen Privatrecht, Tübingen 2016.

Riedel, E./Volmer, M./Wilsch, H., Schöner/Stöber, Grundbuchrecht, 16. Aufl., München 2020 (zitiert Schöner/Stöber, Grundbuchrecht).

Rummel, P./Lukas, M. (Hrsg.), ABGB, Band 3, §§ 285–446 ABGB, 4. Aufl., Innsbruck 2016 (zitiert Rummel/Lukas/*Bearbeiter*).

Ruoff, T. B. F., An Englishman Looks at the Torrens System, Sydney 1957.

Schwimann, M./Verschraegen, B. (Hrsg.), ABGB – Praxiskommentar, Band 2, §§ 285–530 ABGB und NWG, 3. Aufl., Wien 2005 (zitiert Schwimann/*Bearbeiter*, ABGB).

Sheehan, D., Rights to Rectify the Land Register as Interests in Land, in: (2003) 119 LQR 31–34.

Smith, R., Land Registration: Rectification and Purchasers, in: (2015) 74 CLJ 10–13.

Smith, R., Property Law, 10. Aufl., Harlow 2020.

Smith, R., Forgeries and Indemnity in Land Registration, in: (2015) 74 CLJ 401–404.

Smith, R., Assessing Rectification and Indemnity: After *Gold Harp* and *Swift 1st*, in: *A. Goymour/S. Watterson/M. Dixon*, New Perspektives on Land Registration, Oxford 2017.

Smith, R., The Right to Possession: The Need for Substantive Reform, in: *P. Jackson/ D. C. Wilde*, The Reform of Property Law, London 1997.

Soergel, T., Hrsg.: *J. Baur*, Bürgerliches Gesetzbuch mit Einführungsgesetz und Nebengesetzen: BGB, Band 14, Sachenrecht 1, §§ 854–984, 13. Aufl., Stuttgart 2002 (zitiert Soergel/*Bearbeiter*).

Sparkes, P., A New Land Law, 2. Aufl., Oxford 2003.

Sparkes, P., EU and English Law after Brexit, in: *M. Schmoeckel*, Übertragung von Immobilienrechen im internationalen Vergleich, Baden-Baden 2018.

von Staudinger, J., Staudingers Kommentar zum Bürgerlichen Gesetzbuch,- Buch 3, Einleitung zum Sachenrecht, §§ 854–882 (Besitz und Allgemeines Liegenschaftsrecht 1), Berlin 2018, – Buch 3, §§ 889–902 (Publizität des Grundbuchs, Grundbuchberechtigung, Widerspruch, Ersitzung), Berlin 2019,(zitiert Staudinger/*Bearbeiter*).

Swadling, W., Kapitel 4: Property: General Principles, in: *A. Burrows*, English Private Law, 3. Aufl., Oxford 2013.

Swadling, W., Explaining Resulting Trusts, in: (2008) 124 LQR 72–102.

Thompson, M./George, M., Thompson's Modern Land Law, 6. Aufl., Oxford 2017.

Thompson, M. P., Registration, Fraud and Notice, in: (1985) 44 CLJ 280–302.

Tee, L., The Rights of Every Person in Actual Occupation: an Enquiry into Section 70(1)(g) of the Land Registration Act 1925, in: (1998) 57 CLJ 328–351.

Televantos, A., Unconscionable Bargains, Overreaching and Overriding Interests, in: (2016) 75 CLJ 458–462.

Treitel, G., Kapitel 8: Contract Law: In General, in: *P. Birks*, English Private Law, Oxford 2000.

van Erp, S., Kapitel 32: Comparative Property Law, in: *M. Reimann,/R. Zimmermann*, The Oxford Handbook of Comparative Law, Oxford 2006.

van Erp, S./Akkermans, B., Cases, Materials and Text on Property Law, Oxford 2012.

K. Vieweg/S. Lorz, Sachenrecht, 9. Aufl., München 2022.

Wagemann, S. K., Funktion und Bedeutung von Grundstücksregistern: Eine rechtsvergleichende Studie zum Liegenschaftsrecht von Deutschland, England und Frankreich, Heidelberg 2002.

Watterson, S., Limitations of Actions, Dishonest Assistance and Knowing Receipt, in: (2014) 73 CLJ 253–256.

Watterson, S./Goymour, A., Setting the Scene, in: *A. Goymour/S. Watterson/M. Dixon*, New Perspektives on Land Registration, Oxford 2017.

Watterson, S./Goymour, A., A Tale of Three Promises: (1) The Title Promise, in: *A. Goymour/S. Watterson/M. Dixon*, New Perspektives on Land Registration, Oxford 2017.

Watterson, S./Goymour, A., A Tale of Three Promises: (2) The Priority Promise, in: *A. Goymour/S. Watterson/M. Dixon*, New Perspektives on Land Registration, Oxford 2017.

Watterson, S./Goymour, A., A Tale of Three Promises: (3) The Empowerment Promise, in: *A. Goymour/S. Watterson/M. Dixon*, New Perspektives on Land Registration, Oxford 2017.

Wellenhofer, M., Sachenrecht, 36. Aufl., München 2021.

Wesel, U., Geschichte des Rechts, München 1997.

Windscheid, B., Lehrbuch der Pandekten, Düsseldorf 1862.

World Bank Group, Doing Business 2016: Measuring Regulatory Quality and Efficiency, 2015.

Kolibri 360 GmbH
Ferdinand-Jühlke-Straße 7
99095 Erfurt, Deutschland
produktsicherheit@kolibri360.de